CONTEÚDO DIGITAL PARA ALUNOS

Cadastre-se e transforme seus estudos em uma experiência única de aprendizado:

Entre na página de cadastro:
www.editoradobrasil.com.br/sistemas/cadastro

Além dos seus dados pessoais e de sua escola, adicione ao cadastro o código do aluno, que garantirá a exclusividade do seu ingresso a plataforma.

1298133A2844258

Depois, acesse: **www.editoradobrasil.com.br/leb**
e navegue pelos conteúdos digitais de sua coleção :D

Lembre-se de que esse código, pessoal e intransferível, é valido por um ano. Guarde-o com cuidado, pois é a única maneira de você utilizar os conteúdos da plataforma.

Editora do Brasil

SUZANA D'AVILA
- Mestre em Língua Portuguesa e Linguística
- Professora do Ensino Fundamental e do Ensino Médio de Língua Portuguesa e Literatura Brasileira
- Professora do Ensino Superior

APOEMA
GRAMÁTICA
8

1ª edição
São Paulo, 2020

Dados Internacionais de Catalogação na Publicação (CIP)
(Câmara Brasileira do Livro, SP, Brasil)

D'Avila, Suzana
　　Apoema gramática 8 / Suzana D' Avila. -- 1. ed. --
São Paulo : Editora do Brasil, 2020. -- (Apoema)

　　ISBN 978-85-10-08240-2 (aluno)
　　ISBN 978-85-10-08241-9 (professor)

　　1. Gramática 2. Português (Ensino fundamental)
I. Título. II. Série.

20-36003　　　　　　　　　　　　　　CDD-372.6

Índices para catálogo sistemático:

1. Português : Ensino fundamental　372.6

Cibele Maria Dias - Bibliotecária - CRB-8/9427

© Editora do Brasil S.A., 2020
Todos os direitos reservados

Direção-geral: Vicente Tortamano Avanso

Direção editorial: Felipe Ramos Poletti
Gerência editorial: Erika Caldin
Supervisão de arte: Andrea Melo
Supervisão de editoração eletrônica: Abdonildo José de Lima Santos
Supervisão de revisão: Dora Helena Feres
Supervisão de iconografia: Léo Burgos
Supervisão de digital: Ethel Shuña Queiroz
Supervisão de controle de processos editoriais: Roseli Said
Supervisão de direitos autorais: Marilisa Bertolone Mendes

Supervisão editorial: Selma Corrêa
Edição: Camila Gutierrez
Assistência editorial: Márcia Pessoa
Auxílio editorial: Laura Camanho
Especialista em copidesque e revisão: Elaine Silva
Copidesque: Gisélia Costa, Ricardo Liberal e Sylmara Beletti
Revisão: Andreia Andrade, Elis Beletti, Fernanda Sanchez, Flávia Gonçalves, Gabriel Ornelas, Mariana Paixão, Marina Moura, Martin Gonçalves e Rosani Andreani
Pesquisa iconográfica: Odete Ernestina Pereira e Priscila Ferraz
Assistência de arte: Daniel Campos Souza
Design gráfico: Patrícia Lino
Capa: Megalo Design
Imagem de capa: © Estate of Roy Lichtenstein / AUTVIS, Brasil, 2020. Eric Lafforgue/Art In All Of Us/Getty Images
Pesquisa: Tatiana Lubarino
Ilustrações: Jane Kelly/Shutterstock.com (ícones seções)
Editoração eletrônica: JSdesign
Licenciamentos de textos: Cinthya Utiyama, Jennifer Xavier, Paula Harue Tozaki e Renata Garbellini
Controle de processos editoriais: Bruna Alves, Carlos Nunes, Rita Poliane, Terezinha de Fátima Oliveira e Valeria Alves

2ª edição / 2ª impressão, 2023
Impresso na Pifferprint

Rua Conselheiro Nébias, 887
São Paulo, SP – CEP 01203-001
Fone: +55 11 3226-0211
www.editoradobrasil.com.br

APRESENTAÇÃO

Um idioma é utilizado como forma de comunicação e só se realiza, como língua, nesse uso. No Brasil, empregamos o português em nossas interações sociais, em nossas trocas comunicativas.

Em tudo que dizemos ou escrevemos, existe sempre uma finalidade, um objetivo, e essa finalidade interferirá no modo pelo qual vamos falar ou escrever.

As diferentes formas de utilizar o português são capazes de caracterizar quem o está usando. Você reconhece um gaúcho (ou um carioca, ou um baiano etc.) por sua pronúncia; você sabe quando está falando ao telefone com uma criança por causa de seu vocabulário; você tem dificuldade de entender uma notícia sobre uma descoberta científica, a não ser que esteja familiarizado com os assuntos tratados nela.

É claro que qualquer brasileiro, como você ou eu, sabe falar português, uma vez que precisa dele no dia a dia para se comunicar. Só que o fazemos sem sentir, sem pensar, porque há aspectos básicos de nossa língua que conhecemos e usamos automaticamente. Por outro lado, há usos que desconhecemos e que vamos aprendendo durante a vida, na escola e até fora dela, ouvindo uma frase aqui, lendo um relatório ali, e assim por diante.

Para sistematizar esse conhecimento, que nem todos temos a respeito de algumas formas de uso de nossa língua, precisamos "aprender" gramática. Aprender português é melhorar nossa capacidade de expressão e de compreensão, é saber manusear cada vez melhor esse instrumento de comunicação que é a língua, nas diversas situações do cotidiano e com diferentes finalidades.

Nosso material de estudo é a história que narramos ou lemos, a notícia de jornal, a propaganda que vemos nas ruas, uma conversa nas mídias sociais, o caso que nos contam, o *podcast* que ouvimos, a música que cantarolamos, a história em quadrinhos, o formulário que preenchemos, as imagens grafitadas pelas cidades etc.

Quem se comunica bem consegue atuar à sua volta, entender melhor o que vê ou lê, é capaz de influir, interagir, dar opinião, discordar; enfim, participar desta vida e, certamente, exercer melhor sua cidadania.

Espero que este livro possa ajudá-lo nessa aventura.

A autora

SUMÁRIO

UNIDADE 1 8
Pra começo de conversa 9
AS PALAVRAS 15
Léxico 15
Vocabulário 16
Forma e significado 17
Denotação 17
Conotação 18
   A escolha das palavras 19
   As relações entre as palavras 20
Sinônimos 21
Antônimos 22
Dicionário em foco: Sentidos variados das palavras 24
Atividades 25
Hiperônimos e hipônimos 27
Ambiguidade 28
Atividades 32
Caleidoscópio: É o sentido conotativo? ... 34
Para um texto melhor, gramática! Palavras homônimas 35
Retomar 37

UNIDADE 2 38
VERBO 39
Gênero em foco: Relatório 53
Tipos de verbo, segundo a forma 55
Outros tipos de verbo 56
   Verbos impessoais 56
Verbos anômalos 58
Verbos defectivos 59
Verbos abundantes 61
Escrita em foco: Ortografia – **HÁ** ou **A** 62
Caleidoscópio: Você sabe de onde vêm os sobrenomes que hoje são comuns nas famílias brasileiras? 63
Atividades 64
Retomar 67

UNIDADE 3 68

VERBO – FORMAÇÃO DOS TEMPOS E MODOS 69

Formas primitivas dos verbos 70
Formas derivadas dos verbos 70
    Derivados do presente do indicativo 70
    Derivados do pretérito perfeito do indicativo ..74
    Derivados do infinitivo impessoal 75
Atividades 77
Concordância verbal 82
    Concordância do verbo com
    o sujeito simples 84
        Contextos especiais de concordância
        verbal com o sujeito simples 85
    Concordância do verbo com
    o sujeito composto 86
        Contextos especiais de concordância
        verbal com o sujeito composto 86
Atividades 88
Modos de organizar o texto: Exposição 90
Retomar 92

UNIDADE 4 93

ESTRUTURAÇÃO SINTÁTICA 94

Período e oração 94
    Oração e seus termos 95
Sujeito indeterminado 96
Oração sem sujeito 98
**Contextos especiais de concordância
verbal** 101
Atividades 102
Vocativo 108
Gênero em foco: *E-mail* 110
Modos de organizar o texto: Diálogo 111
Escrita em foco: Pontuação 112
Discurso direto e discurso indireto 113
Atividades 115
Retomar 118

UNIDADE 5 119

TIPOS DE PREDICADO 120
Predicado verbo-nominal 124
Predicativo do objeto 126
Caleidoscópio: Veja alguns filmes e sagas baseados em livros clássicos que agradam jovens e adultos mundo afora 131

REGÊNCIA VERBAL E REGÊNCIA NOMINAL 132
Regência verbal 133
Regência nominal 135
Dicionário em foco: Regência verbal 138
Atividades 139
Retomar 146

UNIDADE 6 147

VERBO: AS VOZES VERBAIS 148
Voz ativa e voz passiva 149
Voz passiva analítica 151
Voz passiva sintética ou pronominal 153
Para um texto melhor, gramática! Dando destaque às palavras 155
Voz reflexiva 156
O pronome **se** 158
Atividades 161
Gênero em foco: Diário 165

CONCORDÂNCIA E VOZ PASSIVA 168
Termo acessório da oração – Aposto 168
Para um texto melhor, gramática! Adequação do vocabulário 172
Atividades 174
Retomar 180

Unidade 7 181

COMPLEMENTO NOMINAL 182
Para um texto melhor, gramática! O uso dos complementos nominal e verbal 189
Atividades 190
Processo sintáticos 196
Coordenação e subordinação 198
Conjunção 199
   Conjunção coordenativa 200
Escrita em foco: Ortografia – **MAS**, **MAIS** ou **MÁS** 204
   Conjunção subordinativa 205
      Conjunções subordinativas integrantes **que** e **se** 207
   Conjunções subordinativas adverbiais 209
      Conjunção subordinativa adverbial **como** 212
      Conjunção subordinativa adverbial **que** 212
      Locução conjuntiva subordinativa adverbial **desde que** 212
Escrita em foco: Pontuação – Usos da vírgula 213
Atividades 214
Retomar 223

Unidade 8 224

A PALAVRA: ATRIBUIÇÃO DE SIGNIFICADOS, CRIATIVIDADE E INTERAÇÃO SOCIAL 225
Figuras de linguagem 226
   Figuras de linguagem relacionadas às palavras, ou figuras de palavras 226
      Comparação 227
      Metáfora 229
Caleidoscópio: Metáfora 231
      Metonímia 232
      Antítese 235
      Paradoxo 236
      Personificação 237
      Sinestesia 237
      Eufemismo 238
      Pleonasmo 240
Atividades 244
   Figuras de linguagem relacionadas à sintaxe 246
      Polissíndeto 246
      Assíndeto 247
      Hipérbato ou inversão 247
   Figura de linguagem relacionada ao som 249
      Aliteração 249
Atividades 250
Retomar 255
LISTAS PARA CONSULTA 256
RELAÇÃO DE TEXTOS USADOS 269

UNIDADE 1

A palavra, que ferramenta.
[...] Poucos se dão conta de que ela é a chave que abre as portas mais emperradas, que ela facilita negociações, encurta caminhos, cria laços, aproxima as pessoas. Tanta gente nasce e morre sem dialogar com a vida. Contam coisas, falam por falar, mas não conversam, não usam a palavra como elemento de troca [...], qualquer palavra lhes serve.
Mas não. Não serve qualquer uma.
A palavra exata é um pequeno diamante. Embeleza tudo: o convívio, o poema, o amor. Quando a palavra não tem serventia alguma, o silêncio mantém-se no posto daquele que melhor fala por nós.

MEDEIROS, Martha. A palavra. *Revista O Globo*, Rio de Janeiro, p. 28, 18 set. 2011.

Pra começo de conversa

Tudo pronto para o recomeço das aulas? Rever os amigos, fazer novos contatos, aprender novos conteúdos. Temos muito trabalho pela frente na jornada pelas trilhas de nossa língua. Praticar, descobrir, criar...

Vamos começar com uma recordação para esquentar os motores.

A marca da serpente

Um século não é nada para um vampiro. Menos ainda para Minas Gerais. Quando Vlad abriu os olhos na escuridão de seu **esquife**, nada de significativo havia mudado. Os netos dos velhos morcegos continuavam montando guarda nas velhas torres.

Um dia, como qualquer outro, se despedia, no perfil ondulado da distância. Cem anos haviam se passado como uma tranquila noite silenciosa...

Vlad ergueu-se calmamente e saiu do esquife. Tirou a poeira da capa, esticou os braços e as pernas e se **congratulou** pela escolha acertada de seu novo abrigo.

Que repouso tranquilo! Lentamente as portas da igreja se abriram. O resto de sol era apenas uma mancha vermelha no horizonte que refletia no olhar brilhante de Vlad. Uma sensação estranha passou pela sua mente.

"Fome.... Há quanto tempo!", murmurou, sorrindo, o vampiro.

Do ponto onde ficava a igreja, era possível avistar uma grande extensão de terras. Olhando para as regiões mais baixas, Vlad percebeu que algumas pequenas luzes começavam a ser acesas. Pontos mínimos de fogo. Brilhos de velas, lamparinas, lampiões. Sinais claros, rastros perfeitos da presença humana. Um velho e antigo sabor aqueceu os lábios finos e secos...

"Sangue... Há quanto tempo!"

Vlad aspirou fundo o ar da noite. Maior do que a sensação da fome cresceu um imenso desejo de companhia. Após a longa **hibernação**, um ciclo de solidão estava chegando ao fim. [...] O vampiro aguçou os sentidos, arreganhou levemente os dentes pontiagudos e se ergueu do solo numa dança louca de vento, capa e **caninos**. O velho Vlad estava de volta, reencontrado com seu **ancestral** destino. Nada poderia detê-lo. [...]

Vocabulário

Ancestral: muito antigo ou velho; remoto.

Canino (dente canino): dente pontudo e perfurante, situado entre o incisivo lateral e o pré-molar, em número de dois em cada maxilar, que possibilita rasgar os alimentos. Na mitologia, os dentes caninos dos vampiros crescem quando eles se preparam para sugar o sangue de suas vítimas.

Congratular: dar parabéns ou cumprimentos; parabenizar; alegrar-se por um evento feliz ou auspicioso, por um acerto etc., próprio ou de outrem.

Esquife: caixão de defunto; ataúde, féretro.

Hibernação: condição de inatividade parcial e de redução extrema do metabolismo (conjunto de fenômenos químicos em um organismo vivo que transformam matéria em energia), que ocorre em certos animais durante invernos rigorosos.

TELLES, Carlos Queiroz. A marca da serpente. In: TELLES, Carlos Queiroz. *Sete faces do terror*. São Paulo: Moderna, 1992. p. 33-34.

1 Em que momento do dia o texto situa o vampiro Vlad?

_____

2 Em que país o personagem está ao acordar? Como você sabe disso?

_____

3 Relendo os quatro primeiros parágrafos, indique em que período do dia se passam os fatos descritos no texto. Sublinhe os trechos que comprovam sua resposta.

4 Vlad acorda com três sensações fortes: **fome**, **sede** e **solidão**. Qual é a classe gramatical das palavras que designam esses sentimentos?

_____

5 Você já sabe que existem dez classes de palavras. Veja a tabela a seguir e sublinhe as que já conhece, do 6º e do 7º anos.

Classes variáveis	Classes invariáveis
substantivo artigo numeral adjetivo pronome verbo	preposição advérbio conjunção interjeição

6 Releia o último parágrafo, transcrito a seguir, e faça o que se pede.

Vlad aspirou fundo o ar da noite. Maior do que a sensação da fome cresceu um imenso desejo de companhia. Após a longa hibernação, um ciclo de solidão estava chegando ao fim. [...] O vampiro aguçou os sentidos, arreganhou levemente os dentes pontiagudos e se ergueu do solo numa dança louca de vento, capa e caninos.

a) Copie os cinco verbos flexionados no pretérito perfeito do indicativo e aponte, de cada um, a forma no infinitivo e a que conjugação pertence.

_____
_____
_____
_____

b) Explique por que o pretérito perfeito do indicativo predomina nesse texto.

_____
_____
_____

c) Encontre o pronome pessoal oblíquo e diga a quem ele se refere.

_____

d) Indique um substantivo comum mencionado na primeira linha.

e) Copie da primeira linha uma locução adjetiva e indique qual adjetivo poderia substituí-la.

f) Encontre o adjetivo que está no grau comparativo.

g) Nesse pequeno trecho da narrativa, há muitos adjetivos e locuções adjetivas. O que justifica o uso desse tipo de palavra ou expressão pelo autor?

h) Identifique as preposições que não estão em contração com artigos.

i) Encontre uma locução verbal e diga em que tempo e modo estão flexionados cada verbo.

j) Copie, do último período do texto, um advérbio de modo e indique o termo da oração que ele modifica.

k) Encontre os adjuntos adnominais que acompanham os substantivos **hibernação** e **dentes** e indique a que classe gramatical eles pertencem.

7 O trecho a seguir é uma sequência narrativa. Nela, os verbos são importantes pois narram o movimento do personagem. Indique os cinco verbos que descrevem o movimento de Vlad, aponte em que tempo verbal estão e justifique seu uso nesse trecho.

> Vlad ergueu-se calmamente e saiu do esquife. Tirou a poeira da capa, esticou os braços e as pernas e se congratulou pela escolha acertada de seu novo abrigo. Que repouso tranquilo!

8 Reescreva o trecho citado na atividade anterior substituindo **Vlad** pelos pronomes indicados a seguir (faça as alterações necessárias).

a) Imagine que você é Vlad e substitua o nome do personagem por **eu**.

_____
_____

b) Agora imagine novamente que você é Vlad, mas está narrando o que aconteceu com você e seus amigos. Use o pronome **nós**.

_____
_____
_____

9 Um século não é nada para um vampiro.

a) Reescreva a frase transformando-a em uma frase afirmativa.

_____

b) Reescreva a frase transformando-a em uma frase interrogativa.

_____

c) Transcreva da frase um advérbio de negação, um pronome indefinido e uma preposição.

_____

d) Agora você é o autor. Reescreva a frase acima ampliando-a. Atribua um adjetivo ou locução adjetiva a um dos substantivos, conferindo mais suspense à narrativa.

_____
_____

10 Complete cada afirmação escolhendo uma entre as palavras a seguir.

> morfologia   morfossintaxe   oração   sintaxe

a) _____ é a parte da gramática que estuda as palavras e os elementos que as compõem, por exemplo, classificando-as em diferentes classes.

b) _____ é a parte da gramática que trata das combinações e das relações entre as palavras nas frases e entre as frases e orações dos períodos, formando, assim, os textos.

c) _____ combina os estudos de sintaxe e morfologia.

d) _____ é o enunciado que se organiza em torno de um verbo ou de uma locução verbal.

12

11 Identifique se as frases seguintes têm ou não verbos ou locuções verbais e diga se elas são ou não orações.

a) Cem anos se passaram.

c) Que repouso tranquilo!

b) Nada havia mudado.

d) Vlad abriu os olhos na escuridão de seu esquife.

12 Nos períodos a seguir, indique a função sintática dos termos sublinhados.

a) [...] Vlad estava de volta [...].

b) Um velho e antigo sabor aqueceu os lábios finos e secos...

c) O vampiro aguçou os sentidos, arreganhou levemente os dentes pontiagudos e se ergueu do solo numa dança louca de vento, capa e caninos.

d) Este vampiro gosta de sangue humano.

e) O resto de sol era apenas uma mancha vermelha no horizonte [...].

A ideia da morte sempre preocupou o ser humano. Na cultura ocidental, a partir do século XV, ela foi representada como uma figura esquelética, vestida com uma capa preta com capuz, que carrega uma grande foice, usada para cortar as vidas como quem corta cereais em uma plantação. Nas HQs de Maurício de Sousa, no entanto, ela é um pouco mais divertida. Veja como ela é caracterizada a seguir.

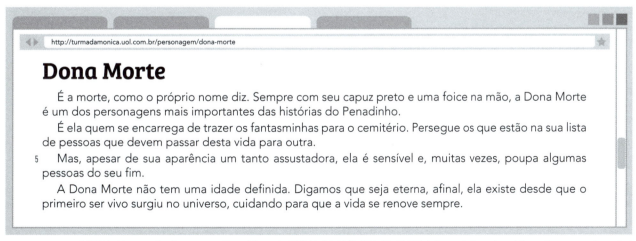

SOUSA, Maurício de. *Personagens*: Dona Morte. *In*: TURMA DA MÔNICA. [S. l.], [20--]. Disponível em: http://turmadamonica.uol.com.br/personagem/dona-morte. Acesso em: 27 abr. 2015.

SOUSA, Mauricio de. *Dona Morte.*

13 Por que, na tirinha, Penadinho considera o machado do lenhador mais perigoso que a foice da Dona Morte?

14 Releia o texto da tirinha e faça o que se pede.

É, Dona Morte... ...Parece que aquele machado ali é mais perigoso que a sua foice!

a) Indique em que grau está o adjetivo **perigoso**. _____
b) Sublinhe o adjunto adnominal que acompanha o substantivo **machado**.

15 Complete os predicados com sujeitos a sua escolha.

a) _____ cortou as árvores.
b) _____ tiveram de fazer outros ninhos.
c) _____ ficaram sem abrigo.
d) _____ proibiu o corte indiscriminado de árvores.
e) _____ vamos ajudar a campanha de proteção das florestas.

16 Como a maioria das palavras de uma língua, os verbos são formados de partes ou unidades significativas. As partes de um verbo (a estrutura) são **radical**, **vogal temática** e **desinências** (terminações).

Cada uma dessas partes informa uma pequena parcela do sentido final da palavra. Complete as tabelas com o nome das unidades de significado das formas verbais.

a) cortaram

cort	a	ra	m
sentido básico	conjugação	tempo passado	terceira pessoa do plural

b) proibiram

proib	i	ra	m
sentido básico	conjugação	tempo passado	terceira pessoa do plural

17 Em quantas conjugações podem ser distribuídos todos os verbos da língua portuguesa? Quais são elas? Aponte a vogal temática que marca cada uma delas.

_____

As palavras

Maluquinho e Bocão festejam uma boa notícia. Descubra como.

ZIRALDO. *O Menino Maluquinho*, 31 ago. 2011. Disponível em: http://meninomaluquinho.educacional.com.br/PaginaTirinha/PaginaAnterior.asp?da=31082011. Acesso em: 27 jan. 2020.

1. O Menino Maluquinho pensou que seu amigo Bocão tivesse confundido duas palavras. Quais?

2. Que sentido o Bocão queria dar à palavra **começão**?

3. Uma nova palavra criada por alguém, como o Bocão, ou um novo sentido dado a uma palavra já existente na língua pode ser compreendido pelas outras pessoas? Como?

4. Para que uma língua cumpra a função de possibilitar a interação social entre os falantes, o que os interlocutores de uma conversa devem saber e ter em comum com relação a esse idioma?

Os textos e as frases que usamos são formados de palavras. Existe todo tipo de palavra: grande, pequena, alegre, importante... Algumas já estão bem velhas e quase ninguém as usa mais. Outras acabaram de ser inventadas e, se todo mundo começar a usá-las, elas entrarão para o conjunto de palavras de nossa língua, o português.

Léxico

O conjunto de palavras de uma língua se chama **léxico**.

As palavras de uma língua revelam os interesses, os hábitos, a alimentação, o vestuário, as crenças de um grupo – resumindo, sua cultura.

Uma língua está sempre mudando, atualizando-se, para que as pessoas possam se comunicar e se entender.

As palavras se **transformam** em sua forma, no seu sentido, na frequência e no modo com que são usadas. Por exemplo:

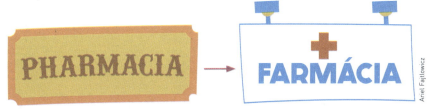

À medida que o mundo vai mudando, novos objetos, máquinas ou atividades vão surgindo e vão sendo **criadas** novas palavras para dar nome a essas novidades. Por isso, o léxico está sempre se renovando.

Neologismo é o uso de uma palavra nova ou de um sentido novo para uma palavra já existente, absorvidos pelo léxico de uma língua.

Vocabulário

Calvin é um garoto cheio de personalidade, que tem como companheiro Haroldo, um tigre de pelúcia sábio e irônico, que para o menino é tão vivo quanto um amigo de verdade. Calvin tem uma visão crítica e meio pessimista do mundo. Suas invenções são vistas como uma fuga à cruel realidade; e para seu autor, Bill Watterson, são uma chance de explorar a natureza humana. As histórias de Calvin e Haroldo tratam de temas sérios em histórias divertidas, inteligentes, sarcásticas e acessíveis a todas as idades.

Leia a tira a seguir.

WATTERSON, Bill. *Calvin e Haroldo*.

1 Nos dois primeiros quadrinhos, o menino Calvin parece preocupado por estar perdido? Justifique sua resposta.

2 Identifique a seguir o que ele quis dizer com "a palavra **perdido** não existe no nosso vocabulário" e depois explique por que ele pode ter pensado assim.

a) ☐ Eles conhecem a palavra e a usam com frequência.

b) ☐ Eles conhecem a palavra, mas não a usam.

c) ☐ Eles não conhecem a palavra e, portanto, não a usam.

3 Examine os dois últimos quadrinhos e faça o que se pede.

a) O menino parece, afinal, ter ficado preocupado? _____

b) Quando o tigre pergunta "E a palavra '**mamãe**'?", o que ele realmente quer saber?

_____

c) Explique o último quadrinho.

_____

As palavras que usamos quando escrevemos ou falamos nossos textos são nosso **vocabulário**.

Quanto mais palavras e seus usos conhecermos, mais fácil será entender e escrever, ou seja, quanto mais rico for nosso vocabulário, melhores serão nossa leitura e nossa redação.

A leitura é uma fonte de novas palavras e de novos usos para as que já conhecemos. Sem contar que uma boa leitura é diversão garantida!

Ampliar

Tinha um livro no meio do caminho, de Rosana Rios (Editora do Brasil)

Escrita em primeira pessoa, a crônica normalmente fala sobre temas do cotidiano, apresentando a visão de mundo do autor. Nas crônicas desta coletânea, Rosana Rios discorre sobre as memórias de sua infância, escola, família, leituras... Suas doces lembranças são a matéria e a poesia de seus textos. Além disso, a autora aborda o ato de escrever como profissão, exercício, expressão. As crônicas, curtas e deliciosas, aproximam a autora do leitor, trazendo toda a ternura de suas recordações e inspirando o leitor a fazer a mesma coisa, porque nosso dia a dia também pode ser pura literatura.

Forma e significado

Uma palavra é o resultado da associação de uma **forma sonora** (os sons que usamos para pronunciá-la) a um **significado** (a ideia que logo vem à nossa mente quando ouvimos ou pronunciamos aqueles sons). Assim, quando ouço os sons da palavra **tartaruga**, logo penso no animal.

Denotação

Leia o verbete a seguir.

> **Tartaruga**. Réptil cujo corpo é coberto por uma carapaça, encontrado tanto na água doce ou salgada como em ambientes terrestres.

TARTARUGA. *In*: MINIDICIONÁRIO Houaiss da Língua Portuguesa. São Paulo: Moderna, 2019. p. 768.

A definição acima apresenta a denotação da palavra **tartaruga**.
Veja esta outra:

> Nome comum a répteis aquáticos, em oposição às espécies terrestres, geralmente conhecidas como jabutis.

TARTARUGA. *In*: MINIDICIONÁRIO Houaiss da Língua Portuguesa. São Paulo: Moderna, 2019. p. 768.

As palavras raramente correspondem a uma só ideia ou conceito. Geralmente, elas têm mais de um sentido – por exemplo, as palavras **ponto** e **linha** têm mais de 40 acepções.

> **Denotação** é o uso de uma palavra no seu sentido primitivo, comum, habitual, ou seja, seu significado original. É a associação entre a forma sonora e o significado básico de uma palavra.

1 Olhe em um dicionário e confira quantas acepções das palavras **ponto** e **linha** ele traz. Escolha um dos significados de cada palavra e redija, em seu caderno, frases usando-a com esse sentido.

Leia a tira a seguir.

GALVÃO, Jean. Disponível em: http://s3-sa-east-1.amazonaws.com/descomplica-blog/wp-content/uploads/2016/01/5-porca.jpg. Acesso em: 14 jan. 2020.

2 A palavra **porca** também tem vários sentidos. Assinale nas acepções a seguir qual foi usada pelo pai (**P**) e qual o filho entendeu (**F**).

a) ☐ A fêmea do porco.   b) ☐ Peça com furo central dotado de rosca para receber um parafuso.

3 O que o filho está tentando fazer?

Conotação

Observe a cena ao lado e leia o texto.

1) Na frase dita pelo motorista, a palavra **tartaruga** está empregada em seu sentido denotativo (ou literal)?

_____

2) Que sentido podemos reconhecer na palavra **tartaruga** nesse contexto? Em que se pensa ao ler a frase?

_____

Assim, concluímos que, além do sentido básico, podemos associar uma mesma palavra — por exemplo, **tartaruga** — a sentidos secundários, ligados a impressões e valores afetivos negativos ou positivos.

> **Conotação** é o uso de uma palavra em um sentido figurado, que depende de uma extensão do significado original ou do contexto. Os valores sociais, de impressões ou reações psíquicas que uma palavra desperta são sua conotação.

	Forma da palavra	Sentido da palavra	Exemplo
Denotação	gato	mamífero de quatro patas que mia e tem o corpo coberto de pelos	Meu gato gosta de leite.
Conotação	gato	moço bonito e atraente	O ator desse filme é um gato!

A conotação de uma palavra pode variar de um grupo para outro, de um lugar para outro, de uma época para outra.

Duas palavras podem, ainda, ter a mesma denotação, mas conotações diferentes. Uma simples fruta pode ter um valor diferente para cada pessoa, dependendo da reação que desperta, ou seja, de sua conotação.

3) Marque a resposta certa.

Para alguém que conhece a história de Branca de Neve e sua madrasta malvada, a palavra **maçã** pode lembrar:

a) ☐ alegria.   b) ☐ fome.   c) ☐ perigo.

A escolha das palavras

Aos 5 anos, o menino Gabriel Lucca escreveu o bilhete a seguir (que entregou aos pais) fingindo ser a professora, chamada por ele de tia Paulinha, para que conseguisse matar aula e ficar em casa assistindo a desenhos na televisão.

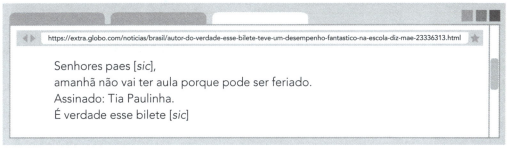

Senhores paes [sic],
amanhã não vai ter aula porque pode ser feriado.
Assinado: Tia Paulinha.
É verdade esse bilete [sic]

QUEIROGA, Louise. Autor de "É verdade esse [...]". *Extra*, [s. l.], 30 dez. 2018. Disponível em: https://extra.globo.com/noticias/brasil/autor-do-verdade-esse-bilete-teve-um-desempenho-fantastico-na-escola-diz-mae-23336313.html. Acesso em: 1 fev. 2020.

Sic é uma palavra do latim que significa "assim"; intercalada em uma citação ou posposta a esta, entre parênteses ou colchetes, indica que o texto original está reproduzido exatamente, mesmo errado ou estranho.

1 Agora responda: *atividade oral*

a) Quem remete ou assina o texto?

b) Qual é o destinatário do texto?

c) Qual é a finalidade do texto?

d) O texto é: ☐ formal e cerimonioso ou ☐ informal e descontraído?

e) Que palavras confirmam sua resposta? _____

f) Sabemos, no entanto, que quem escreveu o texto foi o menino Gabriel. Que pistas encontramos para descobrirmos o verdadeiro autor?

_____

g) Qual é a finalidade do "É verdade esse bilete"? O que o menino quis garantir?

_____

Quando escrevemos ou falamos, escolhemos as palavras que achamos mais adequadas:
- ao que queremos dizer;
- ao assunto que estamos tratando;
- ao efeito que queremos criar com o texto;
- ao tipo de interlocutor (ouvinte ou leitor) que temos;
- à situação;
- às outras palavras que vamos usar no mesmo texto, com as quais elas vão ser combinadas.

Uma seleção cuidadosa das palavras que empregamos pode garantir que nosso texto fique mais compreensível, mais coerente e até mais bonito.

Meme é um termo grego que significa "imitação". É bastante conhecido e usado na internet referindo-se ao fenômeno de "viralização" de uma informação, isto é, qualquer vídeo, imagem, frase, ideia, música etc. que seja copiado ou imitado e se espalhe entre vários usuários rapidamente alcançando muita popularidade é um *meme*.
Quando a foto do recado escrito por Gabriel foi publicada nas redes sociais, em 2018, ela viralizou, dando vida a diversos "biletes" de internautas fãs de memes.

2 Complete as lacunas a seguir usando, no lugar de **dizer**, um verbo mais adequado e específico. Escolha entre os que estão no quadro, fazendo as adaptações necessárias. Se tiver alguma dúvida, consulte o dicionário.

> balbuciar citar confessar declamar segredar recitar
> designar inventar ordenar propalar revelar

a) Não (diga) _____ mentiras, pois sabemos a verdade.

b) (Diga) _____ um exemplo de planta aquática.

c) Ele sempre (dizia) _____ a sua gratidão pelo pai.

d) Por que você não (disse) _____ que havia se enganado?

e) O oficial (disse) _____ ao sargento que recolhesse a patrulha.

f) Amélia (dizia à meia voz) _____ ao ouvido da amiga: É ele!

g) Muito lindo aquele poema que a poetisa (disse) _____ no palco.

h) O professor (dizia) _____ o lugar em que cada qual devia se sentar.

i) Ele (dirá) _____ o segredo apenas a um amigo fiel.

j) Passeava de um lado para outro, (dizendo baixinho) _____ frases ininteligíveis.

k) A menina entrou na roda, (disse) _____ um verso e foi embora.

As relações entre as palavras

Ao escolhermos as palavras, precisamos pensar também em certas relações que grupos de palavras têm entre si no léxico, como a relação entre sinônimos e antônimos.

Leia a letra do hino a seguir.

https://plenarinho.leg.br/index.php/2018/10/hino-a-bandeira-nacional

Hino à Bandeira Nacional

Salve, lindo pendão da esperança,
Salve, símbolo augusto da paz!
Tua nobre presença à lembrança
A grandeza da Pátria nos traz.

5 [...]

Sobre a imensa Nação Brasileira,
Nos momentos de festa ou de dor,
Paira sempre, sagrada bandeira,
Pavilhão da Justiça e do Amor!

10 Recebe o afeto que se encerra
Em nosso peito juvenil,
Querido símbolo da terra,
Da amada terra do Brasil!

BILAC, Olavo. Hino à Bandeira Nacional. *In*: BRASIL. Câmara dos Deputados. *Plenarinho*. Brasília, DF, 24 out. 2018. Disponível em: https://plenarinho.leg.br/index.php/2018/10/hino-a-bandeira-nacional. Acesso em: 28 jan. 2020.

1. Você leu três estrofes do Hino à Bandeira Nacional. Os hinos, por suas características, podem ser reconhecidos como textos de qual gênero?

2. Cite algumas dessas características.

3. Anote todos os substantivos do hino que se referem à bandeira.

_____

4. No contexto desse hino, essas palavras têm sentidos semelhantes ou contrários?

_____

5. O que explica o uso de palavras diferentes para se referir ao mesmo objeto?

_____

Sinônimos

Recorte da capa do CD *O grande encontro* – Alceu Valença, Zé Ramalho, Elba Ramalho e Geraldo Azevedo (1996).

TÁXI Lunar. Intérpretes: Geraldo Azevedo, Zé Ramalho e Elba Ramalho. Compositores: Geraldo Azevedo, Alceu Valença e Zé Ramalho. *In*: LETRAS, Belo Horizonte, [20-?]. Disponível em: www.letras.mus.br/geraldo-azevedo/46164/. Acesso em: 4 fev. 2020.

Nesses dois versos da canção *Táxi lunar*, de Geraldo Azevedo, Zé Ramalho e Alceu Valença, o eu poético fala de uma mulher, de quem ele diz ainda: "Ela me deu seu amor".

1. Do primeiro verso, copie os adjuntos adnominais da palavra criatura.

_____

2. Essas palavras têm o mesmo sentido ou sentidos contrários?

_____

3. Esse exagero de palavras para elogiar a pessoa mostra qual sentimento do eu poético com relação a ela?

Bela, **linda** e **bonita** são sinônimos.

> **Sinônimos** são palavras que têm com outras uma semelhança de significação.

Por isso, umas podem ser escolhidas em lugar das outras em alguns contextos, sem alterar o sentido básico da frase.

Observe:

> Todo cidadão precisa de • uma casa. • um lar. • uma moradia.

No entanto, em outros contextos, não poderíamos trocar uma pela outra sem alterar o sentido da frase.

> Depois que você veio morar aqui, esta **casa** se transformou em um **lar**.

Nesse caso, o que se diz é que a presença de determinada pessoa transformou um imóvel destinado à habitação na morada de uma família.

Antônimos

Leia a tirinha a seguir.

ZIRALDO. *O Menino Maluquinho.*

1. Observe o último quadrinho e diga se a atitude dos personagens reforça ou nega a teoria exposta pelo Maluquinho nos dois primeiros quadrinhos. Explique sua resposta.

2. Explique a relação do último quadrinho com a opinião do Menino Maluquinho sobre meninas e meninos e comente a atitude de Junim e a de Julieta (a menina de vermelho).

3. As palavras **depressa** e **devagar** têm o mesmo sentido ou sentidos contrários?

> **Antônimos** são palavras que têm sentido contrário ou incompatível, especialmente em determinados contextos.

4. Indique a classe gramatical das palavras destacadas nas frases a seguir.

- Está chovendo mais **dentro** deste galpão velho do que **fora**.
- O tigre corre **depressa** e a tartaruga anda **devagar**.
- Este sanduíche é muito **grande** para mim, estou sem fome.
- Este sanduíche é **pequeno** para mim, estou morrendo de fome!
- Gosto mais de viajar no **calor** do que no **frio**.

Esse sentido contrário pode ser encontrado também em locuções ou em frases:

• em cima/embaixo; vou sair/não vou sair.

Leia o poema a seguir.

Ulisses

O mito é o nada que é tudo.
O mesmo sol que abre os céus
É um mito brilhante e mudo –
O corpo morto de Deus,
5 Vivo e desnudo.

Este, que aqui aportou,
Foi por não ser existindo.
Sem existir nos bastou.
Por não ter vindo foi vindo
10 E nos criou.

Assim a lenda se escorre
A entrar na realidade.
E a fecundá-la decorre.
Em baixo, a vida, metade
15 De nada, morre.

PESSOA, Fernando. Ulisses. *In*: PESSOA, Fernando. *Mensagem*.
Porto Alegre: L&PM, 2006. p. 41.

Estátua de Ulisses em mármore, do ano 100 d.C.

O poema "Ulisses" está no livro *Mensagem*, de Fernando Pessoa (1888-1935), importante poeta português. Os poemas de *Mensagem* giram em torno da história de Portugal, referindo-se a personagens históricos (D. Afonso Henriques, D. Duarte, D. Sebastião, Vasco da Gama, Bartolomeu Dias, Fernão de Magalhães etc.) e também a entidades míticas ou àquelas que só existem no mundo literário (Ulisses, o Mostrengo, Excalibur, o Grifo). Em *Mensagem*, mito e história convivem harmonicamente. O título do poema remete a Ulisses, herói grego da *Odisseia*, de Homero, que, segundo a lenda, ao voltar de uma de suas batalhas, teria fundado a cidade de Lisboa, hoje capital de Portugal. Na segunda estrofe, vemos referências ao herói ("Este, que aqui aportou") e à lenda ("Foi por não ser existindo. / Sem existir nos bastou.").

5 Na primeira estrofe, encontramos oposições contraditórias. Sublinhe nessa estrofe os antônimos que ajudam a criar essas contradições.

6 Observe ainda essa mesma estrofe e liste:

a) os substantivos; _____

b) os adjetivos; _____

c) os verbos. _____

7 Que classe de palavras predomina na estrofe? _____

8 Em que tempo estão conjugados os verbos? _____

9 Embora o uso em frases ou contextos seja a forma ideal de identificar antônimos, tente encontrar possíveis antônimos para as palavras a seguir.

a) amigo _____
b) barulho _____
c) comprar _____
d) entrada _____
e) esquecer _____
f) honesto _____
g) humano _____
h) jovem _____
i) justo _____
j) perguntar _____
k) procurar _____
l) real _____
m) regular _____
n) travado _____
o) vantagem _____

10 Escolha dois itens e forme, no caderno, dois períodos empregando esses antônimos.

Dicionário em foco — Sentidos variados das palavras

O dicionário pode nos ajudar quando uma palavra tem mais de um sentido. Nesse caso, geralmente, as várias acepções aparecem numeradas.

1 Leia os textos a seguir. Procure no dicionário as palavras destacadas e transcreva, no caderno, a definição da acepção (sentido) que foi usada em cada uma.

a)
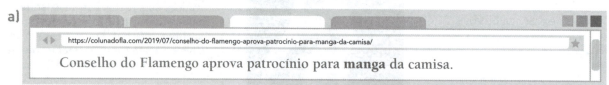

Conselho do Flamengo aprova patrocínio para **manga** da camisa.

CONSELHO do Flamengo aprova patrocínio para manga da camisa. *In: COLUNA DO FLA*. [S. l.], 26 jul. 2019. Disponível em: https://colunadofla.com/2019/07/conselho-do-flamengo-aprova-patrocinio-para-manga-da-camisa/. Acesso em: 4 fev. 2020.

b)

Torcedores.com lança primeira **revista** esportiva feminina mensal mensal totalmente desenvolvida para o Instagram.

TORECEDORES.COM lança primeira revista esportiva feminina mensal totalmente desenvolvida para o Instagram. *In: PROXXIMA*. [S. l.], 2 out. 2019. Disponível em: https://www.proxxima.com.br/home/proxxima/noticias/2019/10/02/torcedores-com-lanca-primeira-revista-esportiva-feminina-mensal-totalmente-desenvolvida-para-o-instagram.html. Acesso em: 4 fev. 2020.

c)

Manga pode reduzir nível de açúcar no sangue de obesos.

MANGA pode reduzir nível de açúcar no sangue de obesos. *GAÚCHAZH*, Santa Maria, 18 set. 2014. Disponível em: https://gauchazh.clicrbs.com.br/saude/vida/noticia/2014/09/Manga-pode-reduzir-nivel-de-acucar-no-sangue-de-obesos-4600593.html. Acesso em: 4 fev. 2020.

d)

Argentinos fazem fila nos **bancos** para tirar economias em dólar com medo de confisco.

CENTENERA, Mar. Argentinos fazem fila nos bancos para tirar economias em dólar com medo de confisco. *El país*, Madrid, 3 set. 2019. Disponível em: https://brasil.elpais.com/brasil/2019/09/02/internacional/1567449269_055467.html. Acesso em: 4 fev. 2020.

e)
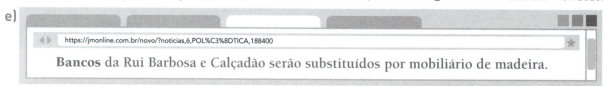

Bancos da Rui Barbosa e Calçadão serão substituídos por mobiliário de madeira.

BARCELOS, Gisele. Bancos da Rui Barbosa e Calçadão serão substituídos por mobiliário de madeira. *JM Online*, Uberaba, 14 nov. 2019. Disponível em: https://jmonline.com.br/novo/?noticias,6,POL%C3%8DTICA,188400. Acesso em: 4 fev. 2020.

f)

Torcedor passará por 3 **revistas** antes de entrar no estádio da Copa em SP.

TOMAZ, Kleber. Torcedor passará por três revistas antes de entrar no estádio da Copa em SP. *G1*, São Paulo, 21 out. 2011. Disponível em: http://g1.globo.com/sao-paulo/noticia/2011/10/torcedor-passara-por-3-revistas-antes-de-entrar-no-estadio-da-copa-em-sp.html. Acesso em: 4 fev. 2020.

Atividades

TEXTO 1

Leia o cartaz abaixo.

GOVERNO de Barretos. Disponível em: http://efgcmeioambiente.blogspot.com/2015/06/projeto-de-arborizacao-vida-em-suas.html. Acesso em: 26 mar. 2020.

1. No cartaz, o que significa a expressão: "A vida em suas mãos"?

   ☐ Que você está segurando um ser vivo.   ☐ Que você é responsável por preservar a vida.

2. Explique como o cartaz aproveitou a relação entre as palavras **mais** e **menos**. Que relação é essa?

3. Copie do cartaz os verbos que encontrar e distribua-os na tabela conforme o tempo verbal.

Imperativo	Presente do indicativo	Infinitivo

4. Há adjetivos no texto? Quais?

_____

5. O cartaz se dirige a alguém. Que palavras do texto confirmam isso?

_____

TEXTO 2

Leia os verbetes a seguir.

1.
> **peteca (pe.te.ca)** s. f. brinquedo composto por uma pequena base arredondada, com penas espetadas, lançado para o ar por golpes com a palma da mão.

INSTITUTO ANTONIO HOUAISS. *Minidicionário Houaiss da Língua Portuguesa*. Rio de Janeiro: Objetiva, 2010.

II.

> **peteca** Espécie de bola achatada de couro ou palha, em que se enfiam penas. A peteca é de origem indígena (em tupi, "bater" é *peteca*, em guarani é *petez*). Brinquedo de inverno no Brasil, seu uso coincide com a colheita de milho e com as festas de Santo Antônio, São João e São Pedro. O jogo de peteca americano ou de salão é posterior a 1920. Constitui esporte regulamentado (ver peteca).

PETECA. *In:* ENCICLOPÉDIA Mirador Internacional. São Paulo: Encyclopédia Britannica do Brasil Publicações, 1980.

Esses verbetes foram extraídos de dois livros de referência diferentes.

I. Um minidicionário da língua portuguesa, dirigido a leitores de 11 a 16 anos.

II. Uma enciclopédia.

Enciclopédia é uma obra que reúne todos os conhecimentos humanos ou apenas um domínio deles e os expõe de maneira ordenada, metódica, seguindo um critério de apresentação alfabético ou temático.

6 De acordo com o verbete **II**, de que língua se origina a palavra **peteca**?

7 O trecho com a descrição do esporte encontra-se em que linha?

8 Explique a frase: "Constitui esporte regulamentado".

9 Quando acontece, no Brasil, a colheita do milho?

10 Que festejos ocorrem nessa época no Norte, Nordeste e Centro-Oeste do Brasil?

11 Que diferenças você pode encontrar comparando o verbete do dicionário e o da enciclopédia?

_____

_____

12 Escreva um verbete sobre um esporte de sua escolha ou mesmo um equipamento usado em seu esporte preferido. Depois, procure o mesmo verbete em um dicionário.

_____

_____

13 Para cada par de palavras, indique se são sinônimos (**S**) ou antônimos (**A**).

a) ☐ aluno, estudante
b) ☐ atento, desatento
c) ☐ casa, imóvel
d) ☐ dor, sofrimento
e) ☐ eficiente, ineficiente
f) ☐ extrovertido, tímido
g) ☐ grande, amplo
h) ☐ problema, solução
i) ☐ amigo, inimigo
j) ☐ sábio, pensador
k) ☐ salto, pulo

Hiperônimos e hipônimos

Já vimos que as palavras se relacionam umas com as outras em frases e textos e na organização mental que fazemos do vocabulário.

Também conhecemos os antônimos e os sinônimos.

Vamos aprender mais algumas dessas relações.

1 Você entra em um hipermercado. Para facilitar a orientação dos clientes, há uma tabela com o nome das mercadorias vendidas na loja, mas ela está incompleta. Complete-a com palavras que nomeiam produtos que poderiam estar à venda.

Frutas				Doces
maçã	blusa	boneca		bala
banana				
		bola	borracha	
			caderno	
	vestido			sorvete

Na primeira linha da tabela estão palavras de sentido mais genérico em relação às das linhas debaixo, que pertencem à mesma área de significação.

Essas palavras são **hiperônimos**. Elas agrupam as outras em um conjunto, conforme o sentido. Veja:

- **Assento** é hiperônimo de: **cadeira**, **poltrona**, **banco** etc.
- **Animal** é hiperônimo de: **leão**, **gato**, **cobra** etc.
- **Flor** é hiperônimo de: **cravo**, **rosa**, **orquídea** etc.

As outras palavras da tabela, de sentido mais específico, mas da mesma área de significação, são **hipônimos** em relação às da primeira linha.

- **Blusa** é hipônimo de **vestimenta**.
- **Martelo** é hipônimo de **ferramenta**.
- **Rosa** é hipônimo de **flor**.
- **Gato** é hipônimo de **animal**.

2 Nos trechos a seguir, troque os hiperônimos repetidos por hipônimos fazendo as alterações necessárias. Mas cuidado: as frases precisam fazer sentido. Veja o modelo a seguir.

- Naquela sala, os móveis eram antigos. Os móveis eram estofados e tinham almofadas de cetim vermelho.
- Naquela sala, os **móveis** eram antigos. As **poltronas** eram estofadas e tinham almofadas de cetim vermelho.

a) Os **brinquedos** estavam espalhados pela sala, e o **brinquedo** tinha ficado lá fora no campo de futebol.

_____

b) As **frutas** estão na geladeira. Você pode usar as **frutas** para fazer seu suco.

_____

c) Guardou com cuidado o **material escolar**, mas deixou o **material escolar** na mesa para escrever a tarefa de casa.

_____

d) Arrumou as **roupas** na gaveta e pendurou as **roupas** no cabide.

_____

Ambiguidade

Você conhece o Garfield, um gato bem ranzinza?

DAVES, Jim. *Garfield*.

1 Lendo o primeiro quadrinho, vemos que John quer que Garfield faça dieta. A afirmativa está certa ou errada? Justifique sua resposta.

_____

2 No segundo quadrinho, Garfield olha para o prato e nada diz. Você acha que o olhar dele é de aprovação? Por quê?

_____

3 Lendo o terceiro quadrinho, percebemos que Garfield está muito irritado. Entre o que John diz e o que Garfield parece entender há uma diferença importante de sentido. Relacione os dois textos a seguir com: (**I**) o que John falou e (**II**) o que Garfield entendeu.

a) ☐ uma comida para **gato com pouca gordura corporal**, ou seja, para um gato magro.

b) ☐ **uma comida com pouca gordura** para gato, ou seja, uma comida "magra".

4 O humor da tirinha está na duplicidade de entendimento da frase dita por John no primeiro quadrinho. A afirmativa é falsa ou verdadeira? Explique sua resposta.

_____

Nesse primeiro quadrinho, a frase dita por John pode ter mais de um sentido, ou seja, é uma frase ambígua.

> Um texto (frase, expressão ou palavra) tem **ambiguidade** quando apresenta significados diferentes, isto é, quando admite mais de um sentido, mais de uma leitura, mais de uma interpretação.

O duplo sentido (e até o múltiplo sentido) é comum nas línguas. Na maioria dos casos, o contexto da frase ou da situação indica a interpretação correta, evitando ambiguidade.

> Helena está me esperando perto do **banco**.

Esse "banco" é um assento ou uma agência bancária?
Veja como a frase poderia ficar mais clara, sem ambiguidade:

> Helena está me esperando perto do **banco da praça**.
> Helena está me esperando perto do **banco onde ela trabalha**.

Agora, observe esta frase:

> O soldado estava procurando pelo **cabo**.

Esse cabo é um militar ou é o cabo de uma ferramenta?

5 Reescreva a frase eliminando o duplo sentido. Crie duas possibilidades, cada uma atribuindo um dos sentidos à palavra **cabo**.

_____

_____

Pode também acontecer ambiguidade por causa da maneira que arrumamos a frase, e não pelas palavras que escolhemos.

6 Observe as frases e formule perguntas que mostrem qual é a ambiguidade. Faça como no exemplo.

> Tomei o apito da Elisa.
> Tomei o apito que estava com Elisa ou o apito que pertencia a ela?

a) Preciso da chave da maleta que estava na sala.

_____

b) Viajando de ônibus na estrada, vimos Lucas.

_____

c) Bia disse a Carol que seus argumentos convenceriam a professora.

_____

7 Até uma imagem pode ser ambígua ou ter mais de uma leitura. Olhe bem e diga o que você vê em cada imagem.

_____

_____

8 Relacione os itens e os numerais romanos identificando o sentido da palavra **prato** em cada frase a seguir.

a) ☐ comida
b) ☐ instrumento musical
c) ☐ receptáculo de balança
d) ☐ vasilha de louça

I. Pegue no armário um prato bem bonito para arrumarmos o bolo!
II. Picadinho com farofa é o prato predileto do meu pai.
III. Coloque a farinha no prato da balança, precisamos pesar antes de usar.
IV. É muito forte o som dos pratos da bateria.

9 Faça a mesma coisa com a palavra **manga**.

a) ☐ parte de roupa
b) ☐ fruta
c) ☐ tubo de vidro ou cristal para lâmpadas

I. Camila está no quintal chupando manga.
II. Hoje está muito quente para usar manga comprida.
III. Precisamos comprar uma manga para o lampião da varanda que quebrou.

Em algumas situações, não é possível dizer qual é o sentido que o autor quis dar à palavra se não considerarmos o contexto, a situação. Isoladas, as frases a seguir são ambíguas.

Não foi esse **prato** que eu pedi!
Não gosto deste tipo de **manga**.

Mas veja como fica fácil entender o sentido se elas aparecem em uma situação concreta.

Ilustrações: Claudia Marianno

Dependendo do texto e de sua finalidade, a ambiguidade pode ser prejudicial, como em um texto científico ou informativo; ou pode ser um fator de enriquecimento, como na linguagem poética, na propaganda ou no humorismo, em que o próprio autor procura atribuir esses significados escolhendo cuidadosamente as palavras.

Veja o exemplo abaixo e responda às questões.

10. Pense um pouco nos sentidos da palavra **muda**. Nas frases a seguir, substitua as palavras em destaque por outras com sentido equivalente (sinônimos).

   a) Carina ficou **muda** de espanto! _____

   b) A feira **muda** para a praça na próxima semana. _____

11. Agora vamos observar novamente o cartaz. A família é muda ou está de mudança?

   _____

12. No cartaz, a palavra **muda** foi usada como adjetivo ou como verbo?

   _____

13. No caso desse cartaz, a ambiguidade prejudicou a compreensão ou trouxe algum fator de enriquecimento? Explique sua opinião.

   _____

Leia este outro cartaz.

14. Quais são as duas leituras possíveis da frase "Sempre presente"?

   _____
   _____
   _____

Atividades

TEXTO 1

Leia o cartaz ao lado.

① O cartaz da campanha de vacinação explora duas acepções da palavra **gota**.

a) Pequena porção de líquido que cai em forma de minúscula pera; pingo.

b) *Fig.* porção mínima de qualquer coisa.

Relacione esses conceitos às acepções a seguir.

I. ☐ Um pouco de atenção e cuidado.

II. ☐ As duas gotas do líquido da vacina.

A vacina contra paralisia infantil é ministrada por via oral. Duas gotas são pingadas na boca da criança.

② As duas acepções se confundem no texto do cartaz, e a ambiguidade que se forma é aproveitada para torná-lo mais atrativo. Quais seriam as expressões mais comuns para adquirir o sentido dessa frase? Complete as lacunas.

a) Dois _____ de sua atenção.   b) Duas gotinhas da _____ .

③ Organize os termos listados a seguir em duas categorias agrupando-os pelo sentido ou por alguma característica que tenham em comum. Depois, dê um nome a cada categoria escolhendo um termo hiperônimo que corresponda aos termos hipônimos agrupados.

> alho   azeite doce   camarão   caranguejo   pimenta   sal
> coentro   cominho   mexilhão   ostras   siri   sururu

32

TEXTO 2

Leia o texto a seguir.

INSTITUTO Nacional do Câncer. *Pode respirar fundo*. São Paulo: INCA; Brasília, DF: Ministério da Saúde, 2014. Disponível em: https://encrypted-tbn0.gstatic.com/images?q=tbn%3AANd9GcRkCBWbZ3Lm4t3DPAuvYJCgpkm2vlGacuxAetMXSByTk1Bbqou2. Acesso em: 14 jan. 2020.

4 Na propaganda, qual é a relação entre a expressão "ambientes coletivos" e a imagem? O que esta última representa?

_____

_____

5 Ainda na imagem, que elemento corresponde ao trecho "100% livres de fumaça"?

_____

_____

6 Nas frases a seguir, diga qual é o sentido da expressão "respirar fundo".

a) Depois da prova, todos respiraram fundo. _____

b) Quando saímos da rua enfumaçada pudemos respirar fundo. _____

7 Onde está a ambiguidade dessa propaganda?

_____

_____

8 Vimos que a ambiguidade pode ser evitada ou buscada, dependendo do objetivo do autor. Nesse texto da propaganda, qual pode ter sido a intenção da ambiguidade?

_____

_____

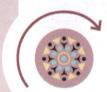

Caleidoscópio

É O SENTIDO CONOTATIVO?

Na conotação, uma palavra agrega alterações ou ampliações ao seu sentido literal (denotação) por associações linguísticas de diversos tipos; por identificação com atributos de coisas, personagens ou pessoas que inspiram sentimentos, admiração, amor, ódio, temor, asco etc., animais e outros seres da natureza (por exemplo, porco, rato, pavão, cisne, garça etc.) ou do mundo social (profissões, grupos de idade, países ou regiões geográficas etc.).

ABACAXI planta terrestre da família das bromeliáceas, nativa do Brasil. **fig. problema, complicação.**
"Esse engarrafamento agora é um abacaxi!"

ABRAÇAR ato de apertar, envolver entre os braços. **fig. sinal de afeto ou amizade.**
"Manda um abraço ao primo!"

ALVO ponto que se procura atingir com tiro, flecha etc. **fig. centro de interesse; motivo, objeto.**
"Ele foi alvo de elogios."

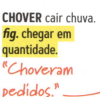

BEBER ingerir (líquido). **fig. absorver com atenção; mergulhar em.**
"Bebeu os ensinamentos dos mais velhos."
fig. (veículo) consumir muito (combustível).
"Esse carro bebe muita gasolina."

BEIJAR dar beijo(s) em; oscular. **fig. bater em, chocar-se com.**
"Beijou o poste."

CABEÇA parte do corpo humano composta do crânio e da face e que contém o cérebro e os órgãos da visão, da audição, do olfato e do paladar. **fig. pessoa reconhecida por sua inteligência e/ou cultura.**
"Esse professor é muito cabeça."

CACHORRO cão. **fig. indivíduo desprezível; canalha.**
"Ele não pagou a dívida; foi um cachorro!"

CARA face (anat.). **fig. falta de vergonha; atrevimento, ousadia, descaramento.**
"Depois de sua atitude ainda tem cara de me telefonar?"

CHOVER cair chuva. **fig. chegar em quantidade.**
"Choveram pedidos."

CLIMA conjunto das condições do tempo (temperatura, pressão, umidade etc.) de uma região ou de um período. **fig. ambiente favorável ou não para a realização de algo; atmosfera.**
"Não pintou um clima entre eles."

DOCE que causa sensação agradável ao paladar, como o mel, o açúcar etc. **fig. que não é salgado (diz-se da água de rios, lagos etc.).**
"É um lago de água doce."
fig. afetuoso, amável, meigo.
"Achei o cachorrinho muito doce."

ENFERRUJAR cobrir(-se) de ferrugem; oxidar(-se). **fig. (fazer) perder a mobilidade; parar.**
"Tirei o gesso, mas enferrujei. Não posso ainda andar de bicicleta."

FERA animal feroz. **fig. indivíduo muito severo.**
"A nova diretora é uma fera."

FRIO que tem ou em que há baixa temperatura. **fig. calmo.**
"Não se estresse. Mantenha a cabeça fria!"

LEÃO felino de grande porte, cauda longa e juba, que vive em savanas e campos de arbustos e caça grandes mamíferos. **fig. homem valente.**
"Parece calmo, mas, quando precisa enfrentar um problema, é um leão."

Ilustrações: Cris Viana

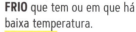

34

Para um texto melhor, gramática!
Palavras homônimas

Leia o cartaz abaixo.

O BRASIL TEM CONCERTO!
Orquestra Sinfônica Brasileira
Teatro Municipal do Rio de Janeiro
Aos domingos, às 11h

1. Explique qual é a finalidade do cartaz.

2 Qual é o sentido da palavra **concerto** no cartaz?

_____

_____

3 Pense na frase: A bicicleta quebrada tem **conserto**. Qual é o sentido da palavra **conserto**?

_____

4 Quais são as semelhanças e diferenças entre as palavras **concerto** e **conserto**?

_____

5 Parece, então, que além de anunciar o evento, a propaganda também tenta:

a) chamar a atenção do leitor por apresentar um aparente erro ortográfico. Você concorda? Justifique sua resposta.

_____

_____

b) instigar o leitor a refletir um pouco sobre a situação de nosso país. O que fica sugerido no cartaz, quando pensamos na palavra homófona a **concerto**?

_____

6 Complete a lacuna: Duas palavras pronunciadas da mesma forma, mas com grafias e sentidos _____, são **homófonas**.

> ↑ **Palavras homônimas** são aquelas pronunciadas do mesmo modo, mas com sentidos diferentes e, muitas vezes, até forma escrita diversa.

Há dois tipos de palavras homônimas: homógrafas e homófonas.

As **homógrafas** têm mesma pronúncia e mesma grafia, mas sentidos diferentes (homógrafa = "mesma grafia"):
- manga (fruta) ⟶ manga (de roupa)
- canto (da parede) ⟶ canto (do coral)
- banco (para sentar) ⟶ banco (para guardar dinheiro)

As **homófonas** têm mesma pronúncia, mas grafias diferentes e sentidos diferentes (homófona = "mesmo som"):
- cheque (do banco) ⟶ xeque (chefe muçulmano)
- tacha (preguinho) ⟶ taxa (imposto)
- censo (recenseamento) ⟶ senso (juízo claro, bom senso)

Assim, uma simples troca de letra pode mudar totalmente o sentido do que se quer dizer.

7 Indique, entre as duas alternativas a seguir, a resposta adequada à pergunta.
Você perdeu o senso?

a) ☐ Não, já tinha voltado ao Brasil quando fizeram a pesquisa.

b) ☐ Não, estou muito bem da cabeça.

Retomar

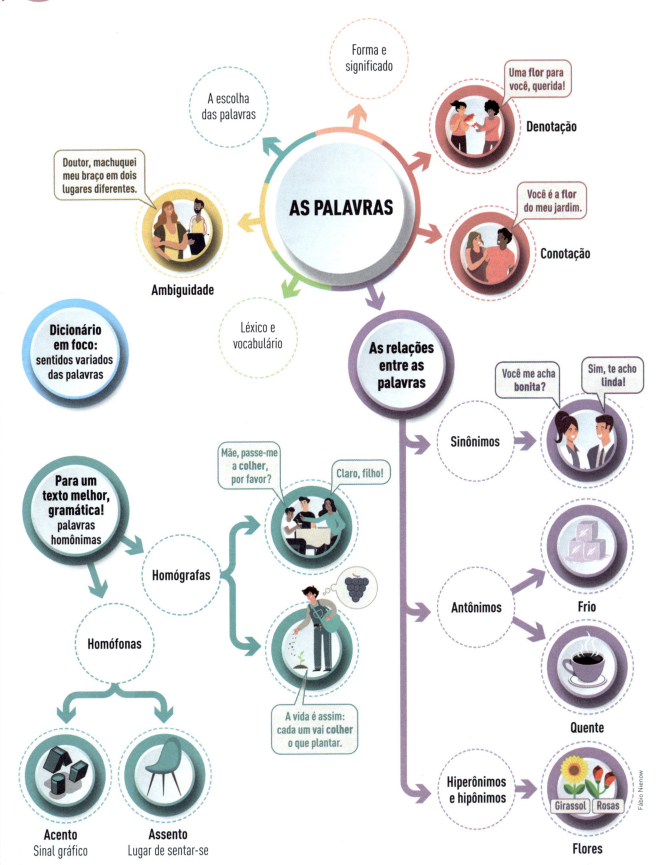

UNIDADE 2

Há algo mais importante para a humanidade neste momento do que tornar compatível nosso viver com as leis que regem a biosfera? Podemos abrir mão de discutir e executar uma estratégia de sustentabilidade que nos conduza a um processo econômico saudável? Seria, por acaso, viável uma sociedade sem os serviços que os ecossistemas nos oferecem? Alguém ainda acredita que os recursos naturais – e seus serviços ambientais – são infinitos e podemos fazer deles o que quisermos?

MERICO, Luiz Fernando Krieger. *A transição para a sustentabilidade*. São Paulo: Edições Loyola, 2014. p. 9.

Verbo

Vamos conhecer mais algumas características dos verbos. Antes, porém, você vai mostrar que já conhece bem o assunto por meio das atividades sobre os textos.

Leia o texto a seguir e faça o que se pede.

TEXTO 1

Um cientista fascinado por pterossauros

Alexander W. A. Kellner nasceu em 1961, no principado de Liechtenstein […] na Europa. Veio para o Brasil, em 1965, com a mudança da família e abriu mão de sua nacionalidade para tornar-se um cidadão brasileiro.

Formou-se e especializou-se em Geologia e desde 1997 trabalha no Museu Nacional, da Universidade Federal do Rio de Janeiro. Lá, ele se dedica à pesquisa de vertebrados fósseis e já descobriu muitas espécies. Entre elas, o dinossauro carnívoro *Santanaraptor placidus* e o réptil voador *Thalassodromeus sethi*. Em busca de novas descobertas, organiza e participa de expedições em diversas partes do mundo. Em entrevista para a *Ciência Hoje das Crianças*, Kellner conta um pouco de sua profissão e de seu mais recente livro sobre pterossauros. Confira!

Alexander Kellner e outros paleontólogos trabalhando na escavação de uma cauda de dinossauro em Coahuila, México, 2013.

Ciência Hoje das Crianças [CHC] – Quando e por que você decidiu ser paleontólogo?

Alexander Kellner [AK] – De forma resumida, a primeira vez que me interessei pela Paleontologia – que é o estudo dos fósseis, os restos dos organismos extintos – foi quando visitei o Museu Nacional com meus pais. Fiquei fascinado por aqueles esqueletos montados, que eram de preguiças gigantes.

Depois disso, aprendi que a Paleontologia era uma disciplina da Geologia. Assim, fiz esse curso pensando em me tornar um paleontólogo. Meu interesse era entender um pouco mais da diversidade da vida que existia no passado. O mais gozado era que, quando criança, eu assistia muito ao desenho dos Herculoides. Tinha um dragão voador que me fascinava e, por ironia do destino, acabei estudando os dragões voadores, como os pterossauros também são conhecidos.

[CHC] – O que faz um paleontólogo?

[AK] – Ele passa a maior parte do seu tempo trabalhando em pesquisa no seu gabinete, estudando os fósseis. Ele também tem que dar aulas e orientar alunos. Agora, tem uma atividade que eu, como paleontólogo, adoro: a pesquisa de campo! Nela, por algumas semanas, a gente procura indícios de fósseis. Quando os encontra, então, se inicia uma escavação. É emocionante encontrar restos de organismos que passaram milhões de anos soterrados. E você é o primeiro a encontrá-los. É uma sensação muito boa. […]

[CHC] – O que você diria para as crianças que pensam em ser paleontólogas?

[AK] – Primeiro, estudem bastante. Nada é melhor do que ter um conhecimento geral sobre vários assuntos, mesmo que eles não sejam utilizados diretamente na pesquisa do "futuro-paleontólogo".

Depois, procurem ler um pouco sobre o assunto. Se ainda tiverem interesse nos fósseis, devem fazer um curso de Geologia ou de Biologia, que recomendo mais. Durante o curso, procurem fazer um estágio em algum lugar onde exista Paleontologia. Esta é a maneira mais segura de a pessoa saber se gosta ou não da pesquisa dos fósseis.

> Lembrem-se: o principal quando se escolhe uma profissão é ser feliz com ela! Eu sou, espero que vocês
> 45 também sejam, independentemente da profissão que escolherem! Espero que gostem do livro e se deixem
> levar pelas asas dos pterossauros ao mundo fascinante da Paleontologia!

ABREU, Cathia. Um cientista fascinado por pterossauros. *Ciência Hoje das Crianças*, Rio de Janeiro, 21 maio 2010. Disponível em: http://chc.org.br/um-cientista-fascinado-por-pterossauros/. Acesso em: 11 mar. 2020.

1) O que o cientista entrevistado gosta de estudar?   *atividade oral*

2) Como também são conhecidos os pterossauros?

_____

3) O que é Paleontologia?

_____

4) O que são fósseis? Cite um exemplo de fóssil encontrado no texto.

_____
_____

5) Alexander Kellner faz com maior frequência "pesquisa de gabinete". O que caracteriza essa pesquisa?

_____

6) O que são pesquisas de campo? Qual é a opinião do paleontólogo sobre elas?

_____
_____

7) Concluindo a entrevista, Alexander Kellner diz qual é, na opinião dele, o objetivo principal para a escolha de uma profissão. Que objetivo é esse? Qual é sua opinião sobre a escolha de uma profissão?

_____

8) Assinale quais características do gênero de texto entrevista encontramos no texto lido.

a) ☐ Apresenta o nome do entrevistado e do entrevistador antes da fala de cada um.

b) ☐ Escrito em discurso direto (que reproduz as palavras exatamente como foram ditas).

c) ☐ Escrito em discurso indireto (um narrador conta o que o entrevistado teria dito, sem o compromisso de reprodução fiel).

d) ☐ Fornece informações e aspectos da vida pessoal ou profissional do entrevistado.

e) ☐ Mostra depoimentos e opiniões do entrevistado.

f) ☐ Organizado em forma de perguntas e respostas.

9 Atualmente, estamos acostumados a acompanhar entrevistas de pessoas em destaque nos meios artístico, cultural, político. Além dos periódicos, em que outros meios podemos fazê-lo?

_____

10 O verbo, uma das dez classes de palavras, tem um papel importante em tudo o que dizemos. Pode transmitir as noções de ações, processos, estados, mudanças de estado ou fenômenos meteorológicos.

Releia o trecho a seguir, em que Alexander Kellner fala sobre o que faz um paleontólogo, e sublinhe os verbos.

> Ele passa a maior parte do seu tempo trabalhando em pesquisa no seu gabinete, estudando os fósseis. Ele também tem que dar aulas e orientar alunos.

- O que os verbos que você sublinhou transmitem a respeito da vida desse pesquisador?

_____

11 "Quando e por que você decidiu ser paleontólogo?" Nesse trecho, que verbos foram usados? Ambos são verbos significativos? Explique sua resposta.

_____

12 Oração é o enunciado que se organiza em torno de um verbo ou de uma locução verbal. As orações, na sua maioria, são compostas de dois termos principais. Nomeie esses termos e identifique-os na frase: "Alexander W. A. Kellner nasceu em 1961".

_____

13 Os verbos que formam os predicados podem ser significativos ou de ligação. Dependendo do verbo, o predicado será verbal ou nominal. Complete adequadamente as afirmações a seguir identificando esses tipos de verbo.

a) Predicado verbal — formado em torno de um verbo _____

_____ (indica ação ou processo e traz uma ideia nova na declaração que faz a respeito do sujeito). O núcleo é o verbo.

> Eles [**estudam** bastante na nova escola.]
>   núcleo do predicado

b) Predicado nominal — formado em torno de um verbo _____

_____ (indica estado ou mudança de estado e liga o sujeito a um atributo dele, que é o predicativo). Os atributos do sujeito são suas características, seu estado ou suas qualidades. O núcleo é o predicativo.

> Pesquisa de campo [**é** emocionante.]
>   núcleo do predicado

Ampliar

Dragões,
de Andreas Göbling
(WMF Martins Fontes)

Quase sempre os dragões são seres enormes, com força descomunal. Em geral, têm corpo de serpente e são alados. Com seus poderes mágicos, eles controlam os elementos primordiais, sendo capazes, por exemplo, de cuspir fogo ou de agitar o mar em imensos vagalhões. Neste livro, em contos de várias civilizações e de várias épocas, há dragões do céu e da terra, do mar e das montanhas, que usam seus poderes para o bem ou para o mal.

14 Os verbos transitivos vêm acompanhados de complementos verbais. Complete adequadamente as afirmações a seguir identificando esses complementos.

a) _____ é o complemento verbal que **não começa** com uma preposição e que ajuda o verbo transitivo direto a formar um predicado com sentido completo.

b) _____ é o complemento verbal que **começa** com uma preposição e que ajuda o verbo transitivo indireto a formar um predicado com sentido completo.

15 Em relação às frases a seguir, faça o que se pede.

> I. Escreva os verbos;
> II. Classifique-os em intransitivos (**VI**), transitivos diretos (**VTD**), transitivos indiretos (**VTI**) ou transitivos diretos e indiretos (**VTDI**);
> III. Classifique também os objetos em diretos ou indiretos.

a) Alexander W. A. Kellner nasceu em 1961.
_____

b) Alexander aconselha seus alunos a ler todos os dias.
_____

c) Ele dá aulas para muitos alunos.
_____

d) Kellner conta um pouco de sua profissão [...].
_____

e) [...] ele se dedica à pesquisa.
_____

16 Os verbos podem também ser acompanhados por termos acessórios, ou seja, que não são essenciais para complementar seu sentido, como o adjunto adverbial, que indica diferentes circunstâncias do processo verbal ou intensifica o sentido do verbo, de um adjetivo ou de um advérbio. Cite algumas circunstâncias que o adjunto adverbial pode indicar.
_____

17 Identifique os verbos e a função dos termos que os acompanham (objetos diretos, objetos indiretos ou adjuntos adverbiais).

a) [...] já descobriu muitas espécies.

I. verbo _____

II. já _____

III. muitas espécies _____

b) [...] visitei o Museu Nacional com meus pais.

I. verbo _____

II. o Museu Nacional _____

III. com meus pais _____

c) [...] eu assistia muito ao desenho dos Herculoides.

I. verbo _____

II. muito _____

III. ao desenho dos Herculoides _____

d) O pesquisador trabalha animadamente em campo.

I. verbo _____

II. animadamente _____

III. em campo _____

18 Escreva os verbos **pesquisar** e **aprender** flexionados na 3ª pessoa do singular dos tempos indicados a seguir. Depois, em seu caderno, escreva orações que utilizem essas formas do verbo.

a) presente

b) pretérito perfeito

c) pretérito imperfeito

d) pretérito mais-que-perfeito

e) futuro do presente

f) futuro do pretérito

Leia o poema de Fernando Pessoa.

Das falsas posições

Criança, era outro...
Naquele em que me tornei
Cresci e esqueci.
Tenho de meu, agora, um silêncio, uma lei.
5 Ganhei ou perdi?

PESSOA, Fernando. Das falsas posições.
In: PESSOA, Fernando. *Obra Poética.* Rio de Janeiro:
Companhia José Aguilar Editora, 1974. p. 583.

TEXTO 2

19 Explique do que o eu poético fala. *atividade oral*

20 Em que tempo estão as formas verbais a seguir, retiradas do poema? Explique a diferença no uso desses tempos verbais.

a) era

b) tornei / cresci / esqueci / ganhei / perdi

c) tenho

21 O que significa o verso "Tenho de meu, agora, um silêncio, uma lei"?

Leia o poema de Álvaro de Campos, heterônimo de Fernando Pessoa.

TEXTO 3

[...]
Partir!
Nunca voltarei,
Nunca voltarei porque nunca se volta.
O lugar a que se volta é sempre outro,
5 A **gare** a que se volta é outra.
Já não está a mesma gente, nem a mesma luz, nem a mesma filosofia.
[...]

CAMPOS, Álvaro de. Là-bas, je ne sais où (Lá, não sei onde). In: PESSOA, Fernando. *Poemas de Álvaro de Campos*. Disponível em: www.dominiopublico.gov.br/download/texto/jp000011.pdf. Acesso em: 31 jan. 2020.

Vocabulário
Gare: estação de trem.

22 No segundo verso, encontramos o verbo **voltar** conjugado em que tempo?

_____

23 Por que o eu poético diz que depois de partir não voltará?

24 Para falar do período de tempo futuro, temos duas possibilidades de flexão no modo indicativo. Quais são elas?

_____

25 Como o verbo **voltar** ficaria se conjugado na 3ª pessoa do plural nessas duas formas de futuro?

_____

26 Vamos lembrar os dois futuros do modo indicativo. Escreva, na relação a seguir, mais um exemplo para cada sentido dos dois tempos verbais.

I. Futuro do presente

a) Descreve um fato que ainda vai ocorrer, num período de tempo posterior ao momento em que falamos ou escrevemos.

Exemplo: Os dias difíceis **passarão**.

_____

b) Exprime dúvida sobre fatos atuais.

Exemplo: **Será** que está chovendo?

_____

c) Exprime um pedido, um desejo, uma ordem.

Exemplo: **Honrarás** pai e mãe.

_____

II. Futuro do pretérito

a) Enuncia um fato futuro tomado em relação a outro fato, anterior ao momento em que falamos ou escrevemos.

> Exemplo: Ontem Lia avisou que **acordaria** cedo hoje.

b) Substitui o presente do indicativo ou o imperativo, como forma de cortesia ou de educação.

> Exemplo: Você **abriria** a porta para mim?

c) Exprime dúvida sobre fatos passados.

> Exemplo: Quem **seria** o responsável pela linda homenagem de ontem?

d) Exprime um fato que possivelmente não vai se realizar e que depende de alguma condição.

> Exemplo: Se não estivesse frio, eu **sairia** de bermuda.

Leia o trecho a seguir.

TEXTO 4

[...]
O fundador de minha família foi um certo Damião Cubas, que floresceu na primeira metade do século XVIII. Era **tanoeiro** de ofício, natural do Rio de Janeiro, onde teria morrido na **penúria** e na obscuridade, se somente exercesse a tanoaria. [...]

MACHADO DE ASSIS, J. M. Genealogia. *In:* MACHADO DE ASSIS, J. M. *Memórias póstumas de Brás Cubas.* cap. 3. Disponível em: www.dominiopublico.gov.br/download/texto/bn000167.pdf. Acesso em: 3 fev. 2020.

Vocabulário
Penúria: extrema pobreza.
Tanoeiro: quem fabrica tonéis, barris, pipas etc.

27 O personagem Brás Cubas, do romance *Memórias póstumas de Brás Cubas*, apresenta o fundador de sua família. Pelo pouco que lemos, podemos tirar algumas conclusões. Responda:

a) Pode-se afirmar que ele morreu pobre? Que verbo ou locução verbal nos permite afirmar isso?

b) Que condição seria necessária para que ele morresse na penúria e fosse esquecido?

c) Em que tempo e modo estão os verbos ou locuções seguintes?

I. teria morrido _____

II. (se) exercesse _____

Machado de Assis (Joaquim Maria Machado de Assis [1839-1908], Rio de Janeiro) foi jornalista, contista, cronista, romancista, poeta e teatrólogo, o escritor maior das letras brasileiras e um dos maiores autores da literatura de língua portuguesa. Foi presidente da Academia Brasileira de Letras por mais de dez anos. Sua obra abrange praticamente todos os gêneros literários. Publicou as coletâneas de *Contos fluminenses* e *Histórias da meia-noite* e os romances *Ressurreição*, *A mão e a luva*, *Helena*, *Iaiá Garcia*, *Memórias póstumas de Brás Cubas*, *Dom Casmurro* e *Quincas Borba*, entre outros.

Em suas obras, vemos que Machado de Assis é um homem do seu tempo e retrata a sociedade carioca da época, colocando seus personagens em ambientes principalmente internos, onde expõe traços positivos e negativos, resultado da análise psicológica dos personagens – uma das marcas da literatura machadiana. Tudo isso expresso numa linguagem concisa e econômica que instiga o leitor e o convida a deduzir aspectos omitidos de propósito.

Leia a tira a seguir.

TEXTO 5

GONSALES, Fernando.

28 Por que o Criador está impaciente? *atividade oral*

29 A palavra "pescoção" pode ter mais de um sentido:
- tapa ou empurrão, especialmente no pescoço;
- pescoço grande.

Considerando o que foi comentado na primeira pergunta, qual desses sentidos poderíamos atribuir ao que foi falado pelo Criador?

_____

30 Mas o que se passa no último quadrinho?

_____
_____
_____

31 Explique o texto que encontramos no retângulo no alto do primeiro e do último quadrinhos. *atividade oral*

32 Assinale a(s) opção(ões) que você considera adequadas.
A história apresenta uma explicação da origem das espécies:

☐ científica.   ☐ criativa.

☐ engraçada.   ☐ irônica.

33 Na oração "eu te dou um pescoção", em que tempo está flexionado o verbo **dar**? E qual é a noção temporal que ele transmite: passado, presente ou futuro?

_____

_____

34 Complete com as duas possíveis formas de futuro:

Eu te _____ um pescoção. /. Eu _____ um pescoção.

Entre as duas possibilidades da resposta anterior, sublinhe a opção mais informal.

Fique atento

No português atual, principalmente no falado, costuma-se trocar tanto o **futuro do presente** simples quanto o **futuro do pretérito** simples por outras formas.
O **futuro do presente** simples tem sido substituído:
- por locuções verbais constituídas de presente do indicativo do verbo **ir** + infinitivo do verbo principal;

> As aulas **vão recomeçar** amanhã. (em vez de **recomeçarão**)

- pelo presente do indicativo.

> As aulas **recomeçam** amanhã. (em vez de **recomeçarão**)

O **futuro do pretérito** simples tem sido substituído:
- por locuções verbais constituídas de futuro do pretérito do verbo **ter** + particípio do verbo principal, nas afirmações que incluem alguma condição;

> Se a turma tivesse se dedicado aos estudos, ninguém **teria repetido** o ano. (em vez de **repetiria**)

- pelo pretérito imperfeito do indicativo.

> Se você não fosse tão teimoso, nós **íamos** ao cinema. (em vez de **iríamos**)

Leia o trecho a seguir.

TEXTO 6

– [...] Se ela me consultasse, bem; se ela me dissesse: "Prima Justina, você que acha", a minha resposta era: "Prima Glória, eu penso que, se ele gosta de ser padre, pode ir; mas, se não gosta, o melhor é ficar". É o que eu diria e direi se ela me consultar algum dia. Agora, ir falar-lhe sem ser chamada, não faço.

MACHADO DE ASSIS, J. M. *Dom Casmurro*. Disponível em: www.dominiopublico.gov.br/download/texto/bn000069.pdf. Acesso em: 19 fev. 2020.

35 Em "Se ela me consultasse", Prima Justina está falando de uma realidade ou de uma hipótese?

_____

36 Que tempo verbal ela usou para isso?

_____

37 Nesse trecho, Prima Justina afirma "É o que eu diria e direi se ela me consultar algum dia". Há outro modo mais informal de conjugar o verbo **diria** mantendo o mesmo sentido. Em vez de usar o futuro do pretérito, como ela poderia ter conjugado o verbo?

_____

38 Reescreva as orações a seguir substituindo a forma simples dos verbos em destaque como no exemplo.

> **I.** pelas formas constituídas de locuções verbais (futuro do pretérito do verbo **ter** + particípio do verbo principal);
>
> **II.** pelas formas do pretérito imperfeito do indicativo.

Para ajudar, começamos as frases. Confira o exemplo:

> Se ela tivesse me consultado, **eu diria isso**.
>
> **I.** Se ela tivesse me consultado, **eu teria dito isso**.
>
> **II.** Se ela tivesse me consultado, **eu dizia isso**.

a) Quem **seria** o responsável pela limpeza da quadra?

I. _____

II. _____

b) Se você tivesse ficado quieto, eu até **ajudaria**.

I. _____

II. _____

c) Se você confiasse em mim, eu **resolveria** o problema.

I. _____

II. _____

39 Usamos o **modo subjuntivo** quando descrevemos uma **possibilidade**, uma **hipótese**, uma **dúvida**, ou quando impomos **condições** para que algo aconteça. Nas frases a seguir, diga qual dessas quatro formas de encarar o fato descrito está valendo para cada verbo no subjuntivo destacado.

a) **Espero** que você melhore da gripe. _____

b) É possível que **chova** amanhã. _____

c) Se você quisesse, vocês **poderiam** trabalhar juntos. _____

d) Se **der** tempo, eu passo aí amanhã. _____

e) Só **arrumo** essa bagunça se você me ajudar. _____

40 Escreva como ficariam os verbos **pesquisar** e **aprender** na 3ª pessoa do singular nos tempos indicados. Depois crie exemplos de orações com essas formas verbais.

a) Presente do subjuntivo. _____

_____

b) Pretérito imperfeito do subjuntivo. _____

_____

c) Futuro do subjuntivo. _____

_____

41 A principal característica do modo subjuntivo é que ele denota uma ação que ainda não foi realizada e que é vista como dependente de outra, que está ou não expressa. Por isso, é empregado geralmente em orações que estão relacionadas a outras. Nos períodos a seguir, faça o que se pede:

> I. sublinhe os verbos ou locuções verbais;
> II. separe com colchetes as orações;
> III. determine o tempo verbal em que cada verbo está flexionado.

a) Você duvida que eu faça o gol?

_____

_____

b) Se você viesse, podíamos jogar *video game*.

_____

_____

c) Quando parar a chuva, a partida continuará.

_____

_____

42 Quando é usado em orações que não estão relacionadas a outras, o modo subjuntivo exprime um desejo de quem fala.

> • Deus me **livre**!
> • **Vá** em paz!

Acrescente um exemplo seu.

_____

Leia a charge a seguir.

TEXTO 7

LUTE. Charge do dia 20/06/2019. *Hoje em dia*, Belo Horizonte, 20 jun. 2019. Disponível em: www.hojeemdia.com.br/opinião/blogs/blog-do-lute-1.366314/charge-do-dia-20-06-2019-1.722275. Acesso em: 3 fev. 2020.

43 Na charge, a criança fala de um desejo seu ou de um fato real? Que expressão ela usa que nos dá uma pista sobre isso? Explique sua resposta.

44 Em que tempo está flexionado o verbo **ser**? Explique sua resposta.

45 Em que outras possíveis "sedes" a criança deve estar pensando?

46 No texto de abertura desta unidade, lemos: "Alguém ainda acredita que os recursos naturais – e seus serviços ambientais – são infinitos e podemos fazer deles o que quisermos?". Relacione essa indagação com a situação atual da água em nosso planeta.

Leia o cartaz ao lado.

47 Qual é a finalidade do cartaz?

48 Um dos sentidos da palavra **tipo** é "algo que apresenta as características de um grupo". No cartaz, ela foi usada para se referir a dois grupos diferentes. Que grupos são esses?

_____

49 Copie do cartaz os trechos que se referem a cada tipo que você citou na atividade anterior.

_____

50 No trecho "Seja do tipo que salva", a palavra **tipo** se refere a qual dos grupos de sentido? Explique sua resposta.

Campanha de doação de sangue do Hemocentro de Ribeirão Preto (SP).

_____

51 Segundo o texto, é perigoso doar sangue?

_____

52 No cartaz foram usados nove verbos no modo indicativo e três no modo imperativo. Transcreva os verbos no imperativo.

_____

53 Por que é comum encontrar o modo imperativo em textos publicitários? Qual é a intenção de uma propaganda?

_____

54 No modo imperativo, geralmente o sujeito vem oculto. Aponte os sujeitos dos verbos em destaque.

a) **Faça** sua parte, que eu farei a minha. _____

b) **Aprende** tudo o que puderes com teus professores. _____

55 Escreva como ficariam os verbos **pesquisar** e **aprender** no modo imperativo. Dê exemplos de orações com essas formas verbais.

Imperativo afirmativo		Imperativo negativo	

Leia o relatório a seguir.

TEXTO 9

https://storage.googleapis.com/planet4-brasil-stateless/2019/10/e01336b4-aia002619-relatorio-anual-2018_final-para-internet.pdf

RELATÓRIO ANUAL 2018 GREENPEACE

MOBILIDADE URBANA

O ano começou com uma boa notícia: **a prefeitura de São Paulo (SP) aprovou uma lei para reduzir a poluição causada pelos ônibus da capital**, com o uso de combustíveis mais limpos e renováveis. Foi o resultado de um trabalho realizado com parceiros ao longo de 2017.

O Greenpeace faz parte do comitê responsável por acompanhar a **implementação** da lei, que terá
5 como efeitos positivos a queda no número de mortes causadas pela má qualidade do ar que respiramos.

Outras cidades se inspiraram a fazer o mesmo: Santo André (SP) foi o segundo município a ter um prazo para eliminar o **diesel** no transporte público e organizações de Campinas (SP) e João Pessoa (PB) têm campanhas pedindo o mesmo.

No Nordeste, trabalhamos com diversos parceiros, promovendo treinamentos locais para o de-
10 senvolvimento de projetos, como o do **BRT** em Salvador (BA). Lançamos o edital "Sinal Verde para Mobilidade" e estamos apoiando cinco propostas de organizações da sociedade civil em Recife (PE).

No dia 22/9, em comemoração ao Dia Mundial Sem Carro, nossos voluntários realizaram uma série de atividades em 11 cidades do Brasil para promover a conscientização sobre a necessidade de meios de transporte mais eficientes e saudáveis.

GREENPEACE. Mobilidade urbana. *In*: GREENPEACE. *Relatório anual 2018*. São Paulo: Greenpeace, 2019. p. 13. Disponível em: https://storage.googleapis.com/planet4-brasil-stateless/2019/10/e01336b4-aia002619-relatorio-anual-2018_final-para-internet.pdf.
Acesso em: 3 fev. 2020.

> **Vocabulário**
>
> **BRT (sigla do inglês Bus Rapid Transit and System):** sistema de transporte coletivo rápido.
> **Diesel (ou gasóleo):** é um óleo derivado do petróleo bruto usado como combustível, cuja combustão emite compostos cancerígenos e danosos para o ambiente.
> **Implementação:** ação de pôr em prática (um plano, projeto etc.).

56 Você leu um pequeno trecho do relatório anual 2018 do Greenpeace. De que assunto trata esse trecho do relatório?

_____

57 Por que essa lei, cuja implementação está sendo acompanhada pelo Greenpeace, tem como um de seus efeitos positivos a queda no número de mortes causadas por problemas respiratórios?

_____

58 Cite duas ações feitas pelo Greenpeace em 2017, mencionadas no relatório.

59 Examine as expressões nominais a seguir, retiradas do texto, e comente a função dos adjetivos nelas usados.

> boa notícia / combustíveis mais limpos e renováveis / efeitos positivos /
> meios de transporte mais eficientes e saudáveis

_____

_____

60 Observe os verbos do texto, diga qual é o tempo verbal predominante e relacione o uso desse tempo ao fato de o relatório ser de 2018.

_____

 ## Gênero em foco Relatório

Em um **relatório** são reunidas informações para apresentar resultados parciais ou totais ou mesmo para **prestar contas, financeiras ou administrativas**, de uma determinada atividade, projeto, ação, pesquisa ou campanha, encerrados ou ainda em andamento. O relatório pode ser oral ou escrito e, de forma objetiva e organizada, informa o desenvolvimento de um trabalho ou atividade, como uma viagem de trabalho, uma visita a um museu, o desempenho de uma empresa durante um ano etc. Pode ser longo e complexo, como o de uma empresa, ou curto e simples, como o de uma atividade escolar. Deve-se empregar uma linguagem formal, seguindo as normas gramaticais da língua. De um modo geral, um relatório é objetivo e descritivo, mas, em alguns casos, o autor inclui críticas e opiniões sobre dificuldades e sucessos. Há a predominância de verbos no pretérito perfeito (atividades já encerradas) ou no presente do indicativo e gerúndio (atividades em curso). Os adjetivos e advérbios ajudam na objetivação dos dados. Um relatório deve conter: título, introdução, desenvolvimento (que pode incluir entrevistas, depoimentos, gráficos, tabelas etc.) e conclusão/considerações finais (fechamento das principais ideias). Uma bibliografia ou uma webgrafia enumera os materiais consultados.

53

1 Imagine que você e um grupo de amigos fazem parte de um projeto na escola. Com base no modelo a seguir, escreva, em seu caderno, um relatório que dê conta dos passos do trabalho. Siga exatamente o modelo ou faça as mudanças que achar necessárias, atentando-se às características de um relatório descritas no boxe a seguir.

Senhores:

Em cumprimento às normas da escola *, submetemos à sua apreciação o Relatório do trabalho *, feito no primeiro semestre do ano de *.

No semestre que se encerrou tivemos o imenso prazer de participar da excursão ao/à *, como parte da pesquisa de dados para nosso projeto. A verba que tínhamos era de R$ 150,00 para as despesas, que foram assim gastos: R$ * para as passagens de ônibus, R$ * para um lanchinho e R$ * para as entradas, que foram mais baratas porque recebemos um desconto escolar. A ida ao/à * enriqueceu a pesquisa que já tínhamos feito na internet e nos ajudou a definir os próximos passos para o semestre seguinte (anexo, cronograma para a continuação do trabalho).

Agradecemos o apoio da escola e ficamos inteiramente à disposição dos senhores para todos os esclarecimentos que se fizerem necessários. *(local), * de * de *.

(assinaturas)

Ampliar

O mistério da moto de cristal,
de Carlos Heitor Cony e Anna Lee

Para a maioria das pessoas, estar de férias significa descansar e se divertir. Mas com Carol é diferente: a aventura a persegue por toda parte, e ela não consegue resistir à tentação de desvendar mais um mistério. Desta vez, está em Maresias, no litoral paulista, e acaba se envolvendo com um roubo de diamantes.

Lembre-se

As formas nominais de um verbo não exprimem, sozinhas, nem o tempo nem o modo. Quando usadas em locuções verbais, essas noções são expressas pelo verbo auxiliar:
- Ele ficou **assustado**. (tempo passado)
- O menino será **avisado** do perigo. (tempo futuro)

As formas nominais são **infinitivo**, **gerúndio** e **particípio**.
- Infinitivo: Para a maioria das pessoas, **estar** de férias significa **descansar** e se **divertir**.
- Gerúndio: Desta vez, Carol está em Maresias, no litoral paulista, e acaba se **envolvendo** com um roubo de diamantes.
- Particípio: **Desapontada**, Carol preparava-se para sair da oficina quando notou, no chão, uma folha de papel **amassada**.

Esses exemplos de formas nominais foram retirados do livro *O mistério da moto de cristal*, que aproveitamos para indicar como leitura.

❶ Releia o trecho do relatório anual de 2018 do Greenpeace e sublinhe as formas nominais que encontrar.

❷ Na locução verbal "estamos apoiando cinco propostas de organizações da sociedade civil em Recife (PE)", qual é a noção temporal transmitida?

_____

Lembre-se

Como o nome **formas nominais** sugere, em certos contextos elas funcionam como verdadeiros nomes, podendo desempenhar função de substantivos, de adjetivos (acompanhando os substantivos) ou de advérbios.
Nesses casos, elas podem apresentar flexões de gênero e número.

- Infinitivo – função de **substantivo**: Os **amanheceres** são muito bonitos aqui.

- Particípio – função de **adjetivo**: Umas atletas **treinadas**.

- Gerúndio – função de **advérbio**: **Correndo**, ela chegou cedo.

- ou de **adjetivo**: Vi um sabiá **cantando** no quintal.

Tipos de verbo, segundo a forma

Eis os tipos de verbo que você já deve conhecer.

Verbos regulares	Seguem o modelo de sua conjugação (1ª, 2ª ou 3ª conjugações). Nos verbos regulares, o radical se mantém o mesmo em todas as formas: **falar, cantar, vender, comer, partir, sorrir** etc.
Verbos irregulares	Não seguem o modelo de sua conjugação, pois sofrem alterações no radical ou nas terminações. Por exemplo: **dar, fazer, dizer, medir, poder, querer, saber, trazer, caber, ver, pedir** etc.
Verbos pronominais	São verbos conjugados e usados com pronomes átonos: **queixar-se, condoer-se, apiedar-se, encontrar-se, enganar-se, debater-se, agitar-se**.
Verbos reflexivos	Também vêm conjugados e usados com pronomes átonos, mas esses pronomes representam a mesma pessoa que faz a ação. Ele se **olhou** no espelho. Os verbos reflexivos podem indicar também a reciprocidade, ou seja, uma ação mútua entre duas ou mais pessoas. As duas se **encontraram** no cinema.

❶ Conjugue os verbos **falar**, **encontrar** e **dar** no presente do indicativo, nas pessoas que se pede.

a) 1ª pessoa do singular: _____

b) 2ª pessoa do singular: _____

c) 3ª pessoa do singular: _____

d) 1ª pessoa do plural: _____

e) 2ª pessoa do plural: _____

f) 3ª pessoa do plural: _____

2 Compare as conjugações dos três verbos e diga se são regulares ou irregulares.

_____

_____

3 Se compararmos as três conjugações, vemos que na conjugação do verbo **dar** houve alterações:

a) ☐ no radical.   b) ☐ nas terminações.

4 Em qual das orações a seguir foi usado um verbo pronominal?

a) ☐ Alice lembrou o nome do livro.   b) ☐ Alice lembrou-se do nome do livro.

5 Reescreva as orações trocando os verbos por sua forma pronominal. Mude o que for necessário. Confira o exemplo.

> O time **vingou** a derrota do ano passado. → O time **se vingou** da derrota do ano passado.

a) Joaquim encontrou Manuel no cinema.

_____

b) Celeste esqueceu o dia da consulta.

_____

c) O treinador preveniu a possível derrota.

_____

d) O professor esqueceu a mochila.

_____

Outros tipos de verbo

Verbos impessoais

Leia a tira de Garfield.

DAVIS, Jim. *Garfield*.

1 No primeiro quadrinho, o que John quis dizer com "Não há nada como um vegetal fresco!"?

2 Ainda sobre o primeiro quadrinho, responda às questões a seguir.

a) Seria possível trocar o verbo **há** em "Não há nada" por outro com o mesmo sentido? Qual?

_____

b) Qual é a função sintática de "Não há nada"?

_____

c) Em "Não há nada", indique a classe gramatical e a função sintática de cada palavra.

_____

_____

d) Qual é o sujeito da oração? É possível encontrá-lo?

_____

3 Como Garfield interpreta a fala de John que aparece no primeiro quadrinho? Explique sua resposta.

4 Ainda no segundo quadrinho, como John recebe a atitude do gato?

5 No último quadrinho, observando o olhar de John, vemos como ele se sentiu. Explique o que pode ter acontecido com John e o gato Garfield.

O verbo **haver**, como você viu, foi usado com o sentido de **existir** e não apresenta sujeito. É um verbo impessoal.

> ↑ Os verbos impessoais são usados sem sujeito e se flexionam sempre na **terceira pessoa do singular**.

São eles:

- verbo **haver**, no sentido de **existir**:

  Não **há** nada como um vegetal fresco.
  Há muita conversa na sala.

- verbos **fazer**, **haver** e **ir** quando indicam tempo que passou:

  Faz dois anos que ele partiu.
  Há muitos anos que não o vejo.
  Já **vai** para 5 anos que eles estão namorando.

- verbo pronominal **tratar-se**, seguido da preposição **de**, usado para introduzir uma informação:

  Tratava-se de duas fãs querendo tirar *selfies* com o jogador.

- os verbos que exprimem fenômenos da natureza: **chover, anoitecer, nevar, ventar** etc.:

  No verão, **amanhece** mais cedo.

- os verbos **ser** e **estar**, indicando tempo ou fenômeno meteorológico:

  Ainda **é** cedo, mas já **está** de noite.

57

Fique atento

No uso coloquial ou informal brasileiro, o verbo **ter** também é usado como impessoal, substituindo o verbo **haver**.

- Não **tem** nada como um sorvete de chocolate!
- **Tem** muitos alunos no pátio.

Como esses verbos não têm sujeito e ficam sempre na 3ª pessoa do singular, não devemos usá-los no plural, estabelecendo uma "falsa concordância".

- **Havia** três caminhos para chegar à fazenda. (e não **haviam**)
- **Tinha** vinte pessoas na fila do ônibus. (e não **tinham**)

1 Sublinhe os objetos diretos das frases a seguir, passe-os para o plural e reescreva as frases.

a) Não havia aluno suficiente para criar uma banda na turma.

_____

b) Ontem mesmo teve um freguês querendo esta sobremesa!

_____

c) Houve uma briga na esquina da avenida.

_____

d) Haverá um jogo importante neste fim de semana no Morumbi.

_____

Verbos anômalos

> São verbos irregulares que sofrem fortes alterações e, por isso, não se enquadram em classificação alguma.

Exemplos: **ser**, **estar**, **haver**, **ter**, **ir**, **vir** e **pôr**.

Veja como esses verbos variam:
- ser, serei, era, fui, sou
- estar, estarei, estava, estive, estou
- haver, haverá, havia, houve, há
- ter, terei, tive, tinha, teve
- ir, irei, ia, fui, vou, fora, fosse
- vir, vinha, viria, venha, viesse
- pôr, porei, punha, pus, ponho

1 Conjugue os verbos a seguir na 1ª pessoa do singular, nos tempos presente, pretérito imperfeito e pretérito perfeito do modo indicativo.

a) ser _____ c) ir _____

b) pôr _____ d) estar _____

2 Observe a conjugação feita na atividade anterior e responda: Que parte da estrutura dos verbos muda de um tempo para outro?

_____

Verbos defectivos

Os **verbos defectivos** (defeituosos, imperfeitos) não apresentam certas formas, ficando, por isso, com sua conjugação incompleta.

> O dicionário pode ajudá-lo a esclarecer dúvidas sobre esses verbos.

O verbo **precaver-se**, por exemplo, só tem duas pessoas no presente do indicativo.

Assim também são os verbos **esbaforir-se**, **falir**, **florir** e **reaver**.

eu	-
tu	-
ele	-
nós	nos precavemos
vós	vos precaveis
eles	-

Já o verbo **demolir** não possui apenas a 1ª pessoa do singular do presente do indicativo.

Assim também são os verbos **abolir**, **banir**, **colorir**, **doer** e **ruir**.

eu	-
tu	demoles
ele	demole
nós	demolimos
vós	demolis
eles	demolem

No verbo **banir**, não se conjugam formas verbais terminadas em **-a** ou **-o** depois do radical. Assim, no presente do indicativo não é conjugado na 1ª pessoa do singular. No imperativo afirmativo é conjugado apenas no **tu** e no **vós**. No presente do subjuntivo e no imperativo negativo não apresenta conjugações.

Leia o texto a seguir.

Anvisa decide banir gordura trans até 2023

Primeira etapa impõe limitação do produto em óleos refinados

A Agência Nacional de Vigilância Sanitária (Anvisa) aprovou hoje (17), por votação unânime, um novo conjunto de regras que visa banir o uso e o consumo de **gorduras trans** até 2023.

A nova norma será dividida em 3 etapas. A primeira será a limitação da gordura na produção industrial de óleos refinados. O índice de gordura trans nessa categoria de produtos será de, no máximo, 2%. Essa etapa tem um prazo de 18 meses de adaptação, e deverá ser totalmente aplicada até 1º de julho de 2021.

OLIVEIRA, Pedro Ivo de. Anvisa decide banir gordura trans até 2023. *Agência Brasil*, Brasília, DF, 17 dez. 2019. Disponível em: https://agenciabrasil.ebc.com.br/saude/noticia/2019-12/anvisa-decide-banir-gordura-trans-ate-2023. Acesso em: 7 maio 2020.

1 O que a Anvisa decidiu? Que razão pode ter levado a essa decisão?

2 Como será feito o banimento da gordura trans?

3 Qual é a primeira etapa?

4 O que acontece em 1º de julho de 2021?

Banir: eliminar, abolir.
Gordura trans: ácido graxo insaturado, submetido a um processo de hidrogenação, usado em alimentos industrializados (como margarina, biscoitos etc.), a fim de prolongar sua via útil e estimular o sabor [Pode causar doença no coração].

5 No título do texto foi usado o verbo **banir**. Observe que ele não é conjugado na primeira pessoa do singular do presente do indicativo:

> eu –; tu banes; ele(a) bane; nós banimos; vós banis; eles(as) banem

Se o presente do subjuntivo é derivado justamente da primeira pessoa do singular do presente do indicativo, como fica esse tempo do verbo **banir**?

_____

Banir é um verbo defectivo.

Lembre-se

Quando precisamos usar um verbo defectivo em uma das formas que não existem, podemos escolher um sinônimo, como na substituição de **precaver** por **prevenir**.

- Eu sempre me **previno** contra a chuva.

Ou, então, podemos empregar uma locução verbal.

- Eu sempre **estou** me **precavendo** contra a chuva.
- Eu sempre **tento** me **precaver** contra a chuva.

6 Na notícia, lemos: "Anvisa decide **banir** gordura trans até 2023". Complete a frase a seguir com a forma mais adequada do verbo defectivo destacado.

Com a aprovação deste projeto, eu _____ o excesso de gordura trans da alimentação dos brasileiros.

7 Reescreva as orações a seguir substituindo os verbos defectivos por locuções verbais.

a) Todo dia eu **abolir** gastos exagerados.

_____

b) Hoje eu **banir** o cigarro da minha vida.

_____

c) Esse triângulo eu **colorir** de azul agora?

_____

d) Claudio **esbaforir-se** correndo atrás do ônibus.

_____

e) As rosas do jardim **florir** todo ano.

_____

f) Eu **doer** por todo o corpo!

_____

g) Os donos da padaria **falir**.

_____

Verbos abundantes

> ↑ Os **verbos abundantes** possuem duas ou mais formas equivalentes para certos tempos ou modos verbais.

Geralmente, essa abundância ocorre no particípio, que tem uma **forma regular** (terminada em **-ado** ou **-ido**) e uma **forma irregular** (forma curta). É o chamado **particípio duplo**.

1 Seguindo o exemplo, indique o particípio regular e o particípio irregular dos verbos solicitados.

> Na seção **Listas para consulta**, página 256, você encontra uma relação mais completa de verbos com particípios duplos.

- absorver: absorvido, absorto • aceitar: aceitado, aceito

a) acender _____

b) completar _____

c) entregar _____

d) enxugar _____

e) ganhar _____

f) gastar _____

g) limpar _____

h) pagar _____

i) salvar _____

Há alguns verbos que só possuem particípio irregular:
- dizer → dito (e não: "dizido"); • escrever → escrito (e não: "escrevido"); • vir → vindo (e não: "vido").

Fique atento

Veja como normalmente se empregam as formas do particípio duplo.
Na **variedade padrão** da língua, principalmente escrita, emprega-se:
- a forma regular do particípio (terminada em **-ado** ou **-ido**) com os auxiliares **ter** e **haver**;

> O mensageiro já tinha **entregado** a encomenda quando cheguei.
> O dia já havia **amanhecido** quando ele conseguiu dormir.

- a forma irregular (reduzida) com os verbos **ser** e **estar**.

> O jornal não será **entregue** no domingo.
> O seu gatinho foi **salvo** pelo meu vizinho.

No **uso informal**, há preferência por formas curtas, como **pago**, **ganho**, **gasto**, empregadas com qualquer auxiliar.

> Ela já tinha **pago** (em lugar de **pagado**) a conta.
> Não sabia que você já tinha **gasto** (em lugar de **gastado**) o seu dinheiro todo.

A forma irregular varia em gênero e número. A regular fica invariável:

- Os meninos **tinham** encontrado o cachorrinho fujão. *(regular)*
- Elas já **haviam** passado pela esquina. *(regular)*
- Os náufragos **estavam** salvos. *(irregular)*
- As encomendas **foram** trazidas por ele. *(irregular)*

1 Complete as lacunas com a forma adequada de particípio dos verbos sugeridos. Vamos seguir a variedade padrão da língua.

a) A gráfica já havia _____ as capas do livro. (imprimir)

b) A lei foi _____ nessa questão. (omitir)

c) A nossa amizade foi _____ por uma bobagem. (matar)

d) A saia ficou _____ na porta alguns instantes; logo foi _____ por minha amiga. (prender/soltar)

e) Ainda não tínhamos _____ a vela quando a luz voltou. (acender)

f) As camisas já estão _____. (secar)

Escrita em foco — Ortografia – HÁ ou A

Vamos recordar noções que você já conhece para ajudá-lo a evitar erros de grafia bem frequentes.

a	artigo definido feminino singular	acompanha substantivo feminino singular, funcionando como adjunto adnominal	**a** escada
a	pronome pessoal oblíquo	assim como os pronomes **as**, **o**, **os**, funciona como objeto direto dos verbos transitivos diretos, substituindo substantivos ou outros pronomes (em textos no padrão formal, nas modalidades escrita e falada)	Eu comprei a bola. Eu **a** comprei.
há	verbo **haver**, com sentido de "fazer algum tempo"	indica tempo que já passou	Chove **há** dois dias.
a	preposição	em muitos contextos, introduz um tempo futuro	Viajarei daqui **a** dois dias.

1 Complete os espaços com **há** ou **a** e indique a classe gramatical de cada palavra empregada.

a) _____ (_____) treinadora precisou viajar _____ (_____) dois dias, mas disse que volta daqui _____ (_____) uma semana.

b) Alguém está tocando _____ (_____) campainha do vizinho _____ (_____) mais de dez minutos.

c) De hoje _____ (_____) uma semana será _____ (_____) festa de encerramento.

d) Elisa, quem _____ (_____) procurou fui eu.

e) Você quer que eu _____ (_____) ajude com _____ (_____) tarefa de casa?

Caleidoscópio

VOCÊ SABE DE ONDE VÊM OS SOBRENOMES QUE HOJE SÃO COMUNS NAS FAMÍLIAS BRASILEIRAS?

A maior parte dos sobrenomes usados no Brasil é de origem portuguesa e chegou aqui com os colonizadores. Confira a **origem** do nome de algumas famílias brasileiras.

Ilustrações: Cris Viana

O local onde a pessoa nasceu ou morava: Luís, nascido ou vindo da cidade portuguesa de Coimbra, passou a ser Luís Coimbra. Varela, Aragão, Braga, Valadares e Lamas são nomes de cidades ou regiões que também identificavam os que lá nasceram, virando sobrenomes.

Propriedades rurais onde predominava certo tipo de plantação: moradores de uma quinta em que se cultivavam oliveiras passaram a ser conhecidos como Oliveira. Isso também aconteceu com Pereira, Macieira e tantos outros.

Alguns apelidos (ou alcunhas) atribuídos a uma pessoa para identificá-la acabaram se incorporando a seu nome; por exemplo, Louro, Calvo e Severo.

Nomes de animais, por traços de semelhança física ou de características de temperamento: Lobo, Carneiro, Aranha, Leão e Canário são alguns deles.

Por derivação: Fernandes, por exemplo, seria, na origem, o filho de Fernando; assim como Rodrigues, o filho de Rodrigo; Álvares, o de Álvaro.

Africanos que vieram para o Brasil escravizados – e dos quais tantos de nós descendemos – foram obrigados a deixar para trás seu passado, seu nome e a identificação de sua origem tribal. Aqui, foram batizados com um nome cristão e os mesmos sobrenomes de seus senhores, que lhes davam sobrenomes de origem religiosa, como Batista, de Jesus, do Espírito Santo.

O nome "da Silva" foi muito atribuído àqueles que não tinham um nome de família. Silva, em latim, significa selva, e a pessoa assim denominada tinha origem imprecisa, pois não se sabia ao certo de que cidade ou região ela procedia. Por isso, Silva é hoje um dos sobrenomes mais usados por cidadãos brasileiros.

63

Atividades

Leia a tirinha a seguir e faça o que se pede.

BROWNE, Dik. *Hagar, o Horrível*.

1 Hagar diz: "O que tem pro jantar, Helga?".

Em uma ordem mais direta, a frase seria: Tem o que pro jantar, Helga?

a) Sublinhe o objeto direto do verbo **ter**.

b) Circule o adjunto adverbial desse verbo.

c) Que circunstância o adjunto adverbial acrescenta ao verbo? _____

d) Qual é o sujeito do verbo **ter**? _____

e) Como se chamam os verbos usados sem sujeito? _____

f) Reescreva a frase dita por Hagar usando o verbo **haver**.

_____

2 O que aconteceu para Helga servir dois tipos de jantar? Explique sua resposta.

3 Helga diz: "Eu vou comer / Você vai comer". Reescreva as frases usando o futuro do presente simples em lugar da locução verbal.

_____

4 Reescreva as frases a seguir substituindo:

> I. o **futuro do presente** por uma locução verbal com o auxiliar **ir** e pelo presente do indicativo;
>
> II. o **futuro do pretérito** por uma locução verbal com o auxiliar **ter** e pelo pretérito imperfeito do indicativo.

a) Se você não comer, **ficará** fraquinha.

_____

b) Se ela soubesse que esta comida fazia mal, não **comeria** tanta porcaria.

_____

c) Quando encontrar a Priscila, **lembrarei** de contar esta história.

d) Se ele aceitasse o convite, **iríamos** mais tarde ao restaurante natural.

TEXTO 2

Vamos reler a segunda pergunta da entrevista com Alexander Kellner.

[**AK**] – Ele passa a maior parte do seu tempo trabalhando em pesquisa no seu gabinete, estudando os fósseis. Ele também tem que dar aulas e orientar alunos. Agora, tem uma atividade que eu, como paleontólogo, adoro: a pesquisa de campo! Nela, por algumas semanas, a gente procura indícios de fósseis. Quando os encontra, então, se inicia uma escavação. É emocionante encontrar restos de organismos que passaram milhões de anos soterrados. E você é o primeiro a encontrá-los... É uma sensação muito boa. [...]

Fóssil de mesossauro (*Mesosaurus brasiliensis*, 27 cm), encontrado no sul do Brasil. Museu de História Natural de Taubaté (SP), 2007.

5 Localize, nas frases a seguir, verbos nas formas nominais e classifique-as em:

1 infinitivo, **2** gerúndio ou **3** particípio.

a) Ele passa a maior parte do seu tempo trabalhando em pesquisa no seu gabinete, estudando os fósseis.

b) Ele também tem de dar aulas e orientar alunos.

c) É emocionante encontrar restos de organismos que passaram milhões de anos soterrados.

6 Reescreva as frases transformando os verbos em reflexivos (ainda que o sentido precise ser mudado). Faça as alterações necessárias. Veja o exemplo.

Deitei o bebê no sofá depois do almoço.   Deitei-me no sofá depois do almoço.

a) Hoje já a conheço melhor.

b) Paulo feriu o dedo com a ponta do garfo.

c) Pintou os olhos cuidadosamente antes de sair.

d) Rafa lavou as mãos na cachoeira.

_____

e) Vou te ver amanhã?

_____

f) Você machucou o pé de novo?

_____

7 Nas frases a seguir, aponte os verbos impessoais ou indique os sujeitos, se existirem.

a) Agora são duas horas. _____

b) São duas as minhas melhores amigas. _____

c) Amanheceu muito frio hoje. _____

d) O doente amanheceu sem febre. _____

e) Os confetes choveram de todos os lados. _____

f) Faz frio em Porto Alegre. _____

g) Cláudio faz anos hoje. _____

h) Há problemas nesta instalação elétrica. _____

i) Eles haviam chegado cedo. _____

8 Complete as frases com a forma adequada de particípio dos verbos sugeridos. Vamos seguir o uso padrão da língua.

a) Ele foi _____ representante de turma. (eleger)

b) Estava muito feliz porque tinha _____ a maratona! (completar)

c) Fiquei feliz de ver como o seu quarto está _____. (limpar)

d) Nem percebi que os convidados já tinham _____ de fome! (morrer)

e) Nosso partido tem _____ ótimos representantes. (eleger)

f) Nunca tinha _____ uma gripe tão forte! (pegar)

g) O banco havia _____ o cheque. (aceitar)

h) Já havíamos _____ o piso pela manhã. (limpar)

i) O cheque foi _____ pelo banco. (aceitar)

Retomar

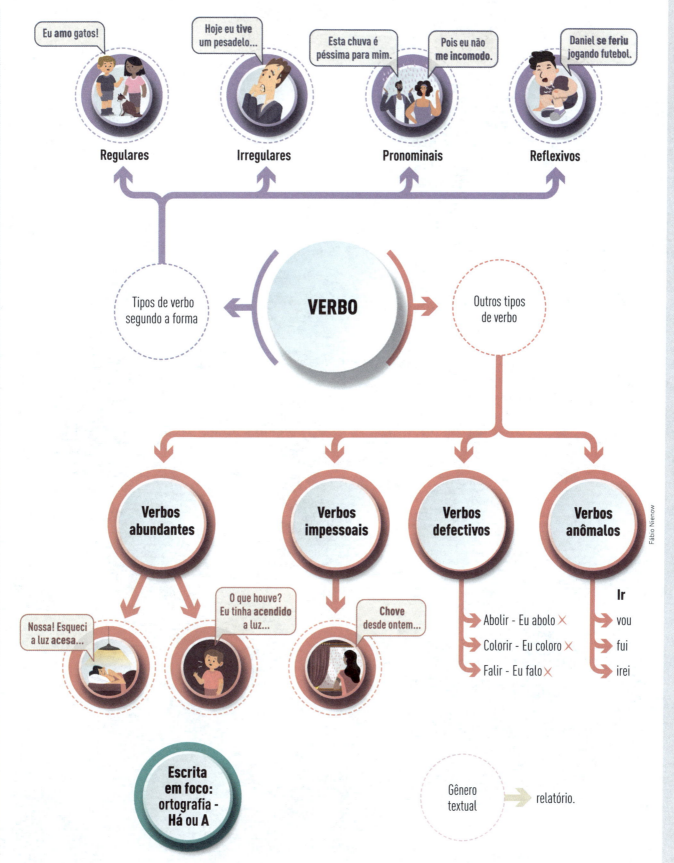

UNIDADE 3

[...] é possível afirmar que o artista busca sobretudo expressar os seus sentimentos através de uma linguagem própria, singular. O criador se comunica com o seu público através das obras que produz e é através delas que consegue partilhar os afetos que sente. As manifestações artísticas podem ser realizadas através de uma série de plataformas diferentes. A arte manifesta-se, por exemplo, sob o signo da pintura, da escultura, da gravura, da dança, da arquitetura, da literatura, da música, do cinema, da fotografia, da *performance* etc.

FUKS, Rebeca. Afinal, o que é arte? *In*: CULTURA GENIAL. [S. l.], [201-?]. Disponível em: www.culturagenial.com/o-que-e-arte. Acesso em: 30 jan. 2020.

MUNIZ, Vik. *Mad World*. 2015. Série Retratos de Revista. Impressão cromogênica digital.

Verbo – Formação dos tempos e modos

O Menino Maluquinho pretende escrever suas memórias.

ZIRALDO. *O Menino Maluquinho.*

1. Explique as imagens do segundo e do terceiro quadrinhos.

2. O que causa humor na tirinha em relação ao substantivo **memória**? Responda com base no primeiro e no último quadrinhos.

3. Qual é a diferença na forma das palavras **memória** e **memórias**?

_____

4. No texto há também uma diferença de sentido entre as palavras **memórias** e **memória** – esta última não aparece nos quadrinhos, mas está subentendida no sentido do verbo **deixei**, que equivale a **esqueci**.

   Com base no que você viu na tira, faça a correspondência entre essas duas palavras e as definições a seguir.

   a) Faculdade de lembrar estados de consciência passados e tudo o que for associado a eles; aquilo que ocorre ao espírito como resultado de experiências já vividas; lembrança, reminiscência.

   _____

   b) Relato que alguém faz, frequentemente na forma de obra literária, com base em acontecimentos históricos dos quais participou, foi testemunha, ou que estão fundamentados em sua vida particular; memorial. _____

5. Quais são os verbos ou locuções verbais das orações a seguir e em que tempos estão flexionados?

   a) Vou escrever minhas memórias.

   _____

   b) Deixei meu guarda-chuva na escola.

Formas primitivas dos verbos

Nos verbos, algumas formas dão origem a outras; por isso, são chamadas de **formas primitivas**. As formas primitivas são:
- o presente do indicativo;
- o pretérito perfeito do indicativo;
- o infinitivo impessoal.

Todos os outros tempos verbais simples são formados a partir desses, isto é, são derivados deles.

1 Escreva as formas verbais do verbo **escrever** correspondentes aos tempos derivados.

Tempo primitivo	Tempo derivado	Forma verbal
presente do indicativo: **escrevo**	a) pretérito imperfeito do indicativo	
	b) presente do subjuntivo (que eu...)	
	c) imperativo	
pretérito perfeito do indicativo: **escrevi**	d) pretérito mais-que-perfeito do indicativo	
	e) pretérito imperfeito do subjuntivo (se eu...)	
	f) futuro do subjuntivo (quando eu...)	
infinitivo impessoal: **escrever**	g) futuro do presente do indicativo	
	h) futuro do pretérito do indicativo	
	i) infinitivo pessoal	
	j) particípio	
	k) gerúndio	

Formas derivadas dos verbos

Veja a seguir a formação de cada tempo verbal simples derivado do **presente do indicativo**, do **pretérito perfeito do indicativo** e do **infinitivo pessoal**. Para isso, usaremos como exemplo os verbos **falar**, **dever** e **partir**.

Derivados do presente do indicativo

Os radicais dos verbos no presente do indicativo são **fal-**, **dev-** e **part-**. Dele, derivamos:
I. pretérito imperfeito do indicativo;   II. presente do subjuntivo;   III. imperativo.

1 Complete os quadros com as formas verbais que faltam.

Presente do indicativo	I. Pretérito imperfeito do indicativo		
	1ª conjugação radical do presente + terminações -ava, -avas, -ava, -ávamos, -áveis ou -avam	**2ª conjugação** radical do presente + terminações -ia, -ias, -ia, -íamos, -íeis ou -iam	**3ª conjugação** radical do presente + terminações -ia, -ias, -ia, -íamos, -íeis ou -iam
falo, devo, parto	falava	devia	
falas, deves, partes		devias	partias
fala, deve, parte	falava		partia
falamos, devemos, partimos	falávamos	devíamos	
falais, deveis, partis		devíeis	partíeis
falam, devem, partem	falavam		partiam

Presente do indicativo	II. Presente do subjuntivo		
	1ª conjugação troca-se a vogal final da 1ª pessoa do presente do indicativo por -e, -es, -e, -emos, -eis ou -ão	**2ª conjugação** troca-se a vogal final da 1ª pessoa do presente do indicativo por -a, -as, -a, -amos, -ais ou -am	**3ª conjugação** troca-se a vogal final da 1ª pessoa do presente do indicativo por -a, -as, -a, -amos, -ais ou -am
falo, devo, parto	fale		parta
falas, deves, partes	fales	devas	
fala, deve, parte		deva	parta
falamos, devemos, partimos	falemos	devamos	
falais, deveis, partis	faleis		partais
falam, devem, partem		devam	partam

O **imperativo afirmativo**, como vimos no volume do 7º ano, é formado da seguinte maneira:
- não existe a primeira pessoa do singular;
- para formar a segunda pessoa do singular e do plural, retira-se o **-s** das respectivas pessoas no presente do indicativo;
- todas as outras pessoas são iguais ao presente do subjuntivo;
- o pronome pessoal sujeito vem depois do verbo: **fala tu**;
- na terceira pessoa do singular e do plural, o sujeito pode ser expresso por pronomes de tratamento, como **você**, **vocês**, **senhor**, **Vossa Senhoria** etc.

Presente do indicativo →	III. Imperativo afirmativo	Presente do subjuntivo
eu falo	–	fale
tu falas →	**fala tu**	fales
ele, ela, você fala	**fale você**	← fale
nós falamos	**falemos nós**	← falemos
vós falais →	**falai vós**	faleis
eles, elas, vocês falam	**falem vocês**	← falem

O imperativo negativo é igual ao presente do subjuntivo: **Não fale você!**

Leia o texto a seguir.

www.todamateria.com.br/o-que-e-arte

A arte possui um caráter **estético** e está intimamente relacionada com as sensações e emoções dos indivíduos. Como exemplo, podemos citar a pintura, a dança, a música, o cinema, a literatura, a arquitetura etc.

[...] a arte tem [ainda] uma importante função social, na medida [em] que expõe características históricas e culturais de determinada sociedade, tornando-se um reflexo da essência humana.

Ela existe em todas as culturas e sua definição foi e continua sendo discutida incansavelmente.

[...]

Exposição de Yayoi Kusama, Galeria de Arte Moderna da Austrália, 2017.

Arte contemporânea

A arte contemporânea ou arte pós-moderna surgiu no século XX, embora muitos estudiosos [prefiram] indicar sua origem no final do século XIX.

A arte contemporânea abrange um conceito de arte mais aberto, sendo **pautado**, portanto, na originalidade, experimentações artísticas e técnicas inovadoras.

Assim, ela admite diversas modalidades e linguagens artísticas bem como a mistura entre elas. Hoje, fala-se em arte **performática**, arte multimídia, arte **étnica**, dentre outros.

Da mesma maneira que a arte moderna, a arte contemporânea foca na ideia a ser transmitida **em detrimento do** valor estético da obra.

Sua principal função é fazer as pessoas pensarem não somente com trabalhos que abriguem conceitos estéticos de harmonia e beleza mas a partir de obras que muitas vezes **extrapolam** os limites da consciência humana.

A ideia é que as pessoas tenham contato com as obras de arte através do "choque estético" e que assim ocorram processos **catárticos** e que favoreçam a atividade reflexiva.

AIDAR, Laura. O que é arte? In: TODAMATÉRIA. [S. l.], 24 out. 2019. Disponível em: www.todamateria.com.br/o-que-e-arte. Acesso em: 30 jan. 2020.

Vocabulário

Catártico: relativo a catarse, que é liberação de emoções ou tensões reprimidas por meio de uma encenação dramática.
Em detrimento de: em prejuízo de.
Estético: relativo à estética, ao estudo e conceituação do belo.
Étnico: pertencente ou próprio de um povo ou de um grupo caracterizado por cultura específica.
Extrapolar: ir além de (norma ou limites estabelecidos, justos); exorbitar.
Pautar: regular, orientar.
Performático: relativo à *performance*, espetáculo em que o artista atua com plena liberdade.

Existem diferentes formas de expressão artística: a pintura, a música, a escultura, a dança, a arquitetura, o cinema, o teatro etc.
Elas são descritas em várias categorias, como artes plásticas, artes cênicas, arte gráfica, artes visuais etc. As diferentes artes foram organizadas por alguns autores e pensadores em uma lista numerada. Com a evolução da tecnologia, outras expressões de arte foram incluídas, mas ainda não há consenso na classificação.
Esta é a lista mais comum nos dias de hoje:
1ª arte – música;
2ª arte – dança/coreografia;
3ª arte – pintura;
4ª arte – escultura/arquitetura;
5ª arte – teatro;
6ª arte – literatura;
7ª arte – cinema;
8ª arte – fotografia;
9ª arte – histórias em quadrinhos;
10ª arte – jogos de computador e de vídeo;
11ª arte – arte digital (artes gráficas computadorizadas 2D, 3D e programação).

Fonte: SIGNIFICADO de Arte. In: SIGNIFICADOS. [S. l.], 6 dez. 2019. Disponível em: www.significados.com.br/arte. Acesso em: 31 jan. 2020.

1. Entre os tipos de arte citados no primeiro parágrafo, quais deles você prefere? Dê exemplos e justifique.

2. Explique esta afirmação usando exemplos da música ou do cinema: "a arte tem [ainda] uma importante função social, na medida [em] que expõe características históricas e culturais de determinada sociedade, tornando-se um reflexo da essência humana".

3. Segundo o texto, que aspectos são importantes na arte contemporânea?

4. O que tem maior destaque no trabalho de um artista contemporâneo: a ideia a ser transmitida ou o valor estético da obra?

5. Você já viveu a experiência de, depois de ver, ouvir ou ler uma obra, sentir um "choque estético" que o fez refletir a respeito do que estava vivenciando? Explique sua resposta.

6. Sublinhe no texto os verbos flexionados em tempos primitivos.

7. Podemos localizar no texto alguma forma verbal derivada do presente do indicativo? Se sim, quais?

_____

_____

8. Nas frases do modelo a seguir, indique o tempo verbal usado. Depois, reescreva as demais frases usando as mesmas flexões verbais do modelo.

- [As] obras [...] extrapolam os limites da consciência humana.
  _____

- Quero que elas extrapolem os limites da consciência humana.
  _____

a) Eu abano o fogo. Querem que _____.

b) Ela aborrece a professora com essa bagunça. Não quero que _____.

c) Nós aceitamos as desculpas dela. Ele quer que _____.

d) Eles bebem água durante a corrida. O treinador quer que _____.

e) Eu construo pontes modernas. A empresa quer que _____.

f) Ela dorme cedo. Espero que _____.

g) Os filhotes crescem saudáveis. Tomara que _____.

9 Transforme a pergunta passando os verbos para o:

> I. imperativo afirmativo na segunda pessoa do singular;
> II. imperativo afirmativo na terceira pessoa do singular;
> III. imperativo negativo na terceira pessoa do singular.

Veja o exemplo:

> Você **comprou** o leite?
> I. **Compra** (tu) o leite.   II. **Compre** (você) o leite.   III. **Não compre** (você) o leite.

a) Ele chegou a tempo?

_____

b) Tu brincaste com os primos?

_____

_____

c) Ela pediu ajuda?

_____

_____

d) Você prometeu segredo?

_____

e) Ele aplaudiu a apresentação?

_____

_____

_____

Derivados do pretérito perfeito do indicativo

Nesse tempo, os temas dos verbos que usamos como exemplo são: **fala-**, **deve-** e **parti-**. Dele, derivamos:
- o pretérito mais-que-perfeito do indicativo;
- o pretérito imperfeito do subjuntivo;
- o futuro do subjuntivo.

Excêntrico: que(m) é extravagante ou original.

Mano descobre a arte, de Heloisa Prieto e Gilberto Dimenstein (Ática)

Essa história, narrada pelo próprio protagonista, começa quando um casal inconveniente de adolescentes resolve perturbar a aula preferida dele – Arte – e logo no dia em que ele reencontra sua amiga Carol, também na escola. Mano e sua amiga acabam encontrando um personagem **excêntrico**, que os ajuda a entender melhor os caminhos da arte. O leitor vive com o protagonista a descoberta da influência da arte no dia a dia e de sua importância como ferramenta de autoconhecimento e de reconhecimento do mundo que nos cerca.

1 Complete o quadro com as formas verbais que faltam.

Pretérito mais-que-perfeito do indicativo (tema + as desinências -ra, -ras, -ra, -ramos, -reis ou -ram)	Pretérito imperfeito do subjuntivo (tema + as desinências -sse, -sses, -sse, -ssemos, -sseis ou -ssem)	Futuro do subjuntivo (tema + as desinências -r, -res, -r, -rmos, -rdes ou -rem)
falara, _____, _____	falasse, devesse, partisse	_____, dever, partir
falaras, deveras, partiras	falasses, _____, _____	falares, deveres, partires
falara, devera, partira	_____, devesse, partisse	falar, _____, _____
_____, _____, partíramos	falássemos, devêssemos, partíssemos	falarmos, devermos, partirmos
faláreis, devêreis, partíreis	_____, _____, partísseis	falardes, deverdes, partirdes
_____, deveram, partiram	falassem, devessem, partissem	_____, _____, partirem

2 Crie orações com as expressões a seguir.

a) ela cantava _____

b) se ela cantasse _____

c) quando ela cantar _____

d) nós vendíamos _____

e) se nós vendêssemos _____

Derivados do infinitivo impessoal

Dele, derivamos:
- o futuro do presente do indicativo;
- o futuro do pretérito do indicativo;
- o infinitivo pessoal;
- o particípio;
- o gerúndio.

Veja o exemplo com um verbo da segunda conjugação.

Futuro do presente do indicativo (acrescentar as desinências -ei, -ás, -á, -emos, -eis, -ão)	Futuro do pretérito do indicativo (acrescentar as desinências -ria, -rias, -ria, -ríamos, -ríeis, -riam)	Infinitivo pessoal (acrescentar as desinências -es na 2ª pessoa do singular, -mos, -des, -em nas pessoas do plural)
deverei	deveria	dever
deverás	deverias	deveres
deverá	deveria	dever
deveremos	deveríamos	devermos
devereis	deveríeis	deverdes
deverão	deveriam	deverem

No **particípio**, deve-se retirar o **-r** do infinitivo e juntar **-do** (na segunda conjugação, a vogal temática passa a ser **i**): falado, devido, partido.

No **gerúndio**, deve-se retirar o **-r** do infinitivo e juntar **-ndo**: falando, devendo, partindo.

1 Escreva as formas verbais que faltam, todas derivadas do infinitivo impessoal.

Infinitivo impessoal: pedir	futuro do presente do indicativo: eu **pedirei**
	futuro do pretérito do indicativo: eu **pediria**
	infinitivo pessoal: eu **pedir**
	particípio: **pedido**
	gerúndio: **pedindo**

Infinitivo impessoal: animar	futuro do presente do indicativo: tu
	futuro do pretérito do indicativo: tu
	infinitivo pessoal: tu
	particípio:
	gerúndio:

Infinitivo impessoal: prometer	futuro do presente do indicativo: ela
	futuro do pretérito do indicativo: ela
	infinitivo pessoal: ela
	particípio:
	gerúndio:

Infinitivo impessoal: sair	futuro do presente do indicativo: eles
	futuro do pretérito do indicativo: eles
	infinitivo pessoal: eles
	particípio:
	gerúndio:

Na Unidade 2, vimos que os verbos defectivos não apresentam certas formas, ficando, por isso, com a conjugação incompleta. Se precisar recordá-los, reveja esse conteúdo na página 59.

2 Conjugue o verbo **colorir** no presente do indicativo e no imperativo afirmativo. Lembre-se de que esse verbo é defectivo, então preste atenção às formas verbais em que ele não é conjugado.

	Presente do indicativo	Imperativo afirmativo
Eu		
Tu		
Ele		
Nós		
Vós		
Eles		

3 Agora responda: O que acontece nas conjugações do presente do subjuntivo e do imperativo negativo desse verbo? Por que isso acontece?

 **Atividades**

TEXTO 1

A estação do verão

Este é um capítulo curto porque o Verão passou muito depressa com o seu sol ardente e suas noites plenas de estrelas. É sempre rápido o tempo da felicidade. O Tempo é um ser difícil. Quando queremos que ele se prolongue, seja demorado e lento, ele foge às pressas, nem se sente o correr das horas. Quando queremos que ele voe mais depressa que o pensamento, porque sofremos, porque vivemos um tempo mau, ele escoa **moroso**, longo é o desfilar das horas.

[...]

AMADO, Jorge. *O Gato Malhado e a Andorinha Sinhá*. Rio de Janeiro: Record, 1984. p. 36.

Vocabulário

Moroso: vagaroso, lento.

1 Esse texto faz uma exposição sobre:

a) ☐ a estação do verão.   b) ☐ a passagem do tempo.   c) ☐ as noites estreladas.

2 Segundo o texto, como podemos descrever o verão?

3 Qual característica do tempo o transforma em um ser difícil?

4 Dê um exemplo que ilustre o trecho "Quando queremos que ele se prolongue, seja demorado e lento, ele foge às pressas, nem se sente o correr das horas". (Pode ser uma experiência pessoal.)

5 O autor selecionou cuidadosamente as palavras para escrever esse texto.
Releia o trecho a seguir.

> Este é um capítulo curto porque o Verão passou muito depressa com o seu sol ardente e suas noites plenas [...]. É sempre rápido o tempo da felicidade. O Tempo é um ser difícil.

a) Quais são os adjetivos ou locuções adjetivas presentes no trecho e a que se referem?

_____

_____

b) Qual é a importância do uso dos adjetivos nesse trecho?

_____

_____

6 Neste outro trecho, além dos adjetivos, o uso do advérbio se faz necessário.

> [...] Quando queremos que ele se prolongue, seja demorado e lento, ele foge às pressas, nem se sente o correr das horas. [...]

a) Qual é a expressão adverbial e o verbo que ele modifica?

_____

b) Quais adjetivos há no trecho?

_____

c) Que ideia a expressão adverbial acrescenta à frase?

_____

d) Ela contribui para a descrição que está sendo feita? Justifique sua resposta.

_____

_____

7 Agora releia este outro trecho e observe o uso da palavra destacada.

[...] Quando queremos que ele voe mais depressa que o pensamento, porque sofremos, porque vivemos um tempo mau, ele escoa **moroso**, longo é o desfilar das horas.

a) A palavra destacada refere-se a que termo da oração? Quem é moroso?

_____

b) Qual é a classe gramatical da palavra **moroso**? _____

c) Na oração "ele escoa moroso", o predicado é verbal, nominal ou verbo-nominal? Justifique sua resposta. _____

8 Circule os sujeitos e sublinhe os predicativos das orações a seguir, se houver. Depois, classifique os predicados. Lembre que eles podem ser: verbal (**PV**), nominal (**PN**) ou verbo-nominal (**PVN**).

a) ☐ Este é um capítulo curto.

b) ☐ O verão passou muito depressa.

c) ☐ Nem se sente o correr das horas.

d) ☐ Ele escoa moroso.

e) ☐ Longo é o desfilar das horas.

> No *Grande Dicionário Houaiss da Língua Portuguesa*, uma das definições da palavra **literatura** é "uso estético da linguagem escrita; arte literária". Na literatura, os escritores usam as palavras como instrumentos para contar suas histórias, poemas e textos, o produto da sua atividade artística. A arte é uma criação humana com valores estéticos, como beleza, equilíbrio, harmonia, que, no caso da literatura, são atingidos por meio das palavras, usando-se sentidos denotativos ou figurados, imagens, ênfase em certas classes de palavra e muitos outros recursos textuais.

9 Os predicados de todas as orações que seguem são verbo-nominais. Identifique, em cada uma, os dois núcleos: circule o verbo e sublinhe o predicativo.

a) A canção soava alegre.

b) Ana nadou mesmo resfriada.

c) Fernanda fugiu dos fãs assustada.

d) Os meninos organizaram a festa tranquilos.

e) Os torcedores gritaram ansiosos o nome do ídolo.

10 Na atividade anterior, os predicativos das orações são predicativos do ☐ sujeito ou do ☐ objeto?

11 Nas orações a seguir, sublinhe os predicativos e classifique-os em predicativo do sujeito (**PS**) ou do objeto (**PO**).

a) ☐ A criança brincava concentrada.

b) ☐ A demora deixou a mãe preocupada.

c) ☐ A moça nomeou o amigo seu protetor.

d) ☐ As garçonetes trabalharam o dia todo cansadas.

Leia o texto a seguir.

TEXTO 2

https://infoglobo.pressreader.com/o-globo/20200121/textview

ESPETÁCULOS

Sapateado dá o tom em dois eventos que estreiam hoje

Cena do espetáculo Homo Tapiens, da Orquestra Brasileira de Sapateado, 2020.

Há inúmeras formas de **sapatear**. No espetáculo que celebra as três décadas da Orquestra Brasileira de **Sapateado** – *Homo tapiens*, que estreia hoje no Teatro Clara
5 Nunes, na Gávea –, a dança se equilibra de diferentes maneiras. Descalços ou sobre sandálias, tamancos, sapatos de salto e tênis luminosos com chapinhas de ferro na sola, os 11 bailarinos do grupo retratam, com
10 humor, a variedade de percursos traçados pelo famoso estilo marcado por sons **sincopados** com os pés. Mas não só.

Embalada por músicas interpretadas ao vivo, a montagem com **roteiro**, **repertório** e direção musical de Tim Rescala parte das primeiras criações sonoras e rítmicas do homem pré-histórico para passear, em seguida, por uma gama de referências que compõem a evolução da dança – de elementos
15 do universo greco-romano aos tradicionais **minuetos** europeus; da *tap dance* nos Estados Unidos à consagração de traços da identidade brasileira, como o **coco** e o recente passinho associado ao *funk*.

– Não dá para **reverenciar** apenas um momento específico da história da dança, o **apogeu** do sapateado nos Estados Unidos. O sapateado não está **estacado** e não parou nesse conhecido perío-do. E a melhor maneira de mostrar que ele está vivo é colocá-lo em diálogo com outras linguagens
20 – diz o maestro Tim Rescala, que divide a direção geral do espetáculo com as **coreógrafas** Amália Machado e Stella Antunes.

[...]

– Acho que está aí a prova de que o sapateado segue vivo, em transformação. Está longe de ser conservado num museu – comemora Tim Rescala.

CUNHA, Gustavo. Sapateado dá o tom em dois eventos que estreiam hoje. *O Globo*, Rio de Janeiro, 21 jan. 2020. Segundo Caderno. Disponível em: https://infoglobo.pressreader.com/o-globo/20200121/textview. Acesso em: 31 jan. 2020.

Vocabulário

Apogeu: o mais alto grau; auge.
Coco: tipo de dança de roda cantada em coro e acompanhada por percussão.
Coreógrafo: quem cria os movimentos e passos de uma dança.
Estacar: (fazer) parar de repente.
Minueto: dança da aristocracia francesa surgida no séc. XVII e música que a acompanha.
Repertório: o conjunto de obras, músicas, peças teatrais etc., mostrado por um autor, cantor, ator, companhia etc.
Reverenciar: saudar com grande respeito.
Roteiro: texto que contém diálogos, planos, cenários de filmes, programas de televisão etc.; *script*.
Sapateado (ing. *tap dance*): dança executada com sapatos dotados de chapa metálica na sola, para produzir um ruído característico.
Sapatear: dançar sapateado.
Sincopado: ritmo marcado por síncopes, padrão em que um som é articulado na parte fraca do tempo, prolongando-se pela parte forte seguinte; fortemente acentuado.

12 Que fato a notícia nos informa? *atividade oral*

13 O espetáculo é apenas sobre sapateado?

14 Que outros ritmos brasileiros são citados na notícia?

15 O brasileiro Tim Rescala é compositor, pianista, produtor musical e humorista. Qual é a função dele no espetáculo?
_____
_____

16 Explique o que significa esta frase dita por Rescala: "E a melhor maneira de mostrar que ele [o sapateado] está vivo é colocá-lo em diálogo com outras linguagens".
_____
_____

17 No primeiro parágrafo, a que tipos de equilíbrio se refere o texto?
_____
_____
_____

18 Listamos a seguir alguns itens sobre o espetáculo. Complete as informações.

a) Nome do musical: _____

b) Direção geral: _____

c) Quem: _____

d) Onde: _____

e) Quando: _____

19 Nas orações a seguir, faça o que se pede.

> I. Sublinhe os verbos.
> II. Indique qual é o tipo do predicado (**PN**, **PV** ou **PVN**).
> III. Identifique a função sintática dos termos sublinhados.

a) [ ] Os 11 bailarinos do grupo retratam, com humor, a variedade de percursos traçados pelo [sapateado]. _____

b) [ ] [...] uma gama de referências que compõem a evolução da dança. _____

c) ☐ No espetáculo [...], a dança se equilibra de diferentes maneiras.
_____

d) ☐ O sapateado não está estacado [...].
_____

e) ☐ [...] o sapateado segue vivo, em transformação.
_____

20 Complete as lacunas com a forma adequada dos verbos entre parênteses.

a) Quando Pedro _____ (ver/vir) esta matéria sobre o musical, ele vai _____ (poder/puder) decidir o programa de sábado.

b) Se ele não _____ (vir/vier) agora mesmo não vai _____ (poder/puder) entrar na sala.

c) Quando _____ (poder/puder), ligue para mim.

d) Querer é _____ (poder/puder).

e) Não consigo mais _____ (ver/vir) esse filme, já passou muitas vezes!

f) Quando você _____ (ser/for) maior, vai _____ (ser/for) um grande amigo da natureza.

g) Se _____ (convir/convier) a você, tente _____ (ser/for) mais paciente com ele.

h) Se você _____ (ver/vir) o Lima por aí, pergunte se ele vai _____ (poder/puder) ir ao passeio.

i) Minha mãe só deixou eu _____ (ir/for) se você também _____ (ir/for).

21 Complete as frases com os verbos sugeridos nos tempos (I) pretérito imperfeito do subjuntivo ou (II) futuro do pretérito do indicativo.

a) Se meu irmão _____ (I. ter) tempo, com certeza _____ (II. ir) ao teatro.

b) Se o programa não _____ (I. ser) do meu agrado, eu não _____ (II. aceitar) ir com vocês.

c) Se eles não _____ (I. ensaiar) muito, o espetáculo não _____ (II. ser) tão bom.

d) Se os críticos não _____ (I. elogiar) o musical, não _____ (II. haver) tanta gente!

e) Se as crianças _____ (I. querer), _____ (II. poder) visitar o camarim dos dançarinos.

Concordância verbal

Leia o texto a seguir.

http://super.abril.com.br/galerias-fotos/veja-12-curiosidades-saga-jogos-vorazes-698769.shtml

Veja 12 curiosidades sobre a saga *Jogos Vorazes*

JOGOS VORAZES – É uma das **sagas** mais famosas da atualidade. Começou em 2008, com o lançamento do livro *Hunger Games*, da escritora Suzanne Collins. A história da adolescente pobre que precisa sobreviver a um *reality show* pós-**apocalíptico** conquistou fãs em todo o mundo. O primeiro filme, que é uma adaptação do primeiro livro, estreou em março de 2012.

[...]

LEITORES – A série de livros é voltada para o público jovem adulto (*YA books*), cuja faixa etária vai da adolescência até os primeiros anos de maturidade. No entanto, devido ao sucesso do filme, surgiram vários fãs de outras idades. [...]

[...]

ENREDO – *Jogos Vorazes* é uma história sobre Katniss Everdeen, adolescente de 16 anos que vive em um futuro pós-apocalíptico. Nesta realidade, a América do Norte foi dividida em 12 distritos diferentes, dominados pela capital Panem. Para "pagar" uma dívida histórica, todos os anos, dois jovens (os tributos) de cada distrito são convocados para participar dos "Jogos Vorazes" – um *reality show* em que os participantes precisam matar para sobreviver. O participante que se mantém vivo até o fim ganha o jogo e conquista benefícios para o seu distrito.

[...]

Cena de *Jogos Vorazes*: A Esperança – O Final, 2015 (EUA).

VEJA 12 curiosidades sobre a saga *Jogos Vorazes*. *Superinteressante*, São Paulo, 18 fev. 2017. Disponível em: http://super.abril.com.br/galerias-fotos/veja-12-curiosidades-saga-jogos-vorazes-698769.shtml. Acesso em: 30 jan. 2020.

Vocabulário

Apocalíptico: que evoca o fim do mundo, o fim dos tempos; catastrófico.
Saga: narrativa heroica cheia de acontecimentos maravilhosos e extraordinários.

1 Segundo o texto, em quais mídias o público pode conhecer ou curtir a saga *Jogos Vorazes*?

2 Qual é o público-alvo principal dessa saga?

3 Onde e quando o enredo se desenvolve?

4 Examine a frase a seguir.

> [...] dois jovens de cada distrito [...] são convocados para participar dos "Jogos Vorazes".

a) Qual é o sujeito da oração? Sublinhe.

b) Justifique o uso do plural na expressão "são convocados".

_____

_____

5 O que é concordância verbal?

_____

A concordância pode ser nominal e verbal.

I. A **concordância nominal** faz os elementos de uma expressão nominal concordarem em suas flexões. Os artigos, adjetivos, pronomes — ou seja, os adjuntos adnominais — concordam com o substantivo.

- uma bela **festa**
- vários **jovens** assustados e ansiosos

II. Na **concordância verbal**, o verbo do predicado concorda com o sujeito da oração em pessoa e número, seja ele um pronome, seja um substantivo. O sujeito e o verbo se flexionam da mesma forma, isto é, o verbo se ajusta à pessoa e ao número do sujeito.

Os substantivos comuns ou próprios levam o verbo para a terceira pessoa do singular ou do plural.

- Os participantes **lutam** para vencer.
- Katniss **desperta** a simpatia de todos.

A concordância verbal, como você sabe, evita a repetição do sujeito, que pode ser indicado pela flexão verbal, e ajuda na construção de um texto, porque contribui para sua coesão.

Vamos examinar mais alguns aspectos da concordância verbal no uso da variedade-padrão, formal, do português.

6 Nas orações a seguir, sublinhe o sujeito e preencha a lacuna com o verbo indicado. Para isso, flexione o verbo no pretérito perfeito do indicativo e na pessoa correta, de acordo com a concordância verbal.

a) A história da adolescente pobre _____ fãs em todo o mundo. (conquistar)

b) Os participantes _____ matar para sobreviver. (precisar)

c) No entanto, devido ao sucesso do filme, _____ vários fãs de outras idades. (surgir)

d) O sucesso _____ em 2008, com o lançamento do livro *Hunger Games* da escritora Suzanne Collins. (começar)

Concordância do verbo com o sujeito simples

O verbo concorda com o sujeito em pessoa e número, mesmo que o sujeito venha depois do verbo ou esteja subentendido.

Lembre-se

Contextos especiais de concordância verbal que você já aprendeu:

Se o sujeito	O verbo	Exemplos
é um substantivo **coletivo**	fica no singular	A constelação **brilhou** no céu na hora da premiação.
tem nomes **próprios** precedidos de artigos plurais	fica no plural	As Ilhas Malvinas **atraem** muitos turistas. Os Aviões do Forró **estarão** no próximo programa.
tem **nomes próprios** não precedidos de artigos	fica no singular	Tiradentes **tem** um ótimo festival de cinema. Palmas **fica** em Tocantins.
é um **pronome de tratamento**	fica na 3ª pessoa	Sua Santidade, o papa, **virá** ao Brasil.
é **indeterminado**	fica na 3ª pessoa do plural	**Prometeram** a ele nova oportunidade.
é **indeterminado** pelo pronome **se**	fica na 3ª pessoa do singular	**Precisa-se** de pedreiros.
é **inexistente** (oração sem sujeito), se estiver sendo usado um verbo impessoal	fica na 3ª pessoa do singular	**Choveu** há duas semanas. **Houve** muitas confusões no jogo. Já **faz** três horas que eu espero.
estiver concordando com o verbo **ser** quando este indica tempo, distância ou data	fica no singular ou no plural de acordo com o número que o suceder; em datas, concorda com o número ou com a palavra **dia**, subentendida	**É** uma hora. **São** duas horas da manhã. Hoje **são** 6 de janeiro. Ontem **foi** (dia) 5 de janeiro.

1 Complete as orações com as formas dos verbos indicados. Escolha um tempo verbal que faça sentido.

a) As Cataratas do Iguaçu _____ muitos turistas. (atrair)

b) _____ que ela se zangou conosco. (dizer, com sujeito indeterminado)

c) _____ muitos problemas na hora do almoço. (haver)

d) Já _____ três noites que eu não durmo. (fazer)

e) O batalhão _____ continência à bandeira. (fazer)

f) Palmas _____ uma linda cidade. (ser)

g) _____-se de professores de Francês. (precisar, com sujeito indeterminado)

h) _____ muito há três dias. (ventar)

Rio Tocantins, Palmas (TO), 2017.

Contextos especiais de concordância verbal com o sujeito simples

Se o sujeito	O verbo	Exemplos
é um pronome **interrogativo** ou **indefinido** no singular	fica no singular	Quem **vai participar** do jogo? Ninguém **ganhará** a partida.
é uma expressão que indica **porcentagem** seguida de substantivo	concorda com o substantivo	Apenas 10% dos atletas **ganham** medalha. Descobri que 5% do lucro **será** meu.
indica **quantidade aproximada**, com expressões como **cerca de**, **mais de**, **menos de**, **perto de** + um numeral + substantivo	concorda com o substantivo	Perto de trinta alunos **farão** prova. Mais de um patrocinador **ligou** para o clube.
tem expressões partitivas, como **parte de**, **uma porção de**, **um montão de**, **o grosso de**, **metade de**, **a maioria de**, **a maior parte de** e outras, seguidas de um substantivo ou pronome no plural	concorda com a expressão partitiva ou com o substantivo ou pronome que vem em seguida	Um montão de amigos **tentou/tentaram** falar com o vencedor. A maioria das sobremesas **era/eram** de chocolate.
estiver relacionado com o verbo **ser**	pode concordar com o predicativo em lugar de concordar com o sujeito	O pior **são** essas chuvaradas.
for um dos pronomes interrogativos **que** ou **quem** e estiver relacionado com o verbo **ser**	pode concordar com o predicativo em lugar de concordar com o sujeito	**O que** são alguns meses de espera se no final nasce um neném tão lindo?
for um dos pronomes **isto**, **isso**, **aquilo**, **tudo** e estiver relacionado com o verbo **ser**	pode concordar com o predicativo em lugar de concordar com o sujeito	**Aquilo** são os fogos da festa de São João.

1 Empregue as formas verbais que completam as frases de forma adequada, nos tempos e modos sugeridos.

a) Hoje _____ 20 de agosto. (**ser**, presente do indicativo)

b) Isso não _____ modos de falar com sua avó. (**ser**, presente do indicativo)

c) Já _____ quatro da madrugada e a festa ainda não terminou. (**ser**, presente do indicativo)

d) O mais surpreendente _____ as perguntas que recebemos por *e-mail*. (**ser**, presente do indicativo)

e) Quantos de nós _____ mesmo participar da competição? (**querer**, presente do indicativo)

f) A maioria dos esmaltes _____ vermelhos. (**ser**, pretérito imperfeito do indicativo)

g) Descobri que 20% do tempo _____ de exercício. (**ser**, futuro do indicativo)

h) Perto de cinco pessoas _____ revisão da prova. (**pedir**, futuro do indicativo)

Concordância do verbo com o sujeito composto

Regra geral: o verbo que tem mais de um sujeito (sujeito composto) deve ficar no plural.

> Miguel e seus irmãos **chegaram** cansados.

Contextos especiais de concordância verbal com o sujeito composto

Flexão de número		
Sujeito	Verbo	Exemplos
sujeito **depois** do verbo (sujeito posposto)	concorda com o núcleo mais próximo ou fica no plural concordando com todos os núcleos	Logo depois, **chegou/chegaram** Cláudia e suas amigas.
os núcleos do sujeito são **sinônimos** ou quase sinônimos	concorda com o núcleo mais próximo ou fica no plural concordando com todos os núcleos	O barulho, a confusão, a conversa na sala **atrapalha/atrapalham** a concentração.
os núcleos do sujeito formam uma **enumeração** gradativa	concorda com o núcleo mais próximo ou fica no plural concordando com todos os núcleos	A mesma coisa, o mesmo ato, a mesma palavra **provocava/provocavam** ora risadas, ora castigos.
os núcleos do sujeito são interpretados **em conjunto** como uma qualidade, uma atitude	concorda com o núcleo mais próximo ou fica no plural concordando com todos os núcleos	A graça e a misericórdia de Deus **é/são** infinita/infinitas.

Flexão de pessoa		
Sujeito	Verbo	Exemplos
sujeito composto formado por diferentes pessoas gramaticais	vai para a 1ª pessoa do plural se um dos núcleos do sujeito estiver na 1ª pessoa	Só eu e você **acertamos** essa questão. 1ª p. s. 3ª p. s. 1ª p. pl.
	vai para a 2ª pessoa do plural se houver um núcleo na 2ª pessoa e nenhum na 1ª	Tu e ela **viestes** cedo. 2ª p. s. 3ª p. s. 2ª p. pl.
os núcleos do sujeito são da 3ª pessoa	vai para a 3ª pessoa do plural	O professor e a aluna **mostraram** as fotos para a turma. 3ª p. s. 3ª p. s. 3ª p. pl.

- Maria e tu **saístes**.
  3ª p. s.   2ª p. s.   2ª p. pl.

O tratamento **vós**, visto na frase acima, só é usado atualmente, no Brasil, em textos muito específicos. Por isso, aqui o verbo poderá ir para a terceira pessoa do plural.

- Maria e tu **saíram**.
- Tu e ela **vieram** cedo.

1 Escreva a forma do verbo indicado que completa adequadamente cada frase, sempre no pretérito perfeito do indicativo.

a) A torcida, os aplausos, a gritaria na sala _____ os jogadores. (animar)

b) Ainda agora, _____ Vera e suas filhas. (sair)

c) Elisa e Virgínia nunca _____ em tanto sucesso! (pensar)

d) Jaime e seus amigos _____ atrasados. (chegar)

e) O professor observou se as meninas e os meninos _____ para se aquecer. (correr)

Fique atento

Para mim ou **para eu?**
Para ter certeza de quando usar **para eu** ou **para mim**, é só lembrar das regras a seguir.
Eu é um pronome do caso reto e precede o verbo, indicando de quem ou de que se fala, de quem ou de que se declara alguma coisa (sujeito).

- para **eu** fazer
  sujeito

- para **eu** comprar
  sujeito

Mim é um pronome do caso oblíquo e complementa o verbo.

- Comprou o vestido para **mim**.
  objeto direto — objeto indireto

- Deu o doce para **mim**.
  objeto direto — objeto indireto

Veja a diferença:
- Deu o bolo para eu provar. / Deu a primeira fatia de bolo para mim.
- Pediu para que eu ajudasse. / Pediu ajuda para mim.

1 Substitua as expressões entre parênteses por pronomes pessoais. Faça a contração com as preposições quando for necessário.

a) Avise aos seus avós que vamos passar a Páscoa no sítio _____ (de seus avós).

b) Ele deu um presente para _____ (a minha pessoa).

c) Hoje eu já aprendi a confiar _____ (na sua pessoa).

d) Já está muito tarde para _____ (a minha pessoa) mudar de ideia.

e) Ontem foi um dia muito importante para _____ (a minha pessoa)!

f) Regina pediu para que _____ (a minha pessoa) chegasse cedo amanhã.

g) Sua mãe avisou que você vai voltar _____ (com meus pais e eu).

Atividades

TEXTO 1

Leia o texto a seguir.

O brasileiro que venceu 'Oscar' dos quadrinhos com história sobre escravidão

[...]

O professor, ilustrador e autor de histórias em quadrinhos Marcelo D'Salete ganhou, no dia 20 de julho, o Eisner Awards 2018 de Melhor Edição Americana de Material Estrangeiro pela obra *Cumbe* (*Run for it*). O prêmio é conhecido como o Oscar dos quadrinhos
5 e é entregue todos os anos durante a Comic-Con de San Diego. A obra do brasileiro fala sobre a resistência do povo negro durante a escravidão e aborda conflitos, dramas, esperanças e sonhos de escravizados trazidos dos antigos reinos da Angola e do Congo.

Marcelo D'Salete, 2018.

O movimento do *rap* e o *hip-hop*, ainda nos anos 80, foi um dos responsáveis por começar a
10 sensibilizar o paulistano para as injustiças sociais e raciais, herança do período escravista. "Isso foi importante para chamar a atenção para a questão [étnico-racial] aqui no Brasil e também nas diferenças sociais que nós temos de modo tão alarmante", explicou.

Nascido na Zona Leste da capital paulista, D'Salete contou, em entrevista à *Ponte*, que sempre estudou em escola pública em São Mateus e Artur Alvim e que depois fez Ensino Médio em um
15 colégio técnico no Brás. Segundo ele, essa fase foi importante para que ele conhecesse diversos artistas. Depois, D'Salete fez Artes Plásticas na USP e cursou mestrado em História da Arte.

Negro, Marcelo ponderou que a escolha do tema foi quase natural por ter sempre vivido as questões da negritude e que, por essa razão, entende que o lugar de fala para construção dessa narrativa é um ponto importante de ser considerado. "Falar sobre a sociedade brasileira, falar sobre
20 o Brasil Colonial é a partir dessa experiência negra **diaspórica** e, em grande parte, **periférica**, dentro dessa sociedade. Essa é a minha perspectiva", explica.

[...]

Para ele, foi "uma surpresa muito grande" quando recebeu a notícia de que tinha vencido a premiação, já que essa é uma forma importante de dar visibilidade à perspectiva negra sobre esse
25 momento da história. "Essa obra surgiu há muito tempo", afirma contando que, em 2004, teve contato com diversos textos falando sobre o tempo colonial e o Brasil atual. Isso o impulsionou a entrar ainda mais a fundo nessas histórias. "Mas, antes disso, essas discussões já estavam nas músicas que eu ouvia e na literatura também", diz.

[...]

30 *Cumbe* foi publicado também em Portugal, França, Áustria, Itália e EUA. A obra foi indicada ao HQMIX 2015 (categorias Desenhista, Roteirista e Edição Nacional); selecionado pelo Plano Ler + para leitura em escolas de Portugal e indicado ao Prêmio Rudolph Dirks Award 2017 (categoria Roteiro) na Alemanha.

CAVICCHIOLI, Giorgia. O brasileiro que venceu 'Oscar' dos quadrinhos com história sobre escravidão. *El País*, São Paulo, 16 ago. 2018. Disponível em: https://brasil.elpais.com/brasil/2018/08/16/cultura/1534447105_529381.html. Acesso em: 31 jan. 2020.

Vocabulário

Diaspórico: relativo à diáspora, dispersão de um povo por perseguição política, religiosa ou étnica.
Periférico: de/em zona afastada do centro da cidade; do/no subúrbio.

1. A reportagem nos fala dos vários prêmios ganhos por um artista brasileiro com seu trabalho da 9ª Arte. Que arte é essa?

2. No texto da página 72, você leu que "a arte tem [ainda] uma importante função social na medida [em] que expõe características históricas e culturais de determinada sociedade, tornando-se um reflexo da essência humana". Essa afirmativa se aplica às declarações de Marcelo D'Salete feitas em entrevista à *Ponte*? Explique.

3. Embora você não tenha lido a obra *Cumbe*, tente imaginar como uma história em quadrinhos pode levar a uma reflexão. Explique sua resposta.

4. Qual é o tema geral de *Cumbe*?

5. Sublinhe, no quinto parágrafo, o trecho que mostra a influência de outras artes no trabalho de Marcelo D'Salete.

6. Reescreva os períodos a seguir trocando as expressões destacadas pelas sugeridas, fazendo as alterações necessárias:

   a) "**Isso** foi importante para chamar a atenção para a questão [étnico-racial] aqui no Brasil e também nas diferenças sociais que nós temos de modo tão alarmante". (Esses movimentos musicais)

   b) "Mas, antes disso, **essas discussões** já estavam nas músicas que **eu** ouvia e na literatura também". (Essa preocupação/eu e meus companheiros)

   c) *Cumbe* foi publicado também em Portugal, França, Áustria, Itália e EUA. (A obra premiada)

   d) **A obra** foi indicada ao HQMIX 2015 (categorias Desenhista, Roteirista e Edição Nacional). (Seus trabalhos)

   e) **Essa obra** surgiu há muito tempo. (Essas preocupações)

Leia o texto a seguir.

TEXTO 2

https://mundoeducacao.bol.uol.com.br/artes/danca.htm

Dança

A dança, arte de movimentar o corpo em certo ritmo, é uma das três principais artes cênicas da Antiguidade, ao lado do teatro e da música. Caracteriza-se tanto pelos movimentos previamente estabelecidos (coreografia), ou improvisados (dança livre). Pode existir como expressão artística ou como forma de divertimento.

Enquanto arte, a dança se expressa por meio dos **signos** de movimento, com ou sem ligação musical, para um determinado público.

As danças em grupo foram praticadas desde as primeiras civilizações, em rituais religiosos. Aperfeiçoaram-se até possuir ritmo, passos e roupas determinados. No Egito, por volta de 2000 a.C., dançava-se em homenagem aos deuses. Na Grécia Clássica, a dança era relacionada aos Jogos Olímpicos.

Os tratados sobre dança surgiram a partir do século XVI. Cada país europeu criou suas próprias danças. Primeiro eram coletivas, depois foram adaptadas aos pares. No século XIX começaram a aparecer danças mais sensuais, como o maxixe e o tango. Assim como vários outros aspectos culturais, a dança foi se transformando na proporção em que os povos foram se misturando.

Companhia de dança americana se apresenta na Alemanha, 2019.

DANTAS, Patrícia Lopes. Dança. *Mundoeducação*, Goiânia, [20-?]. Disponível em: https://mundoeducacao.bol.uol.com.br/artes/danca.htm. Acesso em: 30 jan. 2020.

Signo: sinal indicativo; indício, marca, símbolo.

Modos de organizar o texto — Exposição

Exposição (ou dissertação) é a apresentação organizada de um assunto, oralmente ou por escrito, uma explanação. As sequências expositivas (dissertativas) são usadas para refletir, explicar, avaliar, conceituar, analisar, expor ideias. O enunciador do texto pode ou não manifestar explicitamente sua opinião ou seu julgamento sobre determinado assunto ou problema, usando em geral conceitos abstratos. O termo **dissertação** se aplica mais comumente à apresentação escrita de assunto relevante nas áreas científica, artística, doutrinária etc. O texto é escrito em terceira pessoa, com uma linguagem objetiva.

7 As sequências expositivas (dissertativas) são usadas para refletir, explicar, expor ideias. Considerando essa característica, responda às perguntas a seguir.

a) Que assunto o autor do texto explica expondo suas ideias?

b) Qual é a opinião do autor do texto sobre a dança?

c) O texto está escrito em qual pessoa? Cite exemplos.

_____

_____

8) Complete os períodos a seguir substituindo os termos destacados pelas formas propostas e fazendo as alterações necessárias.

a) **A dança** [...] é uma das três principais artes cênicas da Antiguidade.

A dança e o teatro _____ duas das três principais artes cênicas da Antiguidade.

b) [...] **a dança** se expressa [...] para um determinado público.

A dança e a música _____ para um determinado público.

c) **A dança** em grupo foi praticada desde as primeiras civilizações, em rituais religiosos.

As danças individuais e em grupo _____ _____ desde as primeiras civilizações, em rituais religiosos.

d) **Os diversos níveis de dificuldade** envolvem os dançarinos e estimulam o desenvolvimento gradual.

O alto nível de dificuldade _____ os dançarinos e _____ o desenvolvimento gradual.

9) Nos períodos a seguir, escolha, entre as opções dadas, as formas verbais adequadas, observando a concordância verbal.

a) Em geral, quando essas características _____ (está/estão) aliadas a um bom currículo, as pessoas _____ (tem/têm) mais chances de desempenhar outras tarefas e assumir outras responsabilidades.

b) Alguns de vós _____ (solicitaram/solicitastes) auxílio especial?

c) Aquilo _____ (é/são) os alunos da turma celebrando a vitória.

d) _____ (É/São) seis horas da tarde e ela ainda não ligou.

e) O melhor _____ (é/são) esses feriados.

10) Escreva a forma do verbo indicado no pretérito perfeito do indicativo observando a concordância verbal.

a) A mãe viu que os filhos e a filha _____ _____ na arrumação. (ajudar)

b) O charme e a simpatia de Luiz _____ _____ o máximo! (ser)

c) Ontem _____ de bicicleta Vini e Juca. (passar)

d) Os cachorros e os gatos da vizinha _____ _____ muito barulho esta noite. (fazer)

e) Os fogos, os abraços, o *show* _____ _____ deste um grande *réveillon*. (fazer)

11) Complete as frases indicando uma forma adequada dos verbos entre parênteses.

a) Apenas perto de 25% dos brasileiros já _____ a uma biblioteca. (ir)

b) Cerca de 47% dos livros lidos _____ indicados pela escola. (ser)

c) A maioria dos brasileiros que leem _____ ler revistas. (preferir)

d) Os brasileiros _____, em média, quatro livros por ano. (ler)

Retomar

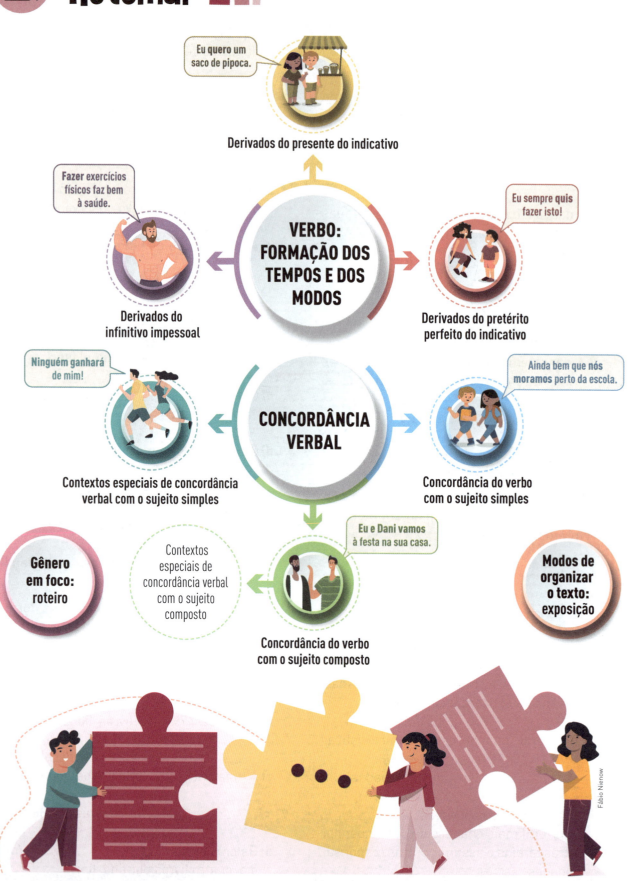

UNIDADE 4

A sala estava cheia de gente. Um velho de barbas longas dominava uma negra mesa, e diversos meninos, em bancos sem encostos, seguravam folhas de papel e esgoelavam-se:
– Um *b* com *a* – *b*, *a*: *ba*; um *b* com um *e* – *b*, *e*: *be*. Assim por diante, até *u*. Em escolas primárias da roça ouvi cantarem a soletração de várias maneiras. Nenhuma como aquela...

RAMOS, Graciliano. *Infância*. Rio de Janeiro: Record, 1986. p. 10.

Estruturação sintática

Período e oração

Leia a tira e responda às questões.

THAVES, Bob. *Frank & Ernest*.

1. Na tira aparece apenas a resposta da fada madrinha. É possível deduzir a pergunta ou o pedido feito pelo boneco?

2. Para chegarmos a essa dedução, foi necessário utilizarmos conhecimentos anteriores? Em caso afirmativo, quais?
   _____
   _____

3. A graça da tira vem da crítica feita ao mundo contemporâneo e ao que se transformou no principal objeto de desejo de crianças, jovens e adultos de hoje. Essa afirmativa é verdadeira? Explique sua resposta.

4. Que relação podemos encontrar entre a tira acima e a tira a seguir? Explique sua resposta.

   _____
   _____
   _____
   _____

DAHMER, André. *O Globo*, Rio de Janeiro, 3 fev. 2015. Segundo Caderno, p. 7.

5. Releia o texto verbal da tira "A fada-madrinha" e faça o que se pede.

   Não posso transformar você num menino de verdade, mas posso disponibilizar acesso à internet sem fio!

   a) Copie os verbos ou locuções verbais. _____
   b) Separe as orações.
   c) Indique quantos são os períodos e identifique seu tipo (simples ou composto).

   _____

Lembre-se

Oração é o enunciado que se organiza em torno de um verbo ou de uma locução verbal. Por exemplo:

> Esse boneco **fez** um pedido.

Período é a frase organizada em uma ou mais orações. Por exemplo:

> [Esse boneco **fez** um pedido] [a que a fada não **atendeu**].

O **período simples** tem uma oração apenas, e o **período composto** tem mais de uma oração. O período termina sempre em uma pausa, que, na escrita, é marcada com ponto final, ponto de exclamação, ponto de interrogação ou reticências.

Oração e seus termos

1 Uma oração tem dois termos essenciais: o sujeito e o predicado. Identifique a que termo se refere cada definição a seguir.

a) Informa de quem ou de que se fala, isto é, o termo a respeito do qual se faz uma declaração. _____

b) Apresenta informações ou opiniões sobre o sujeito, ou seja, tudo aquilo que se diz dele. _____

c) Palavra que é o centro de significado do sujeito, em torno da qual giram as outras palavras quando o sujeito tem mais de uma. _____

Lembre-se

O **núcleo do sujeito** é sempre um substantivo ou um pronome substantivo. Esse núcleo pode vir acompanhado de artigos, numerais, pronomes, adjetivos, expressões ou orações adjetivas.

2 Separe os sujeitos com uma barra (/) e sublinhe o núcleo de cada um.

a) As histórias de fadas são transmitidas de pai para filho.
b) As lendas de um povo também são uma tradição passada às novas gerações.
c) Cada região do Brasil tem suas danças e comidas típicas.
d) Os brinquedos das crianças variam de uma região para outra.
e) Os ditados populares mostram a sabedoria das velhas gerações.

3 Observe a tabela a seguir e anote, para cada exemplo, qual é o sujeito do verbo assinalado. Quando for o caso, sublinhe os núcleos dos sujeitos desses verbos.

Tipos de sujeito	Características	Exemplos
simples	tem só um núcleo (mas pode ser constituído de uma ou várias palavras)	a) [A bela Iara **protege** rios e lagoas.]
composto	tem dois ou mais núcleos	b) [A Iara e a Cuca **são** personagens do folclore brasileiro.]
oculto (ou recuperável na desinência do verbo)	não aparece escrito na oração, mas pode ser deduzido pela desinência verbal — pela presença do mesmo sujeito em outra oração próxima é possível reconhecer a que(m) ele se refere	c) [Os homens ficam presos no fundo do rio,] [mas **adoram** o canto da Iara.] d) [**Gosto** de lendas folclóricas.]

a) _____ c) _____

b) _____ d) _____

95

Já trabalhamos três tipos de sujeito: o sujeito simples, o sujeito composto e o sujeito oculto. Vamos ver agora o sujeito indeterminado e a oração sem sujeito.

Sujeito indeterminado

Leia o trecho do texto a seguir.

[...]

Quando me confirmaram que estava capenga, "duas fraturas no tornozelo", disse o médico diante das radiografias, não me lembrei de gente nessa condição. Da memória só recebia imagens de bichos acidentados. Não os que dormem em aquecedoras almofadas, como a Rosine, cachorrinha do nar-
5 rador de Xavier de Maistre, ou como os contemporâneos animais domésticos, tratados com anestesias e caros cuidados veterinários. Minha lembrança se fixava nos bichos que contam apenas com os quatro elementos deste planeta.

Por exemplo, em outra praia que morei – ainda não lhe disse, querido diário, que antes desse estúdio vivia numa bela prainha do estreito de Long Island, situado no Estado de Connecticut, nos Estados Unidos – houve
10 o gato acidentado.

[...]

SANTOS, V. Lidia. *Diários da patinete*: sem um pé em Nova Iorque. Ilustrações de Liberati. Rio de Janeiro: Texto Território, 2015. p. 22.

1 Nesse trecho de seu diário, a narradora fala de quando esteve capenga, resultado de uma espécie de acidente. O que lhe aconteceu?

2 Quando soube do diagnóstico, ela comparou sua condição com a de alguma pessoa conhecida? Explique sua resposta.

3 Como podemos entender o trecho: "bichos que contam apenas com os quatro elementos deste planeta". Que animais são esses? No texto, a que outros animais eles se opõem?

4 Em "[Quando me confirmaram] [que estava capenga]":

a) qual é o verbo da primeira oração? Circule-o.

b) qual é seu objeto direto, que aparece em forma de oração (ou seja, confirmaram o quê?)?

_____

c) qual é o predicado da primeira oração? _____

d) qual é o sujeito?

_____

5 Qual pode ter sido a razão de a narradora escolher não determinar quem confirmou sua fratura?

a) ☐ Porque ela não sabia quem o fizera.

b) ☐ Porque esse detalhe não interessava naquele ponto de sua narrativa.

6 Logo adiante conhecemos o portador da notícia. Quem foi? _____

> ↑ **Sujeito indeterminado** é aquele que não se pode identificar pelo contexto nem pela desinência do verbo.

Disseram que você é muito bonita!

Veja que é impossível identificar a quem se refere a declaração feita no predicado lido. Isto é, não sabemos quem fez a ação do verbo **dizer**, seja porque o falante não podia, seja porque não queria apontá-lo.

O verbo no plural (disseram) aqui não significa que quem disse foi mais de uma pessoa; poderia ter sido apenas uma. O plural do verbo serve para indeterminar o sujeito.

Fique atento

Não confunda os casos de **sujeito indeterminado** com orações que têm como sujeito um **pronome indefinido**. Observe:

Embora não se saiba agora quem foi que **disse**, do ponto de vista sintático o sujeito está presente: é o pronome indefinido **alguém**.

Também não confunda sujeito indeterminado com **sujeito oculto**. Só olhando o texto inteiro é que podemos afirmar com segurança a natureza do sujeito. Compare:

Alguém disse que você é muito bonita!
sujeito simples — predicado
pronome indefinido

I. Meus amigos telefonaram. Avisaram que o ensaio será no domingo.
II. Não vou poder vir à escola amanhã. Avisaram que haverá greve de ônibus.

1 No exemplo **I** acima, podemos deduzir que o sujeito do verbo **avisaram** tem como referente o sujeito da oração anterior, ou seja, pode ser identificado pelo contexto. Que tipo de sujeito é esse?

_____

2 No exemplo **II**, não é possível deduzir pelo contexto qual é o sujeito. Que tipo de sujeito é esse?

_____

Lembre-se

Podemos indeterminar o sujeito:
I. usando o verbo na terceira pessoa do plural, sem referência a nenhum outro sujeito já expresso antes;

Esqueceram um livro no carro.
Falaram muito do eclipse.

II. usando o verbo (de qualquer tipo, exceto o transitivo direto) na terceira pessoa do singular, seguido do pronome **se**, que funciona como um índice de indeterminação do sujeito.

Precisa-se de marceneiros.
Falou-se muito do eclipse.

3 Transforme as orações a seguir indeterminando os sujeitos delas por meio das duas possibilidades indicadas no boxe **Lembre-se**.

a) Rosa esqueceu de apagar o fogo.

_____

b) O professor vivia no mundo da lua.

_____

c) O atleta correu muito na maratona.

_____

d) O restaurante Cristóvão precisa de nutricionista.

_____

Oração sem sujeito

Leia o texto e depois responda às questões.

Chove no sertão e não tem nada mais bonito

É preciso lembrar dos milhares de "anjinhos" e das vidas secas antes dos programas sociais no Nordeste

Desculpem, amigos, mas quando chove bem no Cariri e arredores não conseguimos falar de outro assunto. Coisa de caririense, coisa de cearense, coisa do interior nordestino. Quase uma hora ao telefone com minha mãe esta semana e só tratamos do bom inverno – como chamamos a estação das chuvas. Bem que previram os **profetas** da natureza de Quixadá. Os sinais indicavam fartura. João e Joana-de-barro construíram seu ninho com a porta da casa virada para o poente, na direção contrária da chuvarada. Depois de sete anos de vidas secas, o aguaceiro, com direito a imagem mais bonita da existência: alguns **açudes sangrando**.

SÁ, Xico. Chove no sertão e não tem nada mais bonito. *El País*, São Paulo, 24 fev. 2018. Disponível em: https://brasil.elpais.com/brasil/2018/02/24/opinion/1519484958_938753.html. Acesso em: 3 fev. 2020.

---

1. Por que quando cai chuva forte no Cariri, esse é o principal assunto das conversas?

2. Como é chamada a estação das chuvas no Ceará? Por quê?

3. Quem o texto chama de "profetas da natureza"?

4. Que sinais os pássaros deram de sua previsão?

5. Explique a razão de "um açude sangrando" ser uma imagem tão bonita, segundo o autor do texto.

6. Releia o período a seguir e responda às questões.

   [Quando chove bem no Cariri e arredores] [não conseguimos falar de outro assunto.]

   a) Sublinhe os verbos das duas orações separadas acima.

   b) Qual é o sujeito da segunda oração? _____

   c) Na primeira oração, qual informação mais interessa: o processo verbal em si ou seu possível sujeito? _____

   d) É possível encontrar o sujeito (ou seja, "quem chove")? _____
   Esta é uma oração sem sujeito (ou com sujeito inexistente).

> **Oração sem sujeito** é aquela na qual a informação dada pelo predicado não se refere a sujeito algum. Na oração sem sujeito, o verbo é **impessoal** e o sujeito é inexistente.

Vocabulário
Açude: barragem; lago que se forma por represamento.
Profeta: pessoa que prediz o futuro; vidente, adivinho.
Sangrar: fazer sair, escoar (líquido) de; drenar.

7. Na Unidade 1, falamos sobre os verbos impessoais. Então, complete:

Verbo impessoal é aquele que não tem _____ e, por isso, é usado na _____ pessoa do _____.

Lembre-se

Verbos com os quais ocorre oração sem sujeito	Exemplos
verbos impessoais que indicam fenômenos da natureza: **ventar**, **nevar**, **chover**, **trovejar** etc.	Logo **amanheceu**. **Chovia** e **ventava** muito na praia.
verbo impessoal **haver** no sentido de "existir", "ocorrer"	**Houve** muita confusão no jogo! **Havia** umas cem pessoas no auditório.
verbos impessoais **haver**, **fazer**, **ir** indicando tempo passado	**Faz** dez minutos que ela saiu. Eu já não o vejo **há** mais de três anos. Já **vai** para duas horas que eu espero.
verbos impessoais **ser** e **estar** indicando tempo ou fenômeno meteorológico	Já é inverno, mas ainda **está** quente.
verbo pronominal **tratar-se** seguido por **de**, introduzindo uma informação	**Tratava-se** de cinco atletas pedindo o meu autógrafo.

8 Complete com o verbo e o tempo entre parênteses.

a) _____ muitas discussões antes de eles resolverem quem faria a apresentação. (**haver**, pretérito perfeito do indicativo)

b) Eu sempre pensei que _____ muitas saídas neste prédio. (**haver**, pretérito imperfeito do subjuntivo)

c) Eu acho que já _____ uns dez minutos que ela saiu. (**fazer**, presente do indicativo)

d) Aqui nesta cidade _____ sem parar! (**chover**, presente do indicativo)

e) Nesses últimos dias, _____ muito frio para sair de casa! (**estar**, pretérito perfeito do indicativo)

9 Algum dos verbos da atividade anterior foi flexionado no plural? No caderno, justifique sua resposta.

Fique atento

A oração sem sujeito ocorre com os **verbos** citados acima. Não confunda com orações cujo **assunto** seja a chuva, a neve etc. Nessas, pode haver sujeito, dependendo do verbo usado.
Veja:

- Trovejou durante horas. (oração sem sujeito; verbo **trovejar**.)
  predicado

- Choveu forte hoje de manhã! (oração sem sujeito; verbo **chover**.)
  predicado

- O trovão foi ensurdecedor. (sujeito simples: **o trovão**; verbo **ser**)
  sujeito / predicado

- A chuvarada inundou as ruas. (sujeito simples: **a chuvarada**; verbo: **inundar**)
  sujeito / predicado

Os verbos que indicam fenômenos da natureza podem ser usados em sentido conotativo ou figurado. Nesse caso, deixam de ser impessoais e passam a ter sujeito, com o qual concordam.
Choveram *e-mails* de parabéns no meu aniversário. | Os sorrisos das crianças **anoiteceram** de tristeza.
sujeito | sujeito

1 Observe os verbos ou locuções verbais sublinhados a seguir. Depois identifique os sujeitos das orações ou indique as orações sem sujeito.

a) Ela está reclamando de frio.

b) Está nevando no sul do país.

c) Faz muito tempo que eu não vejo o Rafael.

d) Luzia faz brigadeiros muito gostosos!

e) Ontem anoiteceu cedo.

f) Sábado estava mais frio do que hoje.

Fique atento

O verbo **existir** tem sujeito; ele não é impessoal (embora o verbo **haver**, no sentido de existir, seja). Veja:

Existiam umas cem pessoas no auditório.
sujeito

O verbo **ser**, quando indica hora, não tem sujeito, mas concorda com o numeral mais próximo.

Eram dez para as duas.
É uma hora da manhã e eu não consigo dormir.

Lembre-se

Em um texto formal, os verbos impessoais permanecem sempre na terceira pessoa do singular.
Se for usado um verbo auxiliar formando uma locução com um verbo impessoal, esse auxiliar se comporta da mesma maneira, isto é, permanece no singular.

- A meteorologia avisou que em janeiro haverá várias tempestades de verão.
- A meteorologia avisou que em janeiro **vai** haver várias tempestades de verão.
- No salão havia umas três televisões ligadas.
- No salão **devia** haver umas três televisões ligadas.

1 Nas frases, o verbo principal é usado com ou sem auxiliar. Compare-as e complete as lacunas.

Verbo impessoal sem auxiliar: **Choveu** cinco dias sem parar. (verbo principal **chover**)

a) _____ muitas notas baixas na turma. (verbo principal **haver**)

b) _____ dez minutos que ele saiu. (verbo principal **fazer**)

Verbo impessoal com auxiliar: Pelo que diz o rádio, **pode chover** duas semanas seguidas. (verbo auxiliar **poder** + verbo impessoal **chover**)

c) O professor reclamou que este mês _____ muitas notas baixas na turma. (verbo auxiliar **ter** + verbo impessoal **haver**)

d) Ele ligou já _____ uns cinco minutos. (verbo auxiliar **dever** + verbo impessoal **fazer**)

Contextos especiais de concordância verbal

Se o sujeito é	O verbo fica na	Exemplos
indeterminado	3ª pessoa do plural	**Acharam** a minha carteira.
indeterminado pelo pronome **se** (que funciona como índice de indeterminação do sujeito)	3ª pessoa do singular	**Precisa-se** de ajudantes.
inexistente (ou seja, oração sem sujeito, com verbo impessoal)	3ª pessoa do singular	Só **choveu** duas noites, mas está tudo inundado. *verbo que indica fenômeno da natureza* Semana passada **houve** muitos ensaios do coral. *verbo haver, com o sentido de existir* **Há** três dias que eu trabalho neste projeto. Já **fazia** dois anos que a gente não se encontrava! *verbos haver e fazer quando indicam tempo decorrido*

1 Complete as lacunas com o verbo **ser** em sua flexão adequada.

a) Quando ele acordou já _____ sete horas.

b) Nem acredito que hoje já _____ 31 de dezembro!

c) _____ nove horas daquele dia tão importante!

d) Hoje _____ 25 de agosto, Dia do Soldado.

e) _____ dez horas da noite quando eles telefonaram.

2 No caderno, passe para o plural as expressões destacadas e reescreva as frases fazendo as demais alterações necessárias.

a) Já faz **um mês** que ele saiu do hospital.

b) Deve fazer **um ano** que ela foi embora.

c) Ele me perguntou se tinha havido **problema** com o computador.

d) Ele me perguntou se tinha ocorrido **problema** com o computador.

e) Ela quis saber se existia **razão** para acreditar nele.

f) A **prova** de segunda chamada será na terça-feira.

Fique atento

Na indicação de horas, datas e distâncias, o **verbo ser** é impessoal e concordará com a expressão designativa de hora, data ou distância.

- Já **eram** oito e meia da noite.
- Hoje **são** trinta do mês, não são?
- Da estação até o sítio **são** três quilômetros.

No caso de locução verbal com verbo principal **ser**, é o verbo auxiliar que concorda com o predicativo.

- **Devem** ser dez horas.

Nas datas, se aparecer a palavra **dia** antes da expressão numérica, o verbo concorda com ela.

- Hoje é dia 31 de dezembro.

Porém, na linguagem informal, o verbo pode concordar com a ideia implícita de **dia**.

- Hoje é (dia) 31 de dezembro.

Resumindo, dependendo do texto ou da situação, para indicar as **datas** são usadas as três formas.

- Hoje **são** 14 de junho. (textos de linguagem formal)
- Hoje é dia 14 de junho. (textos de linguagem formal e informal)
- Hoje é 14 de junho. (textos de linguagem informal)

Atividades

Leia este pequeno conto e faça o que se pede.

TEXTO 1

O homem e a galinha

Era uma vez um homem que tinha uma galinha. Era uma galinha como as outras. Um dia a galinha botou um ovo de ouro. O homem ficou contente.

Chamou a mulher:

— Olha o ovo que a galinha botou.

⁵ A mulher ficou contente:

— Vamos ficar ricos!

E a mulher começou a tratar bem da galinha.

Todos os dias a mulher dava mingau para a galinha. Dava pão de ló, dava até sorvete. E todos os ¹⁰ dias a galinha botava um ovo de ouro. Vai que o marido disse:

— Pra que este luxo com a galinha? Nunca vi galinha comer **pão de ló**... Muito menos sorvete!

Então a mulher falou:

¹⁵ — É, mas esta é diferente. Ela bota ovos de ouro!

O marido não quis conversa:

— Acaba com isso, mulher. Galinha come é farelo.

Aí a mulher disse:

— E se ela não botar mais ovos de ouro?

²⁰ — Bota, sim! – o marido respondeu.

A mulher todos os dias dava farelo à galinha. E a galinha botava um ovo de ouro. Vai que o marido disse:

— Farelo está muito caro, mulher, um dinheirão! A galinha pode muito bem comer milho.

²⁵ — E se ela não botar mais ovos de ouro?

— Bota, sim! – o marido respondeu.

Aí a mulher começou a dar milho pra galinha. E todos os dias a galinha botava um ovo de ouro. Vai que o marido disse:

— Pra que este luxo de dar milho pra galinha? Ela que cate o de comer no quintal!

³⁰ — E se ela não botar mais ovos de ouro? – a mulher perguntou.

— Bota, sim! – o marido falou.

A mulher soltou a galinha no quintal. Ela catava sozinha a comida dela. Todos os dias a galinha botava um ovo de ouro.

Um dia a galinha encontrou o portão aberto. Foi embora e não ³⁵ voltou mais. Dizem, eu não sei, que ela agora está numa boa casa onde tratam dela a pão de ló.

ROCHA, Ruth. *Enquanto o mundo pega fogo*. Rio de Janeiro: Nova Fronteira, 1986.

Vocabulário

Pão de ló: bolo feito à base de ovos, açúcar e farinha de trigo.

1 Por que a mulher tratava bem a galinha?

2 Por que o marido não queria tratar a galinha de forma especial?

3 Por três vezes no texto há a repetição de um padrão de comportamento do marido e da mulher. Explique sua resposta.

4 Copie uma frase dita pela mulher que mostra essa repetição de situação.

5 Qual é a consequência dessa gradação crescente de maus-tratos? *atividade oral*

6 Quais devem ter sido as razões para essa atitude da galinha?

7 Releia o trecho a seguir e responda: Que informações faltam? Quais são os sujeitos dos verbos destacados?

Dizem, eu não sei, que ela agora está numa boa casa onde **tratam** dela a pão de ló.

_____

_____

8 O que significa, no texto, a expressão "onde tratam dela a pão de ló"?

_____

9 Encontre os sujeitos dos verbos destacados nas orações e classifique-os de acordo com os itens a seguir.

> **I.** simples **II.** composto **III.** indeterminado
> **IV.** oculto (recuperável na desinência do verbo) **V.** impessoal (oração sem sujeito)

a) O marido e a mulher **ficaram** contentes. _____

b) E todos os dias a galinha **botava** um ovo de ouro. _____

c) Um dia a galinha **encontrou** o portão aberto. _____

d) **Foi** embora e não **voltou** mais. _____

e) **Dizem** que ela agora **está** numa boa casa onde **tratam** dela a pão de ló. _____

f) **Há** muitos anos **ouvi** essa história. _____

10 Indetermine o sujeito dos verbos destacados a seguir usando as duas formas de fazê-lo, como no exemplo.

> Eu trabalhei muito ontem. → **I.** Trabalharam muito ontem.   **II.** Trabalhou-se muito ontem.

a) O menino **dorme** melhor no sítio.

_____

b) O lixeiro **precisou** de cinco sacos para levar o lixo para o caminhão.

_____

c) Os médicos **falaram** sobre higiene com as crianças da escola.

_____

d) A menina machucada **necessita** de cuidados urgentes aqui.

_____

11 No caderno, passe para o plural.

a) Houve uma apresentação na minha escola neste último ano.

b) Faz um mês que comecei o projeto de Ciências.

c) Na escola deve haver um bom jogador de basquete.

d) O gato já está sem comer há um dia.

12 Nas orações a seguir, troque o verbo **existir** por **haver** e faça as demais alterações necessárias.

a) Na sala de Cláudio **existiam** três japoneses.

_____

b) Ainda **existem** lugares calmos para ir.

_____

c) Na rua de cima **existiam** dois semáforos quebrados.

_____

d) Ainda **existiam** muitas pessoas querendo comprar ingresso.

_____

13 No caderno, reescreva as frases usando, no lugar de **ter**, o verbo **haver**.

a) **Tinha** muitos amigos dela na cerimônia de formatura.

b) Hoje **tem** festa na roça.

c) Em Teresópolis, **tem** o Dedo de Deus, que é bom para escaladas.

d) Eu não sabia que os músicos já **tinham** chegado.

e) Quando cheguei à escola, os jogos já **tinham** começado.

14 Escreva a forma do verbo auxiliar entre parênteses que completa adequadamente as frases.

a) Sem educação não _____ haver cidadãos conscientes. (poder)

b) Todos acham que _____ haver escolas em todos os bairros. (dever)

c) Aqui _____ haver muitos monumentos históricos. (dever)

d) Amanhã _____ haver muitas pancadas de chuva. (poder)

e) Depois da campanha de esclarecimento, _____ a haver maior possibilidade de participação do povo na conservação da cidade. (começar)

f) Segundo o jornal, _____ haver muitas pessoas interessadas em comprar um telefone. (ir)

Leia o poema a seguir.

TEXTO 2

Chove. Há silêncio, porque a mesma chuva
Não faz ruído senão com sossego.
Chove. O céu dorme. Quando a alma é viúva
Do que não sabe, o sentimento é cego.
5   Chove. Meu ser (quem sou) **renego**…

Tão calma é a chuva que se solta no ar
(Nem parece de nuvens) que parece
Que não é chuva, mas um sussurrar
Que de si mesmo, ao sussurrar, se esquece.
10 Chove. Nada **apetece**…

Não paira vento, não há céu que eu sinta.
Chove longínqua e indistintamente,
Como uma coisa certa que nos minta,
Como um grande desejo que nos mente.
15 Chove. Nada em mim sente…

PESSOA, Fernando. *Obra poética em um volume*.
Rio de Janeiro: Aguilar, 1974. p. 175.

Vocabulário

Apetecer: despertar interesse; agradar.
Renegar: mostrar desprezo por; rejeitar.

15. De que tipo são os verbos que retratam fenômenos da natureza, conforme visto anteriormente? Eles acompanham um sujeito?

_____

16. Sublinhe, no poema de Fernando Pessoa, todas as ocorrências do verbo **chover** e diga se foi usado dessa forma. Explique sua resposta.

_____

17. Há um verso em que o verbo **chover** vem acompanhado de adjuntos adverbiais. Que verso e que adjuntos são esses? Classifique-os.

_____

atividade oral

18. Que relação o eu poético cria entre chuva e som?
19. Na primeira estrofe, que sentimento o eu poético demonstra a respeito dele?
20. Uma característica da linguagem poética é o uso de linguagem figurada ou de figuras de linguagem que fujam do emprego denotativo. Observe a última estrofe e comente o uso de comparações.
21. O estado de espírito transmitido pelo eu poético é entusiasmado ou desanimado diante da vida? Sublinhe no texto os dois versos que explicitam esse sentimento. Desanimado diante da vida.

22 Os períodos a seguir estão separados por orações. Identifique os verbos, aponte seus sujeitos (quando for possível) e classifique-os em:

> **I.** sujeito simples; **II.** sujeito composto; **III.** sujeito oculto;
> **IV.** sujeito indeterminado; **V.** sujeito inexistente (oração sem sujeito).

a) [Estes são alguns personagens do folclore brasileiro.]

_____

b) [O caipora e seus porcos selvagens protegem os animais na floresta.]

_____

c) [O Saci-Pererê tem uma perna só] [e gosta de travessuras.]

_____

d) [Dizem] [que o Saci guarda os poderes na carapuça.]

_____

e) [Quando venta muito,] [você pode capturar o Saci-Pererê nos redemoinhos.]

_____

TEXTO 3

http://blogs.correiobraziliense.com.br/dad/o_frio_mora_aqui/

O frio mora aqui

"UIIIIIIIIIIIIIIIIIIIIIIIIIIII! Estamos no Canadá?", perguntam gaúchos e barrigas-verdes. Com razão.

A paisagem amanhece vestida de branco, os lagos congelados, as árvores frias e paradas, imobilizadas da raiz à copa. Os termômetros marcam -3°, mas a sensação térmica e de -15°.

O frio ensina uma lição. Verbos que indicam fenômenos da natureza são impessoais. Como as árvores paralisadas, mantêm-se paradinhos. Só se flexionam na 3ª pessoa do singular. (*Chove. Faz frio. Neva. Troveja. Amanhece. Anoitece.*) Um deles adora pregar peças. É *fazer*. Ele leva o falante descuidado a pensar que está diante de criatura regular, igualzinha à maioria das criaturas do time em que ele joga.

Olho vivo! Na contagem de tempo ou indicação de fenômenos da natureza, *fazer* é impessoal. Só aparece na 3ª pessoa do singular: *Na Região Sul, faz muito frio nesta época do ano. Em Natal, faz 25°. Faz meses que visitei São Joaquim, na serra catarinense. No Distrito Federal, faz dois meses que não chove. Valha-nos, Deus! A seca promete ser braba.*

São José dos Ausentes, Rio Grande do Sul, 2013.

SQUARISI, Dad. O frio mora aqui. *In*: SQUARISI, Dad. Blog *da Dad*. Brasília, 16 jul. 2010. Disponível em: http://blogs.correiobraziliense.com.br/dad/o_frio_mora_aqui/. Acesso em: 18 fev. 2020.

23 Os adjetivos pátrios **gaúchos** e **barrigas-verdes** referem-se a pessoas de que estados do Brasil? Se tiver dúvida, consulte o dicionário.
___

24 A paisagem descrita no primeiro parágrafo é de que país?
___

25 A qual característica gramatical do português o texto compara as árvores paralisadas pelo frio?
___
___
___
___

26 O que o texto afirma sobre o verbo **fazer**?
___
___
___
___

27 Indique os sujeitos dos períodos a seguir (quando eles aparecerem) ou os verbos impessoais.

a) A avó de Leonor faz o melhor bolo de chocolate! ___

b) A paisagem amanhece vestida de branco. ___

c) Chove. Faz frio. Neva. ___

d) Em Natal, faz 25 ºC. ___

e) Esta sua resposta faz sentido. ___

f) Faz meses que visitei São Joaquim, na serra catarinense. ___

g) Meu pai fez uma viagem ao sul. ___

h) O frio ensina uma lição. ___

Vocativo

Leia a tira a seguir.

SOUSA, Mauricio de. *Turma da Mônica*.

1 No primeiro quadrinho, que brincadeira Bidu faz com Floquinho?

2 No segundo quadrinho, Bidu não sorri mais. Por quê?

3 Na linguagem dos quadrinhos, os balões, os traços e outros recursos gráficos são muito importantes. No segundo quadrinho, como se pode descobrir onde está a cabeça de Floquinho? Cite dois recursos que mostram isso ao leitor.

_____

_____

_____

4 Releia a fala de Bidu e responda: Qual palavra ele usa para se dirigir ao amigo? De qual classe ela é?

_____

5 Com que objetivo ele usou essa palavra?

_____

Essa palavra usada por Bidu tem a função de vocativo.

> **Vocativo** é o termo que usamos para chamar ou nomear alguém ou um ente personificado a quem nos dirigimos. É um termo independente, que não está subordinado a nenhum outro termo da frase. Ele não tem relação sintática nem com o sujeito nem com o predicado.

Vocativo	
Como é	Exemplos
separado dos outros termos da oração **por meio de vírgula**	**Maria**, você gostou do nosso trabalho? Gosto muito de você, **Luís**.
pode vir antecedido ou não de uma interjeição, como **ó** ou **ô**	**Ó Lia**, fica quieta! **Ô amigo**, presta atenção, esse é o meu pé!

Falando ou ouvindo as duas frases da imagem ao lado, você facilmente saberia a qual situação elas estariam relacionadas.

1 Indique qual forma seria adequada para cada momento.

> **I.** Rafa, quer jogar no nosso time?
> **II.** Rafa quer jogar no nosso time!

2 Em qual das duas orações foi usado um vocativo? _____

3 Que vocativo foi esse? _____

Na fala, portanto, reconhecemos o vocativo pela **situação** e pela **entonação**.

Na escrita, por outro lado, a **pontuação** pode ser fundamental para que nossos textos digam exatamente o que queremos.

4 Cite qual sinal de pontuação:

a) mostra a alegria da menina com o fato de a amiga jogar no seu time;
_____

> Lembre-se: o vocativo vem separado dos outros termos da oração por meio de vírgula.

b) marca o uso de um vocativo; _____

c) assinala que uma pergunta está sendo feita. _____

5 Veja como o contexto escrito (as outras frases) e a situação vivida são decisivos para o entendimento do sentido da frase.

Observe os dois quadros. Repare que nos dois aparece a frase: "Amiga, só tenho uma!". Contudo, a mesma frase tem sentidos diferentes nas duas situações. Indique que sentido corresponde a qual quadro.

a) ☐ A moça está participando de uma conversa e responde que só tem uma caneta. Fica subentendido que, por isso, ela não pode emprestá-la.

b) ☐ A menina declara, feliz, que só tem uma amiga (verdadeira).

6 Em qual deles é usado um vocativo, e qual é esse vocativo?

_____
_____
_____

7 Agora, leia as frases a seguir e responda às questões.

> **I.** Zeca, vem estudar comigo?
> **II.** Zeca vem estudar comigo!

a) ☐ Em qual das duas o locutor fala a respeito de outra pessoa?

b) ☐ Em qual das duas o locutor se dirige a seu interlocutor, perguntando-lhe algo?

c) ☐ Em qual das duas a palavra **Zeca** funciona como vocativo?

Em alguns textos, o vocativo não é usado, embora esteja claro a quem o recado se destina.

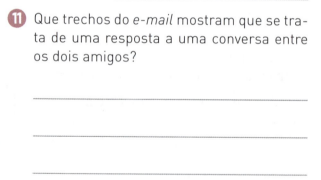

Mensagem recebida

De: Leonardo <soueuoleo@gmail.com>
Para: Natália natnatalia@gmail.com
Enviada: 18 de fevereiro, 18:11
Assunto: Re: Re: Re: Pingue-pongue

Pensando bem, acho que você está certa, saber os gostos e as aspirações dos nossos amigos é algo realmente interessante! Alguém já te respondeu? Gostaria de ler as respostas... Especialmente as da
5 Fani, porque ela é novata e ninguém sabe muito sobre ela. Acho que se a conhecermos melhor poderemos ajudá-la a se enturmar mais depressa.
Por falar na Fani, ela é que está escolhendo o filme, parece que entende do assunto. Você tem o *e-mail* dela?
10 Beijo
Leo

PIMENTA, Paula. *Fazendo meu filme*: lado B. Belo Horizonte: Gutenberg, 2019. p. 31 e 32.

8 Das partes encontradas geralmente em um texto epistolar – (**I**) data, (**II**) vocativo, (**III**) contato, (**IV**) mensagem, (**V**) despedida, (**VI**) assinatura, (**VII**) P.S. –, quais delas **foram usadas** e quais **não foram usadas** nesse *e-mail*?

_____
_____
_____

9 Embora não seja possível encontrar o vocativo no corpo da mensagem, a quem ela se destina?

_____

10 Este é um *e-mail* informal, trocado entre amigos. Que palavras do texto nos mostram isso?

_____
_____
_____

11 Que trechos do *e-mail* mostram que se trata de uma resposta a uma conversa entre os dois amigos?

_____
_____
_____
_____

 Gênero em foco *E-mail*

O *e-mail*, ou correio eletrônico, é como um bilhete (ou uma carta) enviado ou recebido através de meios eletrônicos (computador, celular etc.). Bem objetivo, o *e-mail* costuma dizer logo o que pretende, sem introdução ou rodeios. Em *e-mails* informais, é comum o uso de palavras abreviadas para ganhar tempo, e a acentuação gráfica e a ortografia corretas são, às vezes, esquecidas, o que pode causar ambiguidades. Atualmente o *e-mail* é muito usado para assuntos mais formais, como trabalho, escola etc., por isso é mais comum que seja escrito de maneira mais cuidadosa. O vocativo pode ser usado se queremos explicitar alguma característica do destinatário (Prezados senhores, Filha querida etc.). Não é, no entanto, necessário – assim como a data e a assinatura –, pois esses dados estão claros no cabeçalho da mensagem.

Modos de organizar o texto — Diálogo

Quando escrevemos ou falamos um texto de qualquer gênero, podemos usá-lo para:
- narração de uma história real ou inventada;
- descrição de uma pessoa, um lugar, um objeto etc.;
- argumentação em defesa de uma ideia;
- explicação de uma ideia, de um procedimento, de um projeto etc.;
- instruções – pedir ou ordenar que façam ou não alguma coisa;
- demonstração de como foi uma conversa entre personagens ou pessoas reais, por meio de uma sequência com diálogo.

Podemos encontrar sequências com diálogos em romances, contos, novelas, peças de teatro, entrevistas etc.

> **Sequências com diálogos** são usadas para reproduzir conversas entre duas ou mais pessoas ou personagens, mostrando exatamente o que cada personagem disse.

Sequências com diálogos	
Características	Exemplos
reprodução fiel da fala de cada participante do diálogo	Maria disse: – Bom dia, pessoal! Todos responderam: – Pra você também!
cada fala vem precedida de um travessão [–] ou fica entre aspas ["..."]	– Bom dia, pessoal! "Bom dia, pessoal!"
uso de verbos para explicar quem está falando (disse, falou, gritou, pediu, comentou etc.)	– Pra você também! – responderam todos.

Leia a tira a seguir.

ZIRALDO. *O Menino Maluquinho.*

1. A tirinha mostra uma conversa entre Carolina e outra pessoa. Quem?
2. Quem interrompe a conversa e para quê?

3 Que vocativos encontramos na tirinha? _____

4 Vamos transformar o primeiro quadrinho da tirinha em um texto com diálogo e sem imagens? Então, continue:

> Carolina pergunta a Julieta:
> – Julieta, [...]

_____

_____

Escrita em foco — Pontuação

Vamos lembrar as funções de alguns sinais de pontuação.

Travessão [–] marca o início da fala de alguém em um diálogo ou conversa, que, geralmente, vem em uma linha separada.

> O médico avisou:
> – Trate de ingerir muito líquido.

Pode também isolar palavras ou frases em um texto.

> – Preciso de silêncio para trabalhar! – disse o rapaz com voz zangada – e todos se calaram.

Dois-pontos [:] indicam uma suspensão na voz antes de:

- uma fala direta;

> A professora disse:
> – Podem guardar os cadernos...

- uma citação;

> Minha avó sempre dizia: "Antes só que mal acompanhado".

- uma enumeração;

> Precisamos comprar: leite, batata e açúcar.

- um esclarecimento;

> Fiquei zangada com ele: ele nem se lembrou do meu aniversário!

- uma síntese do que foi dito antes.

> Eu ganhei uma camisa do meu time, um livro, um *video game*: três presentes muito maneiros.

Você sabe que a **vírgula** [,] marca uma pausa de pequena duração. Geralmente as enumerações ficam separadas por vírgula.

> O jardim está todo florido: rosas, jasmins, margaridas e cravos.

Discurso direto e discurso indireto

Leia o texto a seguir.

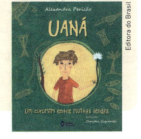

Do meio da mata aparece um bicho enrolado numa folha de bananeira.
– Sou eu!
– Quem é você? Não se aproxime! – alerta Uaná.
– Não me reconhece? Eu sabia. Ninguém nunca mais vai saber que sou o Jabuti.
5 – Jabuti? É você? Mas onde está o seu casco?
– Não sei. Por isso acordei tão assustado.

PERICÃO, Alexandra. *Uaná*: um curumim entre muitas lendas. São Paulo: Editora do Brasil, 2011. p. 8.

1 Nesse texto, o narrador conta uma conversa entre duas pessoas. Quais?

___

> Nesse texto são repetidas exatamente as mesmas palavras que foram ditas; por isso, dizemos que se trata de um **discurso direto**.

O narrador usa os mesmos pronomes, tempos verbais, referências de lugar, tempo, circunstâncias etc. que foram usados pelas pessoas que conversaram.

2 No discurso direto, são usados verbos para apresentar as falas, como **dizer**, **afirmar**, **perguntar**, **ordenar**, **ponderar**, **sugerir**, **indagar** etc. (chamados de verbos *dicendi*) ou expressões sinônimas, que podem vir antes, no meio ou depois da fala reproduzida. Nesse texto, com que verbo foi apresentada a fala de Uaná?

___

3 Antes da fala, usamos dois-pontos; e a fala em si começa com travessão na linha debaixo ou vem entre aspas. No texto, o que foi usado antes da fala? E como ela começou?

___

___

Agora observe outra forma de escrever o mesmo texto.

Uaná alerta: "Quem é você? Não se aproxime!".
A resposta do Jabuti foi: "Não me reconhece? Eu sabia. Ninguém nunca mais vai saber que sou o Jabuti".

4 Qual é a diferença desse texto para o anterior?

___

___

> No **discurso indireto**, o narrador conta o que os personagens disseram, sem reproduzir as palavras exatas. Não usa travessões, nem aspas nem dois-pontos.

Observe:

> Uaná alertou o Jabuti para que não se aproximasse dele. O Jabuti questionou se ele não o reconhecia. Uaná perguntou onde estava o casco dele e ele respondeu que não sabia, por isso estava assustado.

5 Compare o primeiro texto (com discurso direto) e o terceiro (com discurso indireto) e anote as semelhanças ou diferenças nos aspectos indicados a seguir.

a) Verbos **alertar/reconhecer**.

_____

b) Pronomes relativos a Uaná.

_____

c) Pronomes relativos ao Jabuti.

_____

6 Indique se os trechos a seguir são exemplos de discurso direto ou indireto.

a) A garota assustada gritou:

– Me ajudem! _____

b) A garota assustada pediu que a ajudassem. _____

c) A mãe lamentou que o garoto chegava tarde todos os dias. _____

d) A mãe lamentou:

– O garoto chega tarde todos os dias. _____

e) A menina confirmou que não bebia aquele suco. _____

f) A menina confirmou:

– Não bebo esse suco. _____

7 Agora reproduza as frases que você identificou como discurso direto substituindo os travessões por aspas e escrevendo cada uma delas em apenas uma linha.

_____

_____

_____

Atividades

TEXTO 1

Esopo foi um escritor da Grécia Antiga, do tempo antes de Cristo, a quem são atribuídas várias fábulas populares. Leia o texto a seguir.

O asno e o velho pastor

Um pastor observava tranquilo seu asno pastando em uma verde **pradaria**. De repente, ouviu ao longe os gritos do inimigo que se aproximava. Ele rogou ao animal para que corresse com ele na garupa, o mais rápido que pudesse, a fim de que não fossem ambos capturados.

Falou, com calma, o asno:

5 — Por que eu deveria temer o inimigo? Você acha provável que o conquistador coloque em mim, além dos dois cestos de carga que carrego, outros dois?

Respondeu o pastor:

— Não.

Disse o animal:

10 — Então, contanto que eu carregue os dois cestos que já possuo, que diferença faz a quem estou servindo?

Fábula de Esopo.

Vocabulário

Pradaria: planície extensa, geralmente coberta de vegetação rasteira.

1. Nesse texto, reproduz-se um diálogo entre quais personagens?

_____

2. Que tipo de discurso encontramos a partir do segundo parágrafo?

_____

3. Que características do texto mostram que se trata de uma conversa:

   a) no uso dos verbos? _____

   b) no uso da pontuação? _____

4. Como poderíamos resumir a moral da história? *atividade oral*

5. Você concorda com a opinião do asno? Por quê?

Leia o texto a seguir.

LIVROS

Lúcia Hiratsuka vence dois prêmios Jabuti ao criar livros a partir da memória

Autora e ilustradora teve duas obras ganhadoras na cerimônia deste ano em duas categorias

No chão de terra do sítio Asahi, a avó de Lúcia Hiratsuka costumava se sentar com a neta e fazer a poeira ganhar os contornos de peixes, até surgirem nadadeiras e escamas terrosas. Bastava um vento forte ou um chuvisco para apagar os desenhos – fazê-los desaparecer do solo, nunca da memória.

Mais de 50 anos após aquele início de década de 1960, Hiratsuka deixou de ser a neta de imigrantes que só falava japonês e vivia na zona rural de Duartina, cidade a cerca de 370 quilômetros da capital, São Paulo, para se tornar uma das principais autoras e ilustradoras de livros para crianças e jovens do país.

Tanto que na última cerimônia do Jabuti, que ocorreu no fim de novembro, ela levou duas estatuetas no mais tradicional prêmio literário nacional.

Seu "Histórias Guardadas pelo Rio" (SM) venceu na categoria de melhor livro juvenil, enquanto "Chão de Peixes" (Pequena Zahar) ganhou na de melhor ilustração. [...]

As duas histórias giram em torno da natureza, são guiadas pelas correntezas dos rios e têm páginas repletas de peixes, como se as águas da infância da autora no interior levassem os animais desenhados no chão pela avó para as páginas dos livros.

[...] "O tempo que vivi na roça é uma fonte inesgotável", ela conta.

[...]

Nascida em um sítio cheio de livros, [...] a menina que até os sete anos só falava japonês hoje abastece diferentes bibliotecas de crianças daqui. "Desde que meus avós escolheram o Brasil, minha prioridade foi escrever para os leitores daqui", diz ela, como um rio que até pode nascer longe, mas que só fica **caudaloso** onde se sente em casa.

MOLINERO, Bruno. Lúcia Hiratsuka vence dois prêmios Jabuti ao criar livros a partir da memória. *Folha de S.Paulo*, São Paulo, 16 dez. 2019. Disponível em: www1.folha.uol.com.br/ilustrada/2019/12/lucia-hiratsuka-vence-dois-premios-jabuti-ao-criar-livros-a-partir-da-memoria.shtml. Acesso em: 3 fev. 2020.

Vocabulário

Caudaloso: que tem grande volume de água.

6 Que lembranças a escritora Lúcia Hiratsuka tem de sua avó e do tempo em que as duas conviviam?

7 O que Lúcia quis dizer com "O tempo que vivi na roça é uma fonte inesgotável"?

_____
_____
_____

8 De onde vieram os avós de Lúcia e onde se estabeleceram?

_____

9 Sublinhe, no texto, o título dos dois livros premiados da escritora.

10 Em qual parágrafo e como o autor do texto relaciona os temas dos dois livros premiados com as brincadeiras da escritora com a avó?

_____
_____

11 Copie o trecho que está em discurso direto e sublinhe as palavras que confirmam que o trecho está escrito dessa forma.

_____
_____

12 Complete as frases indicando a palavra adequada.

a) No carro, use sempre o _____ (cinto/sinto) de segurança.

b) Fizemos a _____ (cesta/sexta) no último segundo e vencemos o jogo.

c) _____ (Nós/Noz) todos sabemos das dificuldades que nos esperam.

d) Só entram aqueles que pagarem a _____ (tacha/taxa) de entrada.

e) O carro está no _____ (concerto/conserto), mas estará pronto a tempo para irmos ao _____ (concerto/conserto) amanhã à noite.

Ampliar

Suave aroma dos campos de lavanda, de Victor Hugo Cavalcante (Editora do Brasil)

Joyce tinha 17 anos quando descobriu a doença celíaca e, por isso, não poderia mais ingerir alimentos que tivessem glúten. Era seu adeus às massas, *pizzas*, pães e tantas outras delícias. Mas o adeus mais dolorido da garota foi aos seus pais, que morreram juntos em um acidente, deixando a menina entre a dor do luto e a responsabilidade de lidar com documentos, papéis e inventário.

A história de Joyce é entremeada de várias desventuras. Quando a menina começa a colocar o trem da vida nos trilhos, descobre um indesejável segredo que seu pai guardou por 12 anos.

A avó da menina até tenta levá-la para morar no interior, onde a família possui campos de lavanda, tomate e caqui. Mas Joyce prefere continuar na cidade para terminar o Ensino Médio.

117

Retomar

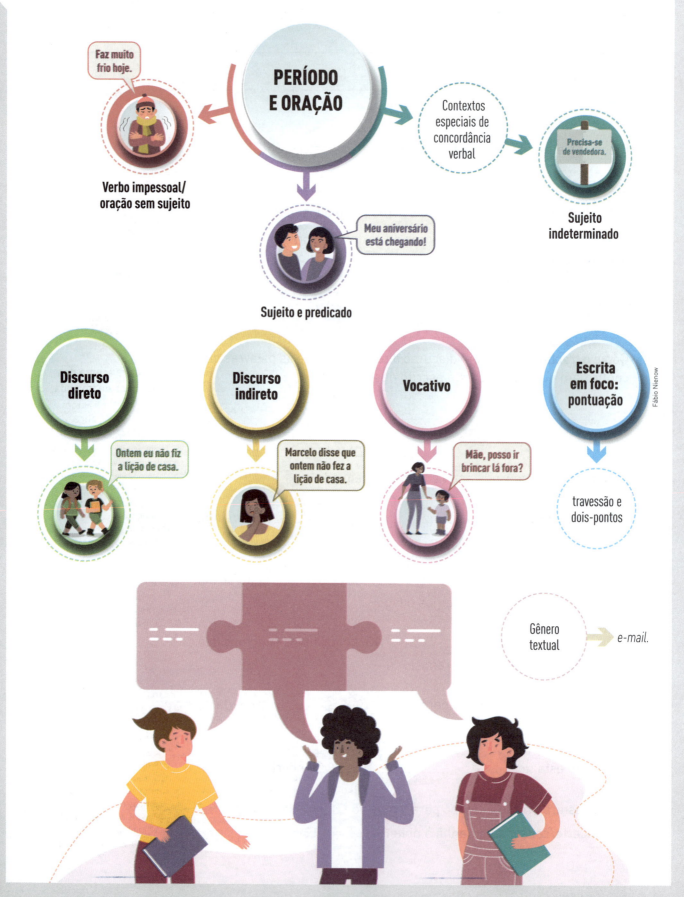

UNIDADE 5

Cinema é encantamento, é a mistura da realidade com a ficção, é um jogo de espelhos no qual não fazemos distinção entre o real e o imaginado. Neste embaralhamento entre realidade e imaginação, os grandes mestres da animação são os personagens centrais, aqueles que dão vida à imaginação dentro desse universo de cores, luzes e sons. Do *stop-motion* – filmagem quadro a quadro que dá movimento a objetos inanimados – à computação gráfica, a mágica das grandes produções sempre foi capaz de confundir e maravilhar até mesmo os mais atentos observadores.

ILUSÃO e arte: a magia dos efeitos visuais no cinema. *In*: MUSEU DO AMANHÃ. Rio de Janeiro, [2016?]. Disponível em: https://museudoamanha.org.br/pt-br/content/ilusão-e-arte-magia-dos-efeitos-visuais-no-cinema. Acesso em: 20 fev. 2020.

Cena do filme *Avatar*, dirigido por James Cameron, 2009.

Tipos de predicado

Leia a tirinha e responda às questões.

LAERTE.

1. Quem está dando ordens nos dois primeiros quadrinhos?
2. Como sabemos que ele está dando ordens? Que modo verbal ele está usando?

_____

_____

3. Qual surpresa surge no último quadrinho?
4. Depois de ler a tirinha, como podemos explicar os dois primeiros quadrinhos?
5. Quais verbos aparecem na tirinha?

_____

Vocabulário

Milord: palavra inglesa que designa uma forma de dirigir-se a um nobre inglês, equivalente a "meu senhor".
Personal trainer: treinador pessoal (expressão em inglês).
Yes: sim (palavra em inglês).

Você já sabe que cada verbo tem suas características, seus sentidos e que, conforme sua forma de aceitar ou não complementos, podemos classificar os verbos em:

- verbos intransitivos → sem complemento;

  O cão **latiu**.
        VI

- verbos transitivos diretos → seu complemento é o objeto direto, que não é precedido por preposição;

  Comprei um livro cheio de lendas.
   VTD   OD

- verbos transitivos indiretos → seu complemento é o objeto indireto, que é precedido por preposição;

  Meu amigo **gosta** de mim.
        VTI   OI

- verbos transitivos diretos e indiretos → seus complementos são o objeto direto e o objeto indireto.

  O famoso jogador **entregou** a medalha aos atletas.
              VTDI   OD   OI

6 Como se classificam os verbos da tirinha que você enumerou na atividade 5? Copie as orações em que eles aparecem e classifique-os.

7 Identifique os verbos e classifique-os em **VI**, **VTD**, **VTI** ou **VTDI**. Faça a mesma coisa com os complementos verbais, quando houver (**OD**, **OI**).

a) As nadadoras já se retiraram.

b) O treinador ensinou ao time uma nova estratégia.

c) O menino vestiu o uniforme novo.

d) A equipe precisa de ânimo.

e) A torcida deu incentivo aos jogadores.

f) A minha turma venceu o jogo mais difícil.

Lembre-se

Os diferentes tipos de predicado

Predicado verbal é aquele que tem um verbo significativo como núcleo, podendo ser intransitivo ou transitivo. Vimos que o núcleo (N) do predicado é o elemento principal da declaração que é feita no predicado sobre o sujeito.

O ciclista **lubrificou** sua bicicleta.
sujeito — VTD — OD
         N

Predicado nominal é aquele formado por um verbo de ligação que une o sujeito aos seus atributos (suas características, seu estado ou suas qualidades). Esses atributos são o **predicativo do sujeito**. No predicado nominal, o núcleo não é o verbo, e sim o predicativo do sujeito. Os principais verbos de ligação em português são: **ser, estar, parecer, ficar, andar, continuar, tornar-se, virar** e **permanecer**.

8 Leia as orações a seguir e, para cada uma, indique o sujeito, o verbo de ligação e o predicativo do sujeito, sublinhando o núcleo desse predicativo. Observe o modelo.

Ela ficou muito agradecida. → **S**: ela. **VL**: ficou. **PS**: muito <u>agradecida</u>.

a) Neymar é jogador.

b) O professor está zangado de novo.

c) Sua mãe anda preocupada com você.

9 Escolha três verbos de ligação e elabore uma oração com cada um deles. Depois, sublinhe, em cada uma, o predicativo do sujeito.

Leia o texto a seguir.

Efeitos fazem você se sentir em pleno campo de batalha

Qual a motivação de um soldado numa guerra? Entender o que pretende um estado parece mais simples: às vezes, trata-se de interesses políticos, às vezes econômicos, às vezes é apenas **megalomania bélica** de conquistar o mundo.

Mas e o sujeito que está na linha de frente, vestindo uma farda com uma bandeira bordada, podendo ser morto a qualquer momento porque alguém mandou ele lutar sem nem explicar direito o motivo?

O assunto é recorrente no cinema. Obras populares como [...] "Apocalypse now" (1979) e "O resgate do soldado Ryan" (1998) são exemplos de filmes com histórias particulares de militares questionando missões que parecem absurdas. "1917" segue bem essa linha.

Cena do filme *1917*, dirigido por Sam Mendes, 2020.

[...] o longa-metragem do diretor Sam Mendes acompanha dois jovens que são enviados para atravessar parte da França durante a Primeira Guerra Mundial, a fim de salvar um batalhão que estaria rumando para uma armadilha dos alemães. E com outra característica dos bons filmes de guerra: efeitos especiais inovadores que fazem a gente se imaginar desviando de uma bomba e caindo do lado de um corpo desfigurado (filmes de guerra também têm muito sangue, não adianta ter nojinho).

O barato de "1917" é passar a impressão de que ele foi todo rodado num único plano contínuo de duas horas, como se acompanhasse a jornada dos heróis em tempo real, sem cortes. É óbvio que se trata de um truque, mas é um baita truque bem-feito e impactante, ainda mais numa guerra conhecida por ter sido travada em trincheiras. No fundo, o filme aborda os mesmos temas de outras obras de guerra, mas com um visual **memorável**.

MIRANDA, André. '1917': filme favorito ao Oscar 2020 tem 'visual memorável'; leia crítica. Efeitos fazem você [...]. *O Globo*, Rio de Janeiro, 28 jan. 2020. Disponível em: https://oglobo.globo.com/rioshow/1917-filme-favorito-ao-oscar-2020-tem-visual-memoravel-leia-critica-1-24202622. Acesso em: 3 mar. 2020.

Vocabulário

Bélico: relativo à guerra ou à tendência que incita à guerra ou ao armamentismo.
Megalomania: predileção por tudo que seja grandioso ou majestoso.
Memorável: que não pode ou não deve ser esquecido.

1 De que trata o texto?

a) ☐ De um livro. b) ☐ De um quadro. c) ☐ De um *game*. d) ☐ De um filme.

2 A qual gênero pertence esse texto?

a) ☐ Resenha crítica. b) ☐ Resumo. c) ☐ Notícia.

Justifique sua resposta com exemplos do próprio texto.

_____
_____

3. Segundo a avaliação de André Miranda, o que, no filme *1917*, é novidade e o que segue a tradição de filmes de guerra? (atividade oral)

> **Lembre-se**
> No 6º ano, vimos que uma **resenha** é um resumo do conteúdo de uma obra, filme, artigo, notícia etc. Ela é bem objetiva e informativa, mostrando autor, assunto, personagens, público-alvo e outras informações. Aprendemos também que **resenha crítica**, como o nome indica, é uma análise crítica da obra, que mostra os pontos fortes e os aspectos positivos, bem como os pontos negativos, as deficiências e o que poderia ser mais bem trabalhado, sempre por meio de argumentos e não apenas de opiniões.

4. Sublinhe no texto a frase que resume essa avaliação citada na atividade anterior.

5. Examine os períodos a seguir e faça o que se pede.
   I. Isto parece mais simples.
   II. O assunto é recorrente no cinema.
   III. Estas missões parecem absurdas.
   IV. "1917" segue bem essa linha.
   V. O longa-metragem do diretor Sam Mendes acompanha dois jovens em uma missão na guerra.
   VI. Mas este é um baita truque bem-feito e impactante.
   VII. O filme aborda os mesmos temas de outras obras de guerra.

   a) Identifique os sujeitos (**S**) e os predicados (**P**).

   I. S: _____ • P: _____

   II. S: _____ • P: _____

   III. S: _____ • P: _____

   IV. S: _____ • P: _____

   V. S: _____ • P: _____

   VI. S: _____ • P: _____

   VII. S: _____ • P: _____

   b) Classifique os predicados.
   _____

   c) Identifique as funções dos termos listados a seguir.
   I. mais simples
   _____

   II. recorrente no cinema
   _____

   III. absurdas
   _____

   IV. bem – essa linha
   _____

   V. dois jovens – em uma missão na guerra
   _____

   VI. um baita truque bem-feito e impactante
   _____

   VII. os mesmos temas de outras obras de guerra
   _____

6. Complete as lacunas da frase: Podemos afirmar que o predicativo do sujeito atribui uma característica ao _____ da oração, por meio de um verbo de _____.

Predicado verbo-nominal

Vamos agora estudar um terceiro tipo de predicado. Observe:

As jovens <u>chegaram</u> + as jovens estavam <u>assustadas</u>
       núcleo   +   núcleo
 predicado verbal   predicado nominal

As jovens <u>chegaram</u> <u>assustadas</u>.
      núcleo   núcleo

O atleta <u>chegou</u> ao final da corrida + o atleta estava <u>feliz</u>.
       núcleo   núcleo
 predicado verbal   predicado nominal

O atleta <u>chegou</u> <u>feliz</u> ao final da corrida.
       núcleo núcleo

Predicado verbo-nominal é aquele que tem **dois núcleos**:
- um verbo significativo (intransitivo ou transitivo); e
- um nome (substantivo, adjetivo ou pronome) que mostra os atributos do sujeito ou do objeto.

O nome que funciona como o segundo núcleo no predicado verbo-nominal também é um **predicativo**.

Sujeito	Predicado	
	Núcleo do predicado	Núcleo do predicado
O inverno	**chegou** VI	**adiantado**. adjetivo / predicativo do sujeito
Os amigos	**conversaram** VTD	**preocupados**. adjetivo / predicativo do sujeito
Tadeu	**voltou** VI	**contente**. adjetivo / predicativo do sujeito

Para reconhecer o predicado verbo-nominal, você pode:
- tentar inserir um verbo de ligação, já que, nesse tipo de predicado, o verbo fica subentendido.

O inverno **chegou** (e está) **adiantado**.   Os amigos **conversaram** (e estavam) **preocupados**.

- desmembrar o predicado em dois: um verbal e outro nominal.

O inverno **chegou**. + O inverno está **adiantado**.
  predicado verbal   predicado nominal

Os amigos **conversaram**. + Os amigos estavam **animados**.
  predicado verbal   predicado nominal

1 Faça, com as frases a seguir, os testes para reconhecer aquelas que têm predicado verbo-nominal. Veja o modelo.

> O funcionário da firma **saiu** adiantado. → **Teste 1**: O funcionário da firma saiu e estava adiantado.
> **Teste 2**: O funcionário da firma saiu. **+** O funcionário estava adiantado.
> O predicado é verbo-nominal.

a) O pai já **entrou** em casa cansado. _____

_____

b) Isadora **encontrou** seu caderno. _____

_____

c) Tiago **apareceu** esperançoso no treino. _____

_____

d) Todos **receberam** animados o novo jogador. _____

_____

Como vimos, o predicativo do sujeito pode aparecer em um predicado nominal ou em um predicado verbo-nominal.

Tipo de predicado	Exemplos	
	Sujeito	Predicado
Predicado nominal	Maria substantivo próprio	é **inteligente**. verbo de ligação / adjetivo / predicativo do sujeito **núcleo do predicado**
Predicado verbo-nominal	A plateia artigo + substantivo comum	**respirou** **aliviada**. verbo significativo / adjetivo / predicativo do sujeito **núcleo do predicado** / **núcleo do predicado**

Podem ser predicativos do sujeito palavras das seguintes classes:

- substantivo → A honestidade é uma **qualidade** essencial.
  sujeito — pred. do sujeito

- adjetivo (ou locução adjetiva) → A praia estava **lotada**.
  sujeito — pred. do sujeito

- pronome → Minha melhor amiga é **esta**.
  sujeito — pred. do sujeito

- numeral → No time, nós éramos **seis**.
  sujeito — pred. do sujeito

O predicativo do sujeito pode vir precedido de uma **preposição** ou da palavra **como**.

- Esta turma é **da pesada**.
  sujeito — pred. do sujeito

- O bolo estava **como você gosta**.
  sujeito — pred. do sujeito

Fique atento

Para não confundir um predicativo do sujeito com um adjunto adverbial, basta lembrar das características a seguir.

Predicativo do sujeito	Adjunto adverbial
A menina falou **animada**.	Falou **animadamente**.
É formado de nomes: substantivo, pronome, numeral, adjetivo ou locução adjetiva.	É um advérbio ou locução adverbial.
Modifica o sujeito (substantivo e seus adjuntos adnominais).	Modifica o verbo.
Atribui uma característica ao **sujeito** da oração, por meio de um verbo (de ligação ou significativo).	Indica diferentes **circunstâncias** do processo verbal ou intensifica o sentido do verbo, de um adjetivo ou de um advérbio.
Encontra-se no predicado nominal ou no predicado verbo-nominal.	Encontra-se em qualquer tipo de predicado.

1 Nas frases a seguir:

- identifique os sujeitos; • classifique os termos em destaque em **PS** (predicativo do sujeito) ou **A. Adv.** (adjunto adverbial); • classifique os predicados em **PV** (predicado verbal), **PN** (predicado nominal) ou **PVN** (predicado verbo-nominal).

a) A garota é **boa cozinheira**.

b) Adriano canta **alegremente** pela casa.

c) Alice continua **interessada** em ETs.

d) Ao ver o fogo, ele gritou **desesperadamente**.

e) Armando gritou **assustado**: fogo!

f) Ester chegou **feliz**.

g) Hélio acordou **triste**.

Predicativo do objeto

Vamos conhecer agora outro tipo de predicativo. Leia a tirinha.

1 O que o Menino Maluquinho está fazendo no pronto-socorro?

Tratando de um ferimento

ZIRALDO.

2 Explique, na fala do enfermeiro no primeiro quadrinho, as seguintes expressões:

a) tantas vezes; _____

_____

b) momentos difíceis. _____

_____

3 Explique por que o Menino Maluquinho foi escolhido **mascote**. Se precisar, consulte o dicionário.

_____

_____

_____

4 Releia a frase e indique o que se pede. Nós o elegemos mascote do pronto-socorro.

a) Sujeito e tipo de sujeito. _____

b) Classe de palavra do sujeito. _____

c) Predicado. _____

d) Verbo e classificação do verbo. _____

e) Objeto direto. _____

f) Classe de palavra do objeto direto e a quem esse objeto se refere.

_____

g) O termo **mascote do pronto-socorro** refere-se a qual outro termo? Quem foi escolhido como mascote?

_____

h) Qual é a função sintática de **mascote do pronto-socorro**? (Se ficar em dúvida, leia abaixo.)

_____

O **predicativo do objeto** atribui uma característica ao **objeto direto (OD)** ou ao **objeto indireto (OI)**. Eis alguns verbos transitivos que, por suas características, além de um objeto direto, pedem também uma qualificação para esse objeto (ou seja, o predicativo do objeto): **julgar, considerar, crer, encontrar, nomear, eleger, achar** (no sentido de "considerar"), **estimar** (no sentido de "considerar"), **fazer, proclamar** etc.

- Eles acharam o jogo **difícil**.
  OD predicativo do OD

- Eu considero você **inteligentíssima**!
  OD predicativo do OD

- O povo elegeu o pai de Paulo **deputado**.
  OD predicativo do OD

- Os alunos julgaram a prova **fácil**.
  OD predicativo do OD

O predicativo do objeto indireto só ocorre com o verbo **chamar**.

- O juiz apitava e o público chamava-lhe **ladrão**.
  OI — predicativo do OI

Podem ser predicativo do objeto palavras das seguintes classes:

- **substantivo** → A família julga meu pai um **exemplo**.
  OD — predicativo do OD

- **adjetivo** → A neta achou o avô **remoçado**.
  OD — predicativo do OD

O predicativo do objeto também pode vir precedido de uma **preposição** ou de **como**.

- Os alunos tratavam a professora **por mestrinha**.
  OD — predicativo do OD

- Considero tia Fernanda **como minha mãe**.
  OD — predicativo do OD

1 Nas frases a seguir, indique os sujeitos e os objetos diretos (se houver). Em seguida, aponte os predicativos e classifique-os em predicativo do sujeito (**PS**) ou predicativo do objeto (**PO**).

a) O ônibus está gelado!

b) A sala parece maior com a nova arrumação.

c) Desculpe, mas eu julgo sua decisão precipitada.

d) Eu ando preocupada com a sua saúde.

e) Juca acha essa menina simpática.

f) Lícia voltou bronzeada das férias.

g) Minha tia considerou sua atitude lamentável.

h) Nosso time é campeão estadual.

i) O condomínio vai eleger Helena síndica.

_____

j) O paciente respirou tranquilizado com o resultado do exame.

_____

k) O público recebeu entusiasmado o seu ídolo.

_____

l) O funcionário encontrou a cozinha muito bagunçada.

_____

m) O júri proclamou o réu inocente.

_____

2 Examine novamente as frases da atividade anterior e classifique os predicados.

_____

Fique atento

Adjunto adnominal × predicativo
Cuidado para não confundir o adjunto adnominal do núcleo do objeto direto com o predicativo do objeto direto.

- Ela deixou **a mãe** intrigada.
  OD — predicativo do OD

- Ela comprou **a blusa azul**.
  OD — núcleo: blusa / adjuntos adnominais: a, azul

Observe que o predicativo atribui ao objeto uma característica temporária, passageira (no exemplo acima, a mãe **ficou** intrigada).
O adjunto adnominal descreve uma característica constante, permanente, do núcleo do objeto direto (no exemplo acima, a blusa azul **é** azul).
Para não se confundir, você pode tentar deslocar a palavra para outro lugar da oração. O predicativo do objeto pode ser deslocado para perto do verbo, enquanto o adjunto adnominal não pode sair de perto do substantivo que ele acompanha, senão a frase fica estranha, com uma estrutura diferente da que usamos normalmente em português (como o exemplo marcado com asterisco a seguir):

- Ela deixou **intrigada** a mãe.
  predicativo do OD

- Ela comprou **azul** a blusa.*
  adjunto adnominal

3 Complete as informações do quadro a seguir, que resume as noções vistas acima.

	Predicado verbal	Predicado nominal	Predicado verbo-nominal
verbo significativo			
verbo de ligação		sim	
predicativo	não		

4) A seguir estão os cinco primeiros parágrafos e o último de um texto de Eduardo Escorel, famoso cineasta brasileiro, sobre o **autoengano** e seus perigos para a produção no cinema e atuação na sociedade em geral. Complete as lacunas com as expressões listadas a seguir. Fique atento à concordância – verbal e nominal – e ao sentido final dos períodos do texto.

> A ilusão / essas formas interligadas de **ludibriar** os sentidos / imagens **bidimensionais** / o aparente movimento das imagens / seu filme / Surdos, cegos e mudos / um produtor ou realizador

ILUSÃO E CINEMA

_____ é **inerente** ao cinema – _____ resulta, na verdade, da projeção em sequência rápida de imagens fixas, cada uma ligeiramente diferente da anterior.

[...]

A essa característica **imanente**, soma-se outra: a impressão de realidade – _____, incluindo as que simulam três dimensões, articuladas segundo convenções de linguagem dominantes, são vistas como se fossem a reprodução da realidade.

5   E há ainda a **quimera** de **propiciar** ao espectador viver experiências alheias, com a certeza de que, terminado o filme e acesas as luzes, estará de novo em terreno seguro e conhecido.

_____ estão na origem do lugar conquistado pelo cinema ao longo do século passado, reconhecido como expressão artística e forma de entretenimento, além de produto industrial de vasto consumo capaz de movimentar milhões em escala mundial.

10 Sendo constitutiva do cinema, a ilusão tem também o efeito de tornar os profissionais do setor particularmente propensos às armadilhas do autoengano. Dificilmente um _____ deixa de acreditar que _____ atrairá multidões. E em certos países, como o Brasil, nos quais não é preciso comprovar a viabilidade financeira do que é produzido, o ilusionismo tende a ser **epidêmico** e devastador.

[...]

15 _____, não iremos longe. E o debate, para ser **profícuo**, depende da nossa capacidade de admitir que nem sempre temos razão, e de reconhecer o valor de ideias alheias.

ESCOREL, Eduardo. Ilusão e cinema. *Piauí*, São Paulo, 23 fev. 2012. Disponível em: https://piaui.folha.uol.com.br/ilusao-e-cinema. Acesso em: 27 fev. 2020.

Vocabulário

Autoengano: equívoco ou mentira que contamos a nós mesmos.
Bidimensional: que tem duas dimensões.
Epidêmico: relativo a epidemia (surto de doença infecciosa em uma população e/ou região).
Imanente: que está inseparavelmente contido na natureza de um ser, de uma experiência ou de um conceito.
Inerente: que existe como característica essencial de alguém ou algo.
Ludibriar: enganar, iludir.
Profícuo: proveitoso; vantajoso.
Propiciar: oferecer as condições para a realização de algo.
Quimera: sonho, esperança ou projeto geralmente irrealizável.

5) Explique a relação entre as ilusões que o cinema cria e as tais armadilhas do autoengano de que fala Escorel.

130

Caleidoscópio

VEJA ALGUNS FILMES E SAGAS BASEADOS EM LIVROS CLÁSSICOS QUE AGRADAM JOVENS E ADULTOS MUNDO AFORA

DOM

Dom (2003), baseado no romance *Dom Casmurro*, escrito por Machado de Assis e publicado pela primeira vez em 1899, é a segunda versão para o cinema dessa obra clássica da literatura brasileira. Traz Maria Fernanda Cândido e Marcos Palmeira no elenco. A primeira versão é de 1968, nomeada *Capitu*, dirigida por Paulo Cesar Saraceni. Houve ainda a minissérie *Capitu* (2008), dirigida por Luiz Fernando Carvalho.

O MEU PÉ DE LARANJA LIMA

Adaptado diversas vezes para a televisão e o teatro, o livro *O meu pé de laranja lima* (1968), escrito por José Mauro de Vasconcelos, foi levado pela primeira vez para o cinema em 1970, num longa escrito, dirigido e estrelado por Aurélio Teixeira. Mais de 40 anos, depois voltou às telas (2012), dirigido por Marcos Bernstein. No filme, Zezé (João Guilherme de Ávila) é um garoto de 8 anos que, apesar de levado, tem um bom coração. Ele leva uma vida modesta, pois seu pai está desempregado há bastante tempo, e costuma ter longas conversas com um pé de laranja lima que fica no quintal de sua casa. Até que, um dia, conhece Portuga (José de Abreu), um senhor que passa a ajudá-lo e logo se torna seu melhor amigo.

JOGOS VORAZES: A ESPERANÇA

Jogos vorazes: A esperança – Parte 1 (2014), dirigido por Francis Lawrence, é um dos quatro filmes (2012 a 2015) baseados nos livros de Suzanne Collins. A saga chegou como mais uma franquia adolescente e se tornou muito mais do que isso: trouxe inúmeras críticas à sociedade atual e à cobertura da mídia, além de destacar a presença de uma protagonista independente e (por que não?) feminista que consegue demonstrar força na Arena e sensibilidade por aqueles que ama.

ALICE NO PAÍS DAS MARAVILHAS

Em *Alice no País das Maravilhas* (2010), a personagem Alice (Mia Wasikowska), uma jovem de 17 anos, passa a seguir um coelho branco apressado. Ela entra em um buraco que a leva ao País das Maravilhas, um local onde esteve há dez anos, apesar de nada se lembrar. Lá, ela é recepcionada pelo Chapeleiro Maluco (Johnny Depp) e passa a lidar com seres fantásticos, além da ira da poderosa Rainha de Copas (Helena Bonham Carter). O diretor, Tim Burton, famoso por sua criatividade, vira do avesso a clássica história escrita por Lewis Carroll no século XIX. O ambiente real, rígido e com destino preestabelecido, serve de contraponto ao mundo surreal que surge logo após a jovem partir atrás do coelho branco. Assim que isso acontece, entram em cena os efeitos especiais em 3-D.

HARRY POTTER E A PEDRA FILOSOFAL

Desde a estreia de *Harry Potter e a Pedra Filosofal* (2001) até 2011, foram dez anos e oito filmes que conquistaram o reconhecimento da crítica. Os diretores Chris Columbus, Alfonso Cuarón, Mike Newell e David Yates foram os responsáveis por essas adaptações, transformando em ícones também os três protagonistas: Daniel Radcliffe (Harry Potter), Emma Watson (Hermione Granger) e Rupert Grint (Ronald Weasley). Todos os longas foram baseados nos *best sellers* mundiais escritos pela inglesa J. K. Rowling. A série narra as aventuras de um jovem chamado Harry James Potter, que, aos 11 anos, descobre que é um bruxo. Depois disso, sua vida nunca mais foi a mesma.

OS TRÊS MOSQUETEIROS

A última versão cinematográfica de *Os três mosqueteiros*, texto escrito pelo francês Alexandre Dumas em 1844 sob a forma de trilogia, aconteceu em 2011, em formato 3-D. O filme alcançou um significativo sucesso de público. Baseado em fatos históricos ocorridos no século XVII, na França, nos reinados de Luís XII e de Luís XIV e no período de regência entre eles, *Os três mosqueteiros* relata a amizade entre companheiros inseparáveis: Athos, Porthos, Aramis e D'Artagnan. Em meio a lutas, intrigas de bastidores e muito romance, a obra centra-se no esforço feito pelos mosqueteiros para impedir uma guerra entre a França e a Inglaterra.

131

Regência verbal e regência nominal

Leia o texto a seguir.

Sem baixar a guarda

Alunos da rede municipal têm aulas em projeto de combate às drogas

Durante duas semanas, alunos do 4º ano do ensino fundamental do Ciep Municipalizado Constantino Reis, no bairro São Bernardo, participaram do projeto "Guarda presente nas escolas". A ação é da Guarda Municipal de Belford Roxo em parceria com a prefeitura da cidade, que comemora neste mês 27 anos da emancipação político-administrativa. No curso, as crianças se transformaram em agentes multiplicadores no
5 combate às drogas, além de ganharem noções sobre cidadania e segurança.

— Adorei o curso. Droga é coisa do mal. Vou ensinar tudo para meus pais e meu irmãozinho — disse Leonan Matos dos Santos, de 9 anos.

O projeto é coordenado pelos agentes Thiago Silva e Egídio Soares. Os dois querem ampliar as ações da Guarda pelo município para que possam atuar em outras áreas.

10 — Antes o guarda era visto como aquele agente que só fazia ronda ostensiva, mas nosso papel é muito maior. Com a implantação de projetos pedagógicos, levamos nossas ações para as escolas — diz Thiago.

No ano passado, o projeto desenvolvido em Belford Roxo ficou em segundo lugar no Congresso Nacional sobre Guarda Municipal, realizado na cidade de Canoas, no Rio Grande do Sul.

— Nossa intenção é desenvolver o projeto em todas as escolas da cidade — contou o comandante da
15 Guarda Municipal, Leonardo David.

SEM baixar a guarda. *O Globo*, Rio de Janeiro, 15 abr. 2017. Disponível em: https://infoglobo.pressreader.com/search?query=drogas%20e%20escola&in=ALL&date=Anytime&hideSimilar=0. Acesso em: 10 mar. 2020.

1 Comente o duplo sentido do nome do projeto (Guarda presente nas escolas) e explique sua relação com os objetivos apresentados pelo comandante.

_____
_____
_____
_____
_____

2 Leia o trecho a seguir e responda ao que se pede. [...] a implantação de projetos pedagógicos [...]

a) Nessa oração, o nome (substantivo) **implantação** exige a presença de qual outro termo para completar-lhe o sentido? Qual é a função sintática desse termo?

_____

b) E em "Vou ensinar tudo para meus pais e meu irmãozinho" precisa de que outro(s) termo(s)? Que função ele(s) tem (têm)?

_____

Veja:

As crianças <u>ganharam</u> noções sobre <u>cidadania</u> e segurança.
 VTD   OD
 termo regente   termo regido

<u>noções</u> <u>sobre cidadania e segurança</u>.
substantivo   complemento nominal
termo regente termo regido

Regência é a relação de dependência entre dois termos de uma construção.

O termo (verbo ou nome) que exige um complemento é o termo regente ou subordinante, e os termos que o completam são chamados regidos ou subordinados.

3 Nas expressões a seguir, diga qual o regente e o regido entre os termos sublinhados.

a) Projeto "Guarda <u>presente</u> <u>nas escolas</u>".

___

b) Agentes multiplicadores no <u>combate</u> <u>às drogas</u>,

___

c) <u>Levamos</u> <u>nossas ações</u> para as escolas

___

> Se o termo regente é um verbo, temos a **regência verbal**.
> Se o termo regente é um nome (substantivo, adjetivo ou advérbio), temos a **regência nominal**.

Regência verbal

Você já sabe que, em português, há verbos que precisam de outros termos para que a oração tenha sentido completo. São os verbos transitivo direto (VTD), transitivo indireto (VTI) e transitivo direto e indireto (VTDI).

Há outros verbos que, sozinhos, conseguem fazer uma declaração completa a respeito do sujeito. Tal declaração constitui o predicado. São os verbos intransitivos (VI).

- O cachorro **fugiu**.
  sujeito predicado
           verbo intransitivo

- Letícia **ganhou** um cachorrinho marrom.
  verbo transitivo direto   objeto direto

Os verbos, como muitas palavras de outras classes, podem ter mais de um sentido, e, muitas vezes, essa diferença de sentido está acompanhada de diferença na regência.

Veja a seguir a regência preferida de alguns verbos em textos do **uso-padrão formal**. Observe que, em alguns casos, a mudança de regência está ligada à alteração no sentido. Uma lista mais completa você encontra na seção **Listas para consulta**, página 261.

Verbo	Sentido	Preposição	Tipo de verbo	Exemplo
aspirar	inspirar, cheirar	-	VTD	Aspirei esse delicioso perfume.
aspirar	desejar, almejar	a	VTI	Aspiro ao lugar de treinador.
assistir	ver, presenciar	a	VTI	Assistiu ao *show*.
assistir	acompanhar, dar assistência	-	VTD	Assistia o paciente com cuidado.
assistir	auxiliar, socorrer	a	VTI	Assiste aos pobres do bairro.
assistir	pertencer, ser direito de	a	VTI	Votar é um direito que assiste a todos.
chegar/ir	alcançar ou dirigir-se a um lugar	a	VTI	Vovó irá ao seu aniversário.
chegar/ir	atingir ou alcançar algo	a	VTI	A pesquisa chegou ao final.
preferir	gostar mais de, achar melhor que	a	VTDI	Prefere maçã a goiaba.
querer	desejar	-	VTD	Quero um tênis azul.
querer	estimar, amar	a	VTI	Quero bem a meus amigos.
visar	assinar, rubricar, dar visto	-	VTD	Ela já visou o cheque.
visar	mirar	-	VTD	O jogador visou o gol.
visar	pretender, ter em vista	a	VTI	Elas visam ao sucesso.

Lembre-se

No uso-padrão, os verbos **obedecer** e **desobedecer** são transitivos indiretos.

- É preciso **obedecer** aos regulamentos.

No uso não padrão, esses verbos podem ser usados como transitivos diretos.

- Ele **desobedeceu** o sinal fechado (OD).

Perceba que, nesse caso, poderíamos dizer: "Os regulamentos devem ser obedecidos".
Os verbos de movimento **ir**, **dirigir-se** etc. pedem complemento começado pela preposição **a** (embora necessário, esse complemento é adjunto adverbial de lugar, e não objeto indireto).

- **Dirigiu-se** ao campo de futebol.

Os verbos **estar**, **ficar**, entre outros, quando em sentido de localização, pedem a preposição **em**.

- **Ficou** em casa.

1 Indique, quando houver, as preposições que completam as frases seguindo a linguagem formal. Faça contrações e combinações com os artigos quando necessário. Em caso de dúvida sobre a regência de verbos ou nomes, consulte o dicionário.

a) Quando não vou _____ escola, vou _____ praia.

b) Ontem apresentei _____ o meu melhor amigo _____ Eduardo.

c) Você vai deixar de assistir _____ *show* de encerramento _____ ano letivo?

d) Prefiro doce de leite _____ sorvete de chocolate.

e) Ela já sabe que quero _____ um tênis azul.

f) Você esqueceu de visar _____ o cheque?

g) Não marcou o ponto para o seu time? Tem certeza de que você visou bem _____ a cesta?

2 Reescreva as frases a seguir trocando o verbo destacado pelo sinônimo sugerido. Se necessário, faça as adequações de regência.

a) Eu **gosto** mais de maçã do que de laranja. (preferir)

b) Eu **vi** o filme. (assistir)

c) Podem **respirar** o ar puro! (aspirar)

d) Vera **cheirou** o perfume das rosas. (aspirar)

e) Desde cedo, ela **almejava** essa carreira. (aspirar)

f) O rapaz **mirava** a linda jovem. (visar)

g) A jovem profissional **buscava** um cargo melhor. (visar)

Regência nominal

Você já sabe que alguns nomes (substantivos, adjetivos e advérbios) precisam ser complementados por palavras para que seu sentido fique completo, ou seja, precisam de **complemento nominal**.

- O consumo **de**...
- Eu já estava acostumada **com**...
- Logo ele se declarou favorável **a**...

Para introduzir o complemento, usamos diferentes preposições, pois se estabelece uma relação de regência entre os nomes e seus complementos.

Eis uma lista de alguns nomes com a preposição que normalmente é utilizada para iniciar seu complemento nominal, seja no uso-padrão formal, seja no uso não padrão. Uma lista mais completa você encontra na seção **Listas para consulta**, página 262.

Nomes	Exemplos
medo de	Não tenho medo do escuro.
habituado a	Ela já está habituada a este novo horário.
acostumado a / acostumado com	Maria já está acostumada ao colégio. Ainda não estou acostumado com este frio daqui.

1 Redija frases usando os nomes e as preposições indicados a seguir.

a) obediência a _____

b) cuidadoso com _____

c) diferente de _____

d) relacionado a _____

Fique atento

Você já sabe que a contração da preposição **a** com alguma palavra que comece com a letra **a** é marcada pelo acento gráfico chamado **acento grave**. O fenômeno recebe o nome de **crase**, pois nele ocorre o encontro e a fusão de dois fonemas iguais.

Por esse motivo, o acento grave indicador da crase é encontrado em complementos de verbos e de nomes que são introduzidos pela preposição **a**.

- Pedi desculpas **a** + **a** menina. → Pedi desculpas **à** menina.
  verbo   OD   OI

- Brinde **a** + **a** amizade. → Brinde **à** amizade.
  subst.   compl. nominal

2 Releia os exemplos do boxe **Fique atento** e escreva os termos que completam adequadamente as afirmações a seguir.

a) No primeiro exemplo, o verbo é transitivo _____, e o objeto _____ é introduzido pela preposição **a**. Essa preposição se encontra com o artigo definido **a** da expressão _____.

b) No segundo exemplo, a preposição, exigida pelo sentido do substantivo _____, encontra-se com o artigo definido **a** da expressão _____. Por isso, precisamos usar o acento _____.

3 Nas frases a seguir, todas as ocorrências da palavra **a** estão destacadas, mas só algumas precisam levar acento grave. Quais são elas? Circule-as.

Para facilitar seu raciocínio, faça o seguinte:
- verifique o termo regente, verbo ou nome, e veja se pede preposição **a** em seus complementos;
- veja se o termo regido é feminino;
- se ainda estiver em dúvida, substitua o termo regido feminino por um masculino.

Por exemplo:

"Foram a/à **escola**." → "Foram ao **colégio**." No masculino ocorre preposição + artigo masculino (**a** + **o** colégio); no feminino acontece a mesma coisa, só que com o artigo feminino (**a** + **a** escola) e se faz a crase (**à** escola).

a) **A** 20 de novembro foi realizada **a** festa de encerramento do ano letivo, **a** qual compareceram funcionários, alunos e suas famílias.

b) Após **a** abertura da solenidade, os coordenadores foram **a** sala, para assistir **a** entrada dos novos alunos.

c) O acidente aconteceu por desrespeito **a** sinalização da estrada

d) Como não queria acordar ninguém, dirigiu-se, tateando, **a** cozinha para tomar **a** vitamina.

Dicionário em foco — Regência verbal

Um dicionário fornece as diferentes regências dos verbos, principalmente as que caracterizam o uso formal. Basta consultá-lo para você entender melhor o que lê e para escrever com mais segurança e precisão seus textos.

1. Observe o verbete do verbo **preferir** e escreva, por extenso, os tipos de verbo que ele pode ser de acordo com a regência e dependendo do texto e do sentido.

> ▶ **preferir.** [Do lat. * *praeferere*, por *praeferre*, 'levar à frente'.] **V. t. d. 1.** Dar a primazia a; determinar-se por; escolher: O livre-arbítrio confere ao homem o direito de preferir o bem ou o mal; "Não podendo lutar, preferiu a morte, que se lhe afigurou mais fácil que a vida e mais necessária também"(Machado de Assis, *A Semana*, II, p. 176.). **T. d.** e. **i. 2.** Querer antes; achar melhor; antepor, prepor: Preferiu morrer a ser traidor. **3.** Ter predileção por; gostar mais de: Prefere a música de câmara à sinfônica; "nós, aqui, preferimos às maiores maravilhas em nossa língua as maiores tolices em língua estranha" (Mateus de Albuquerque, *Da Arte e do Patriotismo*, p. 85-86.). "Maria Bárbara tinha grande admiração pelos portugueses, ..., preferia-os em tudo aos brasileiros" (Aluísio Azevedo, *O Mulato*, p. 15.). **4.** Dar primazia ou prioridade: À vida prefere a honra. **T. i. 5.** Ser preferido; ter preferência: No meu entender, o teatro prefere ao cinema [Irreg. Conjug.: v. aderir.].

FERREIRA, Aurélio Buarque de Holanda. *Novo dicionário da língua portuguesa.* São Paulo: Nova Fronteira, 1986. p. 1129.

1. Classifique os verbos marcados nas orações a seguir quanto à predicação. Para isso, se precisar, consulte um dicionário.

   a) A polícia **encontrou** os fugitivos.

   b) Ele **preferiu** ficar solteiro.

   c) Vamos tomar sorvete? Você **prefere** chocolate ou creme?

   d) Jano **preferiu** pintar a ser médico.

   e) Lima **encontrou-se** com o adversário.

   f) Saiu e **encontrou** com a moça na esquina.

2. Veja ao lado o verbete **acessível** do dicionário. Observe os sentidos possíveis (numerados de 1 a 4) e as indicações relacionadas à regência nominal, destacadas nos exemplos.

   > ▶ **acessível.** [Do lat. *accessibile*.] Adj. 2 g. **1.** A que se pode chegar; de acesso fácil: porto acessível a todo tipo de embarcação; É um professor acessível aos alunos. **2.** Que se pode alcançar, obter ou possuir: livros bons e acessíveis. **3.** Inteligível, compreensível: É um filme acessível a qualquer público. **4.** Tratável, lhano, comunicativo: É pessoa muito acessível e simpática.

   FERREIRA, Aurélio Buarque de Holanda. *Novo dicionário da língua portuguesa.* São Paulo: Nova Fronteira, 1986. p. 22.

   Agora responda:

   a) No verbete, o adjetivo **acessível** precisa de complemento nominal em quais de seus sentidos?

   b) E em quais sentidos ele não precisa de complemento nominal?

Atividades

Leia o texto a seguir.

TEXTO 1

https://brasil.elpais.com/brasil/2014/07/04/cultura/1404500341_686162.html

Um país animado

Esqueça Carlos Saldanha, o brasileiro que lá da **cúpula** da produtora norte-americana Blue Sky, famoso por sua participação na série *A era do gelo* e pela autoria de *Rio*, dá certo brilho verde-amarelo ao disputado mercado internacional da animação. O cinema brasileiro de animação vive de fato um **boom**, mas ele nada tem a ver com talentos de exportação, e sim com mentes criativas que
5 **alicerçam** seus filmes no país, a partir de esforços individuais.

É esse o contexto por trás de dois longas-metragens que conquistaram, nos últimos anos, os principais prêmios da **meca** mundial da animação, o Festival Internacional de Animação de Annecy: *O menino e o mundo* (2014), de Alê Abreu, e *Uma história de amor e de fúria* (2013), de Luiz Bolognesi. Ambas produções – consideradas de baixo orçamento, financiadas com o apoio de editais estatais e
10 realizadas com equipes mínimas – desbancaram no evento francês concorrentes norte-americanos, coreanos e japoneses, pesos pesados da área, com um único argumento **irrefutável**: são boas demais.

[...]

[...] esse sucesso [...] não é mais que a "ponta do **iceberg**". Quem põe as coisas dessa maneira é um dos animadores mais experientes do país, Arnaldo Galvão: "Essa **visibilidade** assusta, porque
15 parece que foi rápido. Mas não é assim. A animação brasileira cresceu muito nos últimos 10 anos", explica ele, que foi fundador da Associação Brasileira de Cinema de Animação (ABCA) em 2003. **Faz coro com** ele o próprio Alê Abreu, para quem as conquistas recentes não eram exatamente esperadas, porém vêm de encontro a uma **tendência** crescente. "Tenho 43 anos e comecei a me envolver com animação aos 13. Nesses 30 anos, só vi o gráfico subir. Devagar e sempre".

20 [...] Galvão recorda que *O Kaiser*, o primeiro curta-metragem brasileiro animado, foi lançado em 1917 pelo cartunista carioca Seth (Álvaro Martins). De lá pra cá, são contabilizados 31 longas brasileiros de animação, sendo que a metade deles foi produzida na última década. Essa evolução, partindo das origens com o *Kaiser*, passando pela inserção definitiva da animação no audiovisual nacional (dos anos 70 a meados dos 90) e chegando à revolução dos últimos 10 anos, ele relata no
25 documentário *O cinema animado*, que acaba de terminar e que em breve circulará para o público.

[...]

[...] Outras preocupações para os especialistas [são] a formação – de público [e] de profissionais especializados. "A falta de escolas é uma das nossas deficiências. Precisamos de cursos técnicos, que formem profissionais para dar continuidade à criação de uma indústria", aponta Arnaldo Galvão.

30 Os **holofotes** estão postos sobre o Brasil, e vive-se, segundo Alê Abreu, "um momento para um novo momento". O **respaldo** internacional foi conquistado, falta agora o **fomento** nacional à animação em todas as áreas da cadeia cinematográfica. Nesse ritmo, os próximos 10 anos servirão para comprovar que o país se tornou, de fato, um território de animação de qualidade, ou se o atual momento é uma **bolha** que, a qualquer instante, pode estourar. Seria uma pena, já que um
35 filme animado é um meio tão poderoso de dizer coisas simples e de uma forma universal. "Uma animação chega de braços abertos e é sempre muito bem recebida", diz Alê. Nenhuma pretensão brasileira supera essa, a de conquistar. Mesmo sendo autoral e sem fazer concessões.

MORAES, Camila. Um país animado. *El País*, São Paulo, 4 jul. 2014. Disponível em: https://brasil.elpais.com/brasil/2014/07/04/cultura/1404500341_686162.html. Acesso em: 28 fev. 2020.

Vocabulário

Alicerçar: tornar firme, sólido.
Bolha: crescimento de uma variável econômica sem sustentação real e, por isso, presumivelmente reversível à situação anterior (*b. de preços*) (*b. de desenvolvimento*).
Boom: (ingl.) crescimento muito rápido na comercialização ou aceitação de determinado produto.
Cúpula: conjunto constituído pelos dirigentes de uma instituição, empresa etc.; chefia, direção.

Vocabulário

Fazer coro com: aprovar e/ou repetir o que alguém sugere ou afirma.
Fomento: ação ou efeito de promover o desenvolvimento; estímulo.
Holofote: foco de luz intenso, especialmente usado para iluminar objetos a distância.
Iceberg: (ingl.) grande massa de gelo flutuante que se desprendeu de uma geleira continental polar e é levada pelo mar, da qual, muitas vezes, só se vê a ponta, ficando o resto em baixo da água.

Irrefutável: que não se pode negar, rejeitar.
Meca: centro das atividades ou ponto de convergência das atenções, interesses ou aspirações de um grupo de pessoas ligadas por algum elemento comum.
Respaldo: apoio, geralmente de caráter moral ou político.
Tendência: orientação, direção, rumo.
Visibilidade: condição de ser efetivamente percebido, conhecido, visto.

1 O texto *Um país animado* trata de qual tipo de cinema?

_____

2 Faça a correspondência entre os períodos a seguir e o conteúdo dos parágrafos do texto.

a) Apresenta o trabalho de um famoso autor/diretor brasileiro de filmes de animação e relaciona o sucesso atual do cinema brasileiro de animação à criatividade e aos esforços de seus criadores.	
b) Descreve a preocupação com a formação de público e de profissionais especializados.	
c) Fala sobre dois-longas brasileiros premiados e relaciona as premiações à ótima qualidade dos filmes.	
d) Faz um pequeno resumo da história dos filmes de animação brasileiros, incluindo o documentário sobre o assunto que será lançado em breve.	
e) Informa que a animação brasileira vem crescendo há 10 anos.	
f) Reconhece a necessidade de incentivo nacional à animação e descreve a força dos filmes animados para dizer coisas simples e conquistar o público.	

3 Segundo a autora da reportagem, qual é a verdadeira razão do sucesso dos filmes de animação brasileiros?

_____

_____

4 Explique o trecho: "esse sucesso [dos filmes animados brasileiros] não é mais que a 'ponta do *iceberg*'".

_____

_____

5 Como podemos explicar o título "Um país animado"? Com que sentidos foi usado o adjetivo?

_____

_____

6. Reescreva os períodos a seguir trocando as expressões destacadas pelas que aparecem entre parênteses. Faça as adequações necessárias nas frases.

a) **O** brasileiro que dá certo brilho verde-amarelo ao disputado mercado internacional da animação. [Os cineastas brasileiros].

_____

_____

b) É esse o contexto por trás **de dois longas-metragens** que conquistaram, nos últimos anos, os principais prêmios da meca mundial da animação. [do cinema de longa-metragem].

_____

_____

c) **Ambas produções** – consideradas de baixo orçamento, financiadas com o apoio de editais estatais e realizadas com equipes mínimas – desbancaram no evento francês concorrentes norte-americanos, coreanos e japoneses. [Nossa produção].

_____

_____

_____

d) **Outras preocupações para** os especialistas [são] a formação – de público [e] de profissionais especializados. [Outra área que preocupa].

_____

_____

> Há diversos filmes produzidos com base em obras originalmente publicadas em livros. O filme e o livro comunicam-se com seus públicos, mas são maneiras diferentes de apresentar uma história, cada uma com recursos específicos. Nos livros encontramos maior nitidez de detalhes, ao passo que os filmes acrescentam, com som e outros tratamentos de imagem, ângulos novos para a história.

Ampliar

Capitães da Areia,
de Jorge Amado
(Companhia das Letras)

O livro nos conta as aventuras de um grupo de meninos que moram em um armazém abandonado no areal do cais de Salvador, vivendo à margem das convenções sociais. Ficamos conhecendo suas carências e ambições; o líder Pedro Bala, o Pirulito, o Sem-Pernas, o Gato, o Professor, o Volta Seca. Com sua prosa realista e forte, Jorge Amado nos aproxima desses garotos e de seu intenso desejo de liberdade. Baseado no livro e com o mesmo nome, o filme foi lançado em 2011, dirigido por Cecília Amado (neta do escritor). A trilha sonora foi feita por Carlinhos Brown.

7. Complete os períodos a seguir com os verbos sugeridos no tempo e modo indicados e na pessoa e número corretos para o contexto.

a) Em 2015, 93,2 milhões de pessoas não _____ (**ter** pretérito imperfeito do indicativo) acesso a salas de cinema na cidade em que _____ (**morar** pretérito imperfeito do indicativo) – ou seja, 46% da população brasileira não _____ (**ir** pretérito imperfeito do indicativo) ao cinema.

b) Apenas 14% dos brasileiros _____ (**ir** presente do indicativo) ao cinema – 60% nunca _____ (**ir** pretérito perfeito do indicativo) ao cinema.

c) Dessa forma, mais da metade dos brasileiros nunca _____ (**ir** pretérito perfeito do indicativo) ao cinema.

Fonte: COLETTI, Caio. *Observatório do cinema*. Disponível em: https://observatoriodocinema.uol.com.br/filmes/2016/10/46-da-populacao-brasileira-ainda-nao-tem-acesso-ao-cinema. Acesso em: 10 mar. 2020.

8 Indique a preposição adequada à regência dos nomes. Se tiver dúvidas, consulte a seção **Listas para consulta**, na página 261, ou, principalmente, recorra ao dicionário.

a) Eu ainda não estou acostumado _____ tanto barulho!

b) Nós estávamos ansiosos _____ chegar logo!

c) O problema é que você é muito diferente _____ mim.

d) Ele sempre será grato _____ você por sua ajuda nos estudos.

e) Essa nova matéria é fácil _____ aprender.

f) Essa atitude indisciplinada é passível _____ suspensão.

g) O diretor ficou comovido _____ suas lágrimas.

h) Ele ficou conhecido _____ sua rapidez de raciocínio.

i) Ele foi chamado porque é um perito _____ bater pênaltis.

9 Explique o sentido dos verbos destacados nas frases a seguir.

a) Faz muito mal ficar **aspirando** esse ar poluído. _____

b) Eu sei que ele **aspirava** a este cargo. _____

c) Fazia tempo que não **assistia** a um filme tão divertido! _____

d) O médico da ambulância **assistiu** o doente até chegar ao hospital. _____

e) Educação é um direito que **assiste** a todas as crianças. _____

f) **Quero** bem a meus amigos. _____

g) **Quero** esta torta de limão. _____

Ampliar

O auto da Compadecida, de Ariano Suassuna (Nova Fronteira)

É uma peça teatral em forma de auto em 3 atos, escrita em 1955 pelo autor paraibano Ariano Suassuna. Tem elementos da tradição da literatura de cordel, da comédia, da cultura popular e tradições religiosas. A linguagem usada pelos personagens nos situa em sua classe social e na região Nordeste. A obra foi adaptada para o cinema com o filme *A Compadecida*, em 2000, dirigido por Guel Arraes, com roteiro de Adriana Falcão, João Falcão e do próprio diretor. A segunda adaptação foi com o filme *Os Trapalhões no Auto da Compadecida*. Foi apresentada ainda como minissérie na televisão.

10 Agora classifique os verbos da atividade anterior em transitivo direto (**VTD**), transitivo indireto (**VTI**) e transitivo direto e indireto (**VTDI**).

_____

11 Reescreva as frases a seguir adequando a regência dos verbos destacados à variedade-padrão formal.

a) Amanhã você **vai** na casa da Patrícia?

_____

b) **Assisti** ontem um filme muito fraco.

_____

c) É melhor você **obedecer** o seu pai!

_____

d) **Paguei** o encanador o serviço da cozinha.

_____

e) **Prefiro** mais sanduíche do que sorvete.

_____

12 Identifique a preposição adequada, quando houver, antes dos complementos e adjuntos dos verbos. Se necessário, faça combinações e contrações com os artigos.

a) Assim não chegaremos _____ uma conclusão.

b) Ele me procurou _____ busca de ajuda.

c) Sempre que me refiro _____ assunto, me vem _____ lembrança aquela época feliz.

d) Esperamos _____ ônibus das seis horas.

e) Não é fácil tirar conclusões _____ que ele diz.

f) O resultado da prova não corresponde _____ que esperávamos.

g) Os meus amigos discordam _____ minha ideia.

h) Não conseguindo vitória pela técnica, o jogador apelou _____ a violência.

i) Não pude ir ao cinema; desejo, porém, assistir _____ esse filme.

j) Um bom esportista não transgride _____ regras do jogo. _____

13 Complete as frases usando a preposição adequada antes dos complementos dos nomes.

a) Pelo **modo** _____ falar, vê-se que é estrangeiro.

b) A notícia foi dada numa **transmissão** _____ cadeia nacional.

c) Há certos atos que são **degradantes** _____ quem os pratica.

d) Maria sempre teve **talento** _____ a música.

e) Tornou-se **temido** _____ sua coragem pessoal.

f) Estudou muitos anos e hoje é considerado **perito** _____ eletricidade.

TEXTO 2

Histórias para o rei

Nunca podia imaginar que fosse tão agradável a função de contar histórias, para a qual fui nomeado por decreto do Rei. A nomeação colheu-me de surpresa, pois jamais
⁵ exercitara dotes de imaginação, e até me **exprimo** com certa dificuldade verbal. Mas bastou que o Rei confiasse em mim para que as histórias me **jorrassem** da boca à maneira de água corrente. Nem **carecia** inventá-las. Inventa-
¹⁰ vam-se a si mesmas.

Este prazer durou seis meses. Um dia, a Rainha foi falar ao Rei que eu estava exagerando. Contava tantas histórias que não havia tempo para apreciá-las, e mesmo para ouvi-las. O Rei, que jul-
¹⁵ gava minha **facúndia** uma qualidade, passou a considerá-la defeito, e ordenou que eu só contasse meia história por dia, e descansasse aos domingos. Fiquei triste, pois não sabia inventar meia história. Minha **insuficiência** desagradou, e fui substituído
²⁰ por um mudo, que narra por meio de sinais, e arranca os maiores aplausos.

DRUMMOND DE ANDRADE, Carlos. Histórias para o rei. *In*: DRUMMOND DE ANDRADE, Carlos. *Contos plausíveis*. São Paulo: Companhia das Letras, 2012.

Vocabulário

Carecer: precisar.
Exprimir: manifestar(-se) por palavras, gestos ou atitudes.
Facúndia: aptidão para discursar; eloquência.
Insuficiência: incapacidade para executar uma tarefa, para ocupar um cargo; incompetência.
Jorrar: fluir com abundância.

14 Qual é o modo de organização do texto que você acabou de ler? _____

15 Como toda história, esse texto tem um narrador. Que pessoa do discurso conta essa história?

16 O narrador diz no início do conto que estava feliz em sua função. O que ocorreu depois?

17 Se o Rei estava gostando inicialmente das histórias do narrador, por que mudou de opinião?

18 Explique o trecho: "Mas bastou que o Rei confiasse em mim para que as histórias me jorrassem da boca à maneira de água corrente. Nem carecia inventá-las. Inventavam-se a si mesmas".

_____

_____

_____

19 Já aconteceu com você ou com alguém que conheça a mesma coisa que ocorreu com o narrador na questão anterior, ou seja, a confiança das outras pessoas dar força e autoconfiança a você? Dê um exemplo.

20 Escreva dois períodos para resumir o que acontece em cada parágrafo.

a) 1º parágrafo: _____

_____

b) 2º parágrafo: _____

_____

21 O que você pensou do fim do conto? Comente o trecho:

> Fiquei triste, pois não sabia inventar meia história. Minha insuficiência desagradou, e fui substituído por um mudo, que narra por meio de sinais, e arranca os maiores aplausos.

_____

22 Observe o trecho e responda à questão: [...] inventavam-se a si mesmas.

Nessa oração, qual é o sujeito?

_____

23 Nas orações a seguir, classifique os termos destacados em **VI**, **VTD**, **VTI** ou **VTDI** (no caso dos verbos) e em **OD** ou **OI** (no caso dos complementos).

a) [ ] Este prazer **durou** seis meses.

b) [ ] Ordenou que eu só **contasse meia história** por dia e **descansasse** aos domingos.

c) [ ] Eu não **inventava meia história**.

d) [ ] Minha insuficiência **desagradou a todos**.

e) [ ] Meu substituto **arranca os maiores aplausos das plateias reais**.

Retomar

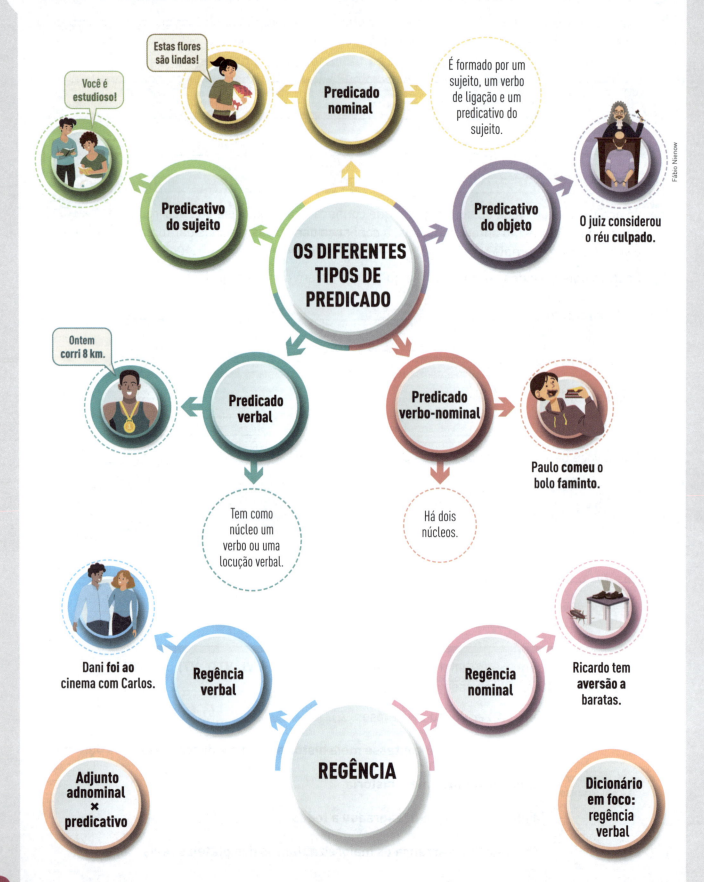

UNIDADE 6

Nem basta ler: é preciso comparar, deduzir, aferir a verdade do autor.

MACHADO DE ASSIS, J. M. In: *Crítica literária de Machado de Assis*, 2013.

Biblioteca em Madri, Espanha, 2013.

Verbo: as vozes verbais

Leia a charge e responda às questões.

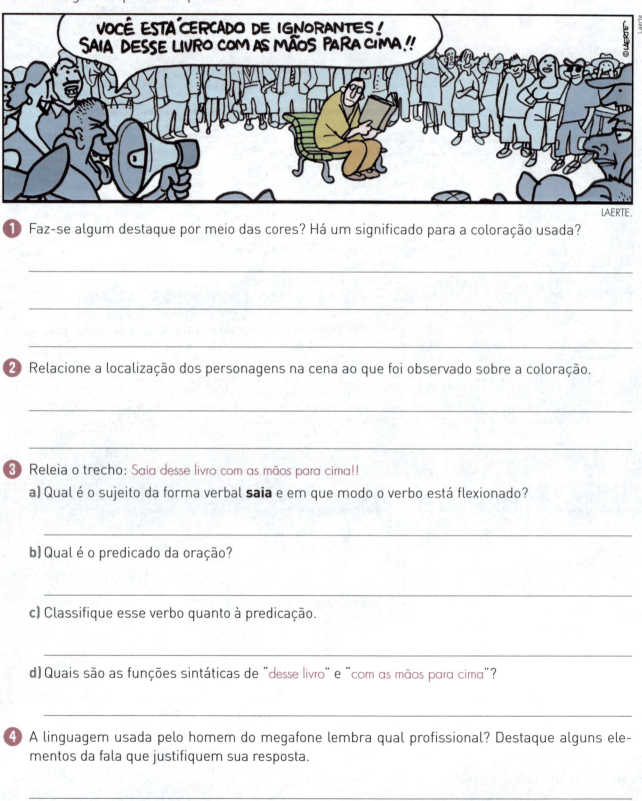

LAERTE.

① Faz-se algum destaque por meio das cores? Há um significado para a coloração usada?

_____
_____
_____

② Relacione a localização dos personagens na cena ao que foi observado sobre a coloração.

_____
_____

③ Releia o trecho: Saia desse livro com as mãos para cima!!

a) Qual é o sujeito da forma verbal **saia** e em que modo o verbo está flexionado?

_____

b) Qual é o predicado da oração?

_____

c) Classifique esse verbo quanto à predicação.

_____

d) Quais são as funções sintáticas de "desse livro" e "com as mãos para cima"?

_____

④ A linguagem usada pelo homem do megafone lembra qual profissional? Destaque alguns elementos da fala que justifiquem sua resposta.

_____
_____

5 Por que as pessoas que cercam o homem com o livro são chamadas de ignorantes? Há algum indício engraçado no desenho que mostre ignorância?

_____

6 Explique a charge. *atividade oral*

7 Releia a frase ao lado e faça o que se pede. Você está cercado de ignorantes!

a) Qual é o sujeito? Sublinhe-o.

b) O sujeito dessa oração é o agente ou o alvo da ação de **cercar**? Explique sua resposta.

_____

c) Reescreva a frase, iniciando-a com o sujeito **ignorantes**. Faça as demais mudanças necessárias.

_____

d) O sujeito dessa nova oração é o agente ou o alvo da ação de cercar?

_____

Você deve ter observado, ao responder às perguntas anteriores, que o sujeito de uma oração pode:
- exercer a ação expressa pelo verbo (sendo o agente dessa ação);
- sofrer a ação expressa pelo verbo (sendo o paciente ou o alvo dessa ação).

Quando quem pratica a ação expressa pelo verbo é o sujeito, a voz do verbo é **ativa**.

Quando o sujeito da oração sofre a ação, a voz do verbo é **passiva**.

Você já conhece bem os verbos: suas flexões (número, pessoa, tempo, modo), os tipos de verbo, as regências, complementos e adjuntos que podem acompanhá-los.

Vamos agora aprender sobre as vozes verbais.

> O fato ou a ação que o verbo exprime na declaração que faz sobre o sujeito pode ser representado de três formas sintáticas, as vozes do verbo: **voz ativa**, **voz passiva** e **voz reflexiva**.

Voz ativa e voz passiva

Leia o texto a seguir.

ZUAZO, Pedro. *O Globo*, Rio de Janeiro, 6 dez. 2019. Disponível em: https://oglobo.globo.com/rio/ong-inaugura-biblioteca-com-tres-mil-livros-no-morro-da-mangueira-24123976. Acesso em: 5 mar. 2020.

> Na **voz ativa**, o sujeito do verbo é o agente da ação que é citada no predicado.

1 Na frase "ONG inaugura biblioteca", indique:

a) o sujeito do verbo; _____

b) quem (ou o que) executa a ação (o agente); _____

c) quem (ou o que) sofre a ação (o paciente). _____

Dizemos que essa oração está na voz ativa porque o sujeito **ONG** é que pratica a ação descrita pelo verbo **inaugura**: foi a ONG que inaugurou a biblioteca.

> Na **voz passiva**, o sujeito do verbo sofre a ação que é citada no predicado.

2 Na frase "Doações para acervo foram captadas pela ONG a partir de campanha na comunidade e nas redes sociais", indique:

a) o sujeito do verbo; _____

b) quem (ou o que) executa a ação (o agente); _____

c) quem (ou o que) sofre a ação (o paciente). _____

Repare que, nessa oração, o sujeito **doações** não pratica a ação descrita pelo verbo.

Nesse caso, o sujeito é o receptor da ação da locução verbal **foram captadas**: doações foram captadas.

O executor da ação do verbo é o termo **pela ONG**, ou seja, foi a ONG que captou as doações. Esse termo é o agente da oração passiva ou o **agente da passiva**.

Agente da passiva		
Função	Uso	Exemplos
Na voz passiva, indica o agente, o ser responsável pela ação sofrida ou recebida pelo sujeito do verbo.	Normalmente é introduzido pela preposição **por** e, às vezes, por **de**.	Este bolo foi feito **pela professora**. Jonas é querido **de todos os professores**.

Tanto o **sujeito da voz ativa** quanto o **agente da voz passiva** executam a ação verbal.

Na correspondência entre uma frase na voz ativa e outra na voz passiva com sentido semelhante, o sujeito da voz ativa é o agente da voz passiva; e o objeto direto da voz ativa é o sujeito da voz passiva. Veja a seguir.

- Voz ativa

  ONG inaugura **biblioteca**.
  sujeito   objeto direto   agente da voz ativa

- Voz passiva

  Biblioteca foi inaugurada **pela ONG**.
  sujeito   agente da voz passiva

A **ONG** captou **doações**.

Doações foram captadas **pela ONG**.

Por isso, **somente os verbos que têm objeto direto** (verbo transitivo direto ou verbo transitivo direto e indireto) podem ser usados na **voz passiva** ou na **voz reflexiva** (que veremos adiante).

A voz passiva é formada de duas maneiras: **voz passiva analítica** e **voz passiva sintética**.

Voz passiva analítica

É formada por uma locução verbal composta do verbo **auxiliar ser + o particípio do verbo transitivo** que se quer conjugar (o verbo principal).

- A confusão no parque foi fotografada.
- O homem está cercado de ignorantes.
- Os livros foram lidos por Jair.
  (verbo auxiliar) (verbo principal) (agente da passiva)

Outros verbos auxiliares, embora de forma menos usual, também podem formar a voz passiva analítica: **estar**, **andar**, **ficar**, **ir**, **vir** etc.

Repare que, na voz passiva analítica, o particípio do verbo principal concorda em gênero e número com o sujeito.

Voz ativa	Voz passiva
comprou	foi comprado
vende	é vendido
olhava	era olhado
comera	fora comido
escolherá	será escolhido
escreveria	seria escrito

- As moedas foram colecionadas por Jair.

- A coleção de moedas foi feita por Jair.

1 Sublinhe os sujeitos das frases a seguir e complete os verbos principais fazendo a concordância.

a) O pessoal já **estava alertad**_____ por seu telefonema.
   (verbo auxiliar) (verbo principal)

b) Ela **ficou atormentad**_____ pela preocupação com a demora do filho.
   (verbo auxiliar) (verbo principal)

c) Os jogos **vinham acompanhad**_____ de um manual.
   (verbo auxiliar) (verbo principal)

d) As vitórias da equipe **foram comemorad**_____ por toda a escola.
   (verbo auxiliar) (verbo principal)

Nem sempre o agente da voz passiva analítica vem expresso na oração. Releia as frases.

> **I.** A confusão no parque foi fotografada.
> **II.** O homem está cercado de ignorantes.

Perceba que o agente da passiva aparece no item **II** ("de ignorantes"), mas no item **I** ele está ausente. Essa ausência do agente da passiva é comum quando queremos destacar o fato ou omitir de propósito o agente.

Na imprensa, para ocupar pouco espaço, é comum, em manchetes (frase usada no alto da matéria para chamar a atenção do leitor), títulos e subtítulos de notícias, destacar apenas as informações mais importantes segundo a opinião do periódico.

CRIADO, Miguel Ángel. *El País*, São Paulo, 28 jun. 2015. Disponível em: https://brasil.elpais.com/brasil/2015/06/24/ciencia/1435141735_511216.html. Acesso em: 6 mar. 2020.

No título da notícia, o agente da passiva não aparece. O periódico pretendia destacar a novidade da descoberta científica. Só sabemos quem fez a ação quando lemos o subtítulo seguinte.

Leia o título da notícia.

GOIS, Ancelmo. *O Globo*, Rio de Janeiro, 27 dez. 2018. Disponível em: https://blogs.oglobo.globo.com/ancelmo/post/cultura-agradece-acervo-e-transferido-da-fnlij-para-biblioteca-nacional.html. Acesso em: 5 mar. 2020.

2 Agora, faça o que se pede.
  a) Sublinhe os verbos e as locuções verbais.
  b) Indique em que voz está cada um deles.

  _____

  c) O agente da passiva não aparece nas orações. Por que esse termo não foi usado?

  _____

  _____

  _____

3 Leia a tira e responda às questões.

LAERTE.

a) No primeiro quadrinho, qual é o verbo da oração e em que voz ele está?

b) Qual é o sujeito da oração?

c) Qual é o agente da passiva?

d) No segundo quadrinho, quais são o sujeito e o agente da passiva?

e) Que termo foi omitido no segundo quadrinho?

f) Qual é a importância da vírgula nesse trecho?

g) Podemos dizer que o tema da tira é a angústia do homem moderno diante dos avanços da tecnologia e suas consequências no mundo do trabalho? Explique sua resposta.

h) Qual é a graça do segundo quadrinho?

i) Vimos que, muitas vezes, o agente da passiva não aparece na oração. Nessa tirinha, isso poderia acontecer? Explique a importância desse termo no contexto da tirinha.

Voz passiva sintética ou pronominal

É formada pelo verbo transitivo na terceira pessoa do singular ou do plural, que concorda com o sujeito e é acompanhado pelo pronome apassivador **se**.

Nesse caso, o agente da passiva geralmente não aparece.

Compare exemplos dos dois tipos de voz passiva.

Vende-se **livro** aqui.
sujeito

Sintética	Analítica
Vende-se **livro** aqui. sujeito	**Livro** é vendido aqui por ex-alunos. sujeito
Alugam-se **quartos**. sujeito	**Quartos** são alugados por estudantes. sujeito

153

Leia a charge ao lado.

1) Descreva o que se passa na charge.

GLAUCO. *Folha de S.Paulo*, 20 set. 2004.

2) As charges geralmente fazem uma crítica a uma situação específica de personagens da vida pública, conhecidos de todos. Observando o homem que puxa a carroça, quem podemos imaginar que ele seja? O que está fazendo? O que está sendo criticado?

3) Em que voz está o verbo do cartaz?

_____

4) Há algum agente da passiva no cartaz? Por quê?

_____

5) Reescreva o cartaz usando agora a voz passiva analítica e assuma como agente da passiva a primeira pessoa do singular. _____

6) Se o cartaz estivesse redigido na voz ativa, como ficaria a frase que você escreveu na resposta da atividade 5? _____

7) Que razões podem explicar a escolha da forma "Vendem-se votos" para a charge?

_____
_____

No português antigo, usava-se a voz passiva pronominal (sintética) com o agente expresso.
Veja dois versos de *Os lusíadas*, poema épico do grande poeta português do século XVI, Luís de Camões.

[...]
Aqui se escreverão novas histórias
Por gentes estrangeiras que virão [...].

CAMÕES, Luís Vaz de. Canto VII. *In:* CAMÕES, Luís Vaz de. *Os lusíadas*. p. 105. Disponível em: www.dominiopublico.gov.br/download/texto/bv000162.pdf. Acesso em: 6 maio 2015.

8) Agora, faça o que se pede.

a) Copie o trecho que atua como agente nessa voz passiva. _____

b) Copie o trecho que indica o que esse agente fará. _____

c) Reescreva os dois versos usando a voz passiva analítica.

_____

No português de hoje, essa maneira de falar ou escrever soa artificial. Veja a seguir.

Atualmente é comum usarmos a forma **sem** o agente da passiva.

Essa história nunca se contou **pelos professores** senão como uma piada.

Essa história nunca se contou senão como uma piada.

Para um texto melhor, gramática!
Dando destaque às palavras

Vamos voltar à charge que abriu a unidade (a do leitor cercado de ignorantes, página 148). Leia-a novamente para responder às questões.

1 Compare as frases abaixo.

  I. Você está cercado de ignorantes!

  II. Ignorantes cercam você!

  a) ☐ Em qual das frases a palavra **você** tem maior destaque?

  b) Você acha que a posição de uma palavra na frase pode dar maior ou menor destaque a ela? Justifique sua resposta.

  _____

  _____

  c) Volte a analisar a charge, em especial a imagem. Qual das duas frases está mais de acordo com a imagem e os destaques que se fazem? Por quê?

  _____

  _____

  d) Quais são as diferenças entre as frases **I** e **II** com relação à voz do verbo e à atuação do sujeito?

  _____

  _____

  e) Apesar das diferenças entre elas, as frases **I** e **II** dizem coisas semelhantes? Justifique sua resposta.

  _____

  _____

Muitas vezes, escolhemos usar a voz ativa ou a voz passiva para colocar no início da oração as palavras ou expressões que queremos destacar.

2 Observe as frases e complete as afirmações a seguir.

> - Brasileiros conquistaram medalhas de ouro nas Olimpíadas.
> - Medalhas de ouro foram conquistadas por brasileiros nas Olimpíadas.

a) Na voz ativa, o destaque é para _____.

b) Na passiva, o que está destacado são _____.

155

Leia o texto a seguir.

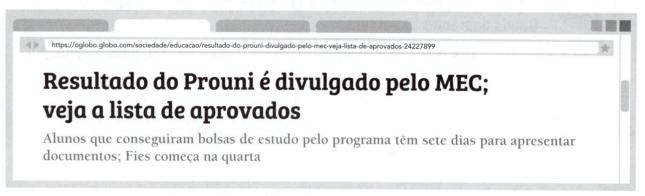

Resultado do Prouni é divulgado pelo MEC; veja a lista de aprovados

Alunos que conseguiram bolsas de estudo pelo programa têm sete dias para apresentar documentos; Fies começa na quarta

ALFANO, Bruno. *O Globo*, Rio de Janeiro, 4 fev. 2020. Disponível em: https://oglobo.globo.com/sociedade/educacao/resultado-do-prouni-divulgado-pelo-mec-veja-lista-de-aprovados-24227899. Acesso em: 10 mar. 2020.

3 Fazendo de conta que você é o editor de um jornal, reescreva o título da notícia dando destaque ao MEC, usando a voz ativa do verbo. _____

Voz reflexiva

Observe a charge.

VILLANOVA, Leo. Disponível em: https://gazetaweb.globo.com/gazeta/Imagens/CHARGE110117.jpg. Acesso em: 15 maio 2020.

atividade oral

1 No primeiro quadrinho, quem o rapaz quer que a moça proteja?

2 De que ele está com medo?

3 Por que esse papel ameaça tanto?

4 Qual é o humor do último quadrinho?

5 Em "Proteja-se!", o verbo **proteger** é usado em que modo? Justifique o emprego desse modo.

_____

6 Podemos afirmar, então, que alguém vai proteger e ser protegido? Justifique sua resposta.

_____

A oração "Proteja-se!" está na voz reflexiva.
Na **voz reflexiva**, o sujeito pratica e sofre o fato ou a ação que o verbo expressa.

O verbo vem acompanhado de um pronome oblíquo (**se**, **me** etc.) que lhe serve de objeto direto (e, raramente, de objeto indireto) e que representa a mesma pessoa que o sujeito.

7 Leia o exemplo a seguir, depois responda às perguntas.

> Lena se feriu no espinho da rosa.

a) Qual é o verbo? _____

b) Quem é o sujeito do verbo? _____

c) Quem (ou o que) executa a ação (o agente)? _____

d) Quem (ou o que) sofre a ação (o paciente)? _____

8 Circule os verbos ou as locuções verbais das frases a seguir e sublinhe seus sujeitos. Em seguida, verifique como o sujeito se comporta nas frases, indicando:

> **I.** para o sujeito que executa a ação, na voz ativa; **II.** para o sujeito que sofre a ação, na voz passiva; ou **III.** para o sujeito que executa e sofre a ação, na voz reflexiva.

a) ☐ Com o passar do tempo, os jovens conquistaram maior liberdade.

b) ☐ Em cada tempo, a paquera usa uma linguagem própria.

_____

c) ☐ Muitas pessoas são presenteadas com flores em seu aniversário.

d) ☐ O rapaz se orientou na leitura de um dicionário de flores.

e) ☐ Um curioso catálogo sobre flores foi criado por um autor francês.

f) ☐ O moço se feriu com a lâmina de barbear.

9 Leia a frase a seguir e indique os elementos solicitados.

> Toda manhã eu me lavo apressadamente.

a) Verbo e sujeito. _____

b) Predicado verbal e núcleo do predicado.

_____

c) Objeto direto (lavo quem?). _____

d) Adjuntos adverbiais de tempo e de modo.

_____

10 Complete o **quadro-resumo das vozes verbais**.

Resumindo			
Vozes verbais	Sujeito	Verbo	Agente da voz passiva
voz ativa **O rapaz podou as árvores**.	pratica a ação verbal	principal	
voz passiva analítica **As árvores foram podadas pelo rapaz**.	sofre a ação verbal	verbo auxiliar + particípio do verbo principal	
voz passiva sintética **Podaram-se as árvores**.	sofre a ação verbal	verbo principal (concorda com o sujeito) + pronome apassivador **se**	
voz reflexiva **Os rapazes se machucaram**.	pratica e sofre a ação verbal	verbo principal (concorda com o sujeito) + pronome pessoal oblíquo átono **se**	

O pronome se

O **se**, como vimos, é um **pronome pessoal oblíquo átono** e pode ser empregado com várias funções. Este quadro o ajudará a lembrar quando tiver uma dúvida.

Função	Uso	Exemplo
objeto direto reflexivo	representa a mesma pessoa que o sujeito	Ana **se** olhou no espelho.
objeto direto recíproco	exprime ação recíproca (mútua) entre dois indivíduos	Eles **se** abraçaram na hora da vitória.
objeto indireto reflexivo	representa a mesma pessoa que o sujeito	João **se** perguntava: "aquilo vai dar certo?".
objeto indireto recíproco	exprime ação recíproca (mútua) entre dois indivíduos	Os dois companheiros confessaram-**se** tudo.
pronome apassivador	emprega-se na voz passiva sintética ou pronominal	Vendem-**se** bicicletas.
índice de indeterminação do sujeito	junto à 3ª pessoa do singular de verbos intransitivos, transitivos indiretos ou verbos de ligação	Aqui **se** come bem.
parte integrante de certos verbos	geralmente com verbos de sentimento ou de mudança de estado: **admirar-se, arrepender-se, atrever-se, indignar-se, queixar-se, derreter-se, congelar-se** etc.	Não **se** atreva a contar!

Você reconhece facilmente o pronome **se** usado como **índice de indeterminação do sujeito** porque essa construção ocorre em frases cujos verbos são intransitivos, transitivos indiretos ou de ligação. Veja o quadro da página seguinte.

- No hospital, **fala**-se baixo. (Falam baixo no hospital.)
  (verbo intransitivo)
- Aqui se **trata** de gatinhos abandonados. (Aqui tratam de gatinhos abandonados.)
  (verbo transitivo indireto)
- **É**-se muito sonhador na juventude. (São muito sonhadores na juventude.)
  (verbo de ligação)

Lembre-se

Você já sabe que o sujeito pode ser **indeterminado** de duas formas. Uma delas é com o verbo na terceira pessoa do plural:

- **Falaram** bem de você.
  (Alguém falou bem de você.)

A outra é com o verbo na terceira pessoa do singular + o pronome **se**:

- **Falou-se** bem de você.
  (Alguém falou bem de você.)

Já o pronome **se** usado como **pronome apassivador**, em frases na voz passiva sintética, é empregado com verbos que têm objeto direto (verbo transitivo direto ou verbo transitivo direto e indireto), uma vez que, como vimos, a voz passiva só ocorre com esse tipo de verbo.

Voz passiva sintética	Sujeito (paciente)	Voz passiva analítica
Alugou-se	o apartamento	= O apartamento foi alugado.
Alugaram-se	os apartamentos	= Os apartamentos foram alugados.

1 Nas orações a seguir, caracterize a palavra **se** como pronome apassivador (**PA**) ou índice de indeterminação do sujeito (**IIS**) e indique se as frases estão na voz passiva (**VP**) ou na voz ativa (**VA**).

a) ☐ Subitamente abriu-se a porta.

b) ☐ Come-se muito nesta casa.

c) ☐ Fazem-se os livros para serem lidos.

d) ☐ Não se vai à praia com chuva.

e) ☐ Precisa-se de ajudante.

f) ☐ Revela-se o nosso caráter nas pequenas coisas que fazemos.

g) ☐ Viajava-se muito de trem antigamente.

Como **pronome reflexivo**, a palavra **se** aparece quando o objeto direto ou indireto representa a mesma pessoa ou coisa que o sujeito do verbo. Serve tanto para a terceira pessoa do singular quanto para a terceira pessoa do plural.

- Ela **se** vestiu para a festa.
- Eles **se** prepararam bem para o vestibular.

Como **pronome recíproco**, o **se** exprime que uma ação foi realizada e sofrida por duas ou mais pessoas de modo mútuo. Usa-se na terceira pessoa do plural.

- Esses dois não **se** falam há anos.
- Assustados com o temporal, os meninos **se** agarraram no canto do quarto (= agarraram um ao outro).

Para evitar ambiguidade ou dúvida entre esses dois últimos empregos, embora possa parecer redundância, podemos acompanhar o **se** de expressões especiais de reforço da ideia ou usar um verbo derivado com o prefixo **entre-**.

Ação reflexiva	Ação recíproca
Leo e Ana enganaram-se **a si mesmos**. Ana enganou-se **a si mesma**. Bia ajudou-se **a si mesma** cuidando melhor de sua alimentação.	Leo e Ana enganaram-se **um ao outro**. Leo e Ana enganaram-se **entre si**. Leo e Ana enganaram-se **reciprocamente**. Bia e Tadeu **entre**ajudaram-se nas tarefas da escola.

2 Crie exemplos no caderno como os mencionados no quadro acima usando o verbo **olhar**. Forme ao menos duas frases usando **se** como pronome reflexivo e duas frases usando **se** como pronome recíproco.

Leia a charge ao lado.

Vocabulário

Delatar: revelar (crime ou fato relacionado a um crime).
Deleitar-se: sentir satisfação, prazer.

3 Na charge, faz-se uma crítica à situação política em que todos procuram acusar os outros para salvar a própria reputação. Por que o homem da direita diz que sente prazer com isso?

ZIRALDO. Disponível em: http://duke-chargista.com.br/o-que-e-a-charge-qual-a-historia-charge-x-cartum/. Acesso em: 11 mar. 2020.

4 Assinale qual das quatro opções a seguir ilustra uma ação recíproca, embora não esteja expressa com o pronome **se** e, sim, com outro pronome oblíquo.

a) ☐ Eu o delato.   c) ☐ Ele nos delata.
b) ☐ Tu o delatas.   d) ☐ Nós nos delatamos.

5 O pronome **se** das frases a seguir refere-se a uma ação recíproca ou a uma ação reflexiva? Para responder, reescreva cada frase acrescentando ao **se** uma das expressões sugeridas.

• **a si mesmo** → pronome reflexivo   • **um ao outro** ou **entre si** → pronome recíproco

a) Amigo e amiga deram-se as mãos afetuosamente.

_____

b) Eles se respeitam como adversários. _____

c) Localize-se no mapa. _____

d) Mãe e filho abraçaram-se emocionados. _____

e) O marceneiro machucou-se com a serra. _____
f) Os dois namorados amavam-se intensamente

_____

160

Atividades

Leia o texto a seguir.

TEXTO 1

https://guia.folha.uol.com.br/passeios/2020/01/quadrinho-nacional-e-celebrado-em-exposicao-no-memorial-da-america-latina.shtml

QUADRINHOS

Quadrinho Nacional é celebrado em exposição no Memorial da América Latina

Evento de abertura conta com bate-papo entre cartunistas

O Dia do Quadrinho Nacional foi comemorado nesta quinta-feira (30). Em homenagem à data, o Memorial da América Latina recebe a exposição Quadrinhos Infantis Brasileiros até 11/2.

A mostra, dentro da Biblioteca Latino-Americana, reú-
5 ne publicações, impressões e gibis nacionais que traçam um panorama do gênero no país. A organização foi da Associação dos Quadrinhistas e Caricaturistas do Estado de São Paulo.

Neste sábado (1º), a partir das 10 h e até às 14 h, por
10 ocasião da abertura da mostra, há um debate com os quadrinistas Cesar Sandoval (Turma do Arrepio e Trapalhões), Marco Cortez (Seninha), Denise Ortega (roteirista do Sítio do Pica-Pau Amarelo e Menino Maluquinho), Régis Rocha (Herói) e Jal (MSP).

15 **Dia do Quadrinho Nacional**

A primeira história em quadrinhos publicada no Brasil data de 30 de janeiro de 1869. Intitulada de "As Aventuras de Nhô Quim ou Impressões de uma Viagem à Corte", a obra foi impressa na Revista Fluminense e tem
20 autoria de Ângelo Agostini.

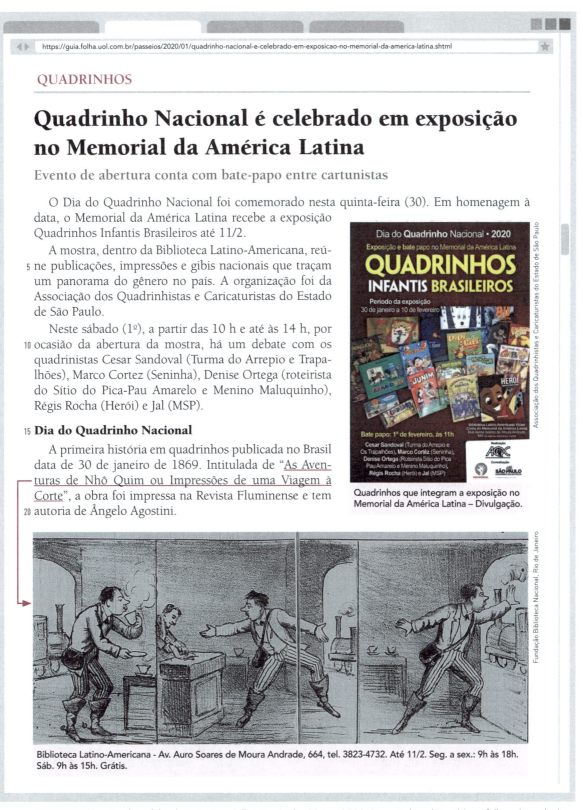

Quadrinhos que integram a exposição no Memorial da América Latina – Divulgação.

Biblioteca Latino-Americana - Av. Auro Soares de Moura Andrade, 664, tel. 3823-4732. Até 11/2. Seg. a sex.: 9h às 18h. Sáb. 9h às 15h. Grátis.

QUADRINHO nacional é celebrado [...]. *Guia Folha*, São Paulo, 31 jan. 2020. Disponível em: https://guia.folha.uol.com.br/passeios/2020/01/quadrinho-nacional-e-celebrado-em-exposicao-no-memorial-da-america-latina.shtml. Acesso em: 11 mar. 2020.

1. Sublinhe os verbos que estão na voz passiva e diga que tipo de passiva é cada uma delas. Não se esqueça do título. _____

2. Os agentes da passiva desses verbos estão presentes no texto? Se sim, quais são?

_____

_____

3. Comente o título da notícia do ponto de vista da seleção e organização das palavras relacionando-o à finalidade do texto.

_____

_____

_____

4. Faça uma pesquisa em jornais e revistas, na internet ou impressos, e reproduza no caderno três títulos de notícias ou de manchetes escritas usando essa mesma estrutura (sujeito + verbo na voz passiva). Indique o que elas destacam.

5. Nas orações a seguir, sublinhe os sujeitos, diga qual é o tipo de voz passiva e o agente da passiva de cada uma e reescreva-as na voz ativa.

   a) Quadrinho Nacional é celebrado por exposição.

   _____

   b) Neste sábado um debate será feito pelo público com os quadrinistas.

   _____

   c) A primeira história em quadrinhos foi publicada por artistas brasileiros em janeiro de 1869.

   _____

   d) A obra "As aventuras de Nhô Quim ou impressões de uma viagem à Corte" foi escrita por Ângelo Agostini.

   _____

6. Reescreva as orações da atividade anterior no caderno, passando-as para a voz ativa. Faça as mudanças necessárias. Atenção à concordância e aos tempos verbais. Depois sublinhe os objetos diretos.

7. Classifique a palavra **se** em cada oração como indicado a seguir.

   I. índice de indeterminação do sujeito   II. pronome apassivador

   a) ☐ Alugam-se caiaques.
   b) ☐ Aqui se respeita a natureza.
   c) ☐ Come-se demais aqui na fazenda.
   d) ☐ Correu-se muito no treino.
   e) ☐ Encontrou-se um grande amigo.
   f) ☐ Vendem-se bicicletas.

8 Indique se os verbos destacados a seguir são pronominais ou estão na voz reflexiva.

a) **Arrependeu-se** de não ter comprado a casa. _____

b) Ele **se lembrou** de tudo. _____

c) Francisco **se animou** com a ideia de ir para a fazenda. _____

d) **Pintou-se** cuidadosamente antes de sair. _____

e) **Queixou-se** ao médico das dores nas costas. _____

f) Rafa **se lavou** na cachoeira. _____

9 Faça o teste para distinguir a oração com voz passiva pronominal da oração com sujeito indeterminado. Basta lembrar que:

- a **indeterminação do sujeito** (IS) ocorre em orações cujos verbos são intransitivos (VI), transitivos indiretos (VTI) ou de ligação;
- a **voz passiva pronominal sintética** (VPP) ocorre em orações com verbos transitivo direto (VTD) ou transitivo direto e indireto (VTDI).

Veja o modelo.

> No restaurante, **fala**-se baixo. **Teste**: verbo **falar** é VI. Logo, na oração ocorre IS.

a) Aos filhos **dedicam**-se energias positivas.

_____

b) Aqui se **trata** de animais doentes.

_____

c) **É**-se muito trabalhador nesta família.

_____

d) Não se **dorme** cedo no verão.

_____

e) **Prepararam**-se os bolos para serem comidos no aniversário.

_____

10 Reescreva as frases que você marcou na atividade anterior como VPP passando-as para a voz passiva analítica (verbo ser + particípio do verbo principal).

_____

_____

11. Transforme as frases a seguir mudando a forma de indeterminar o sujeito (em vez do verbo na terceira pessoa do plural, use o **índice de indeterminação do sujeito**). Veja o exemplo.

> Acreditaram nas suas mentiras. → Acreditou-se nas suas mentiras.

a) Brincaram nos balanços da praça.

_____

b) Dormiram cedo ontem.

_____

c) Duvidaram da minha competência.

_____

d) Reclamaram da sujeira na praia.

_____

e) Torceram animadamente pelo time brasileiro.

_____

f) Tropeçaram de novo naquele degrau.

_____

g) Voltaram cedo da escola hoje.

_____

Este é um trecho do diário de Tadeu. O início do diário, mais precisamente.

TEXTO 2

Do diário de Tadeu

Nossa, cara. Tá louco. Escrever um diário. Nunca pensei nisso. E agora? Escrever o quê?

Sei lá. Acho que prefiro falar mais e escrever menos. E a sora ainda disse que ele, o diário, tem que ter um nome. Que a
5 gente vai falando com ele e contando o que acontece com a gente. Pode? Tá, ela disse que a intenção é a gente poder escrever todos os dias, nem que seja uma linha. Mas por que um diário?

Bah, não sei se consigo.

Escrever todos os dias? Sei não.

10 Na real, ela deve tá é querendo **bisbilhotar** a vida da gente. E o pior é que a minha mãe é amiga dela. Imagina se escrevo umas coisas pesadas e ela conta pra minha mãe? Tô frito.

Também, fui arrumar uma professora amiga da minha mãe. Pode? Mas, nesta cidade, tem alguém que não se conheça? Ter até tem. Não conhecer de não se falar,
15 mas de não conhecer de verdade não tem não. Na aula até tem umas gurias e uns guris com quem eu nunca falei, mas sei quem são eles. Sei, sim.

Um diário. Pode?

O Cau disse que vai escrever um monte de bandalheiras. Já pensou? Eu tô fora. Mas escrever o quê?

Querido diário, hoje acordei triste, tá louco!

E se a gente se organizar, será que a sora não muda de ideia? Vou falar com o Cau, o Cícero e o
20 Pedro Henrique. Na boa, a sora pirou.

Bah, essas primeiras ideias vou ter que deletar. Caso a sora não mude de opinião. O pior é que tem que ser manuscrito. Não pode ser no computador. Uma oportunidade de vocês treinarem a caligrafia, falou ela com aquela voz de nariz trancado. Com toda a tecnologia à disposição
25 da gente, ela voltando à época das cavernas. Pode?

Nesta cidade tudo pode.

Até exigir que se escreva um diário.

RITER, Caio. *Meu pai não mora mais aqui*. São Paulo: Biruta, 2019. p. 8-9.

Vocabulário

Bisbilhotar: investigar (algo alheio); intrometer-se.

Gênero em foco — Diário

O **diário** é um relato autobiográfico no qual são escritos os acontecimentos diários de um determinado período da vida. Textos como esse são dirigidos ao próprio autor, costumam ser subjetivos e podem incluir experiências, pensamentos e sentimentos, fotografias, lembranças etc. Escritos dia após dia, a narrativa é em primeira pessoa (eu), as formas verbais geralmente são no passado (pretérito imperfeito ou pretérito perfeito do indicativo), usa-se a variedade coloquial ou informal (gírias, expressões familiares etc.), a organização é cronológica e há presença de dados geográficos. Atualmente, podem estar em diferentes formatos (texto escrito em papel ou em meio eletrônico, imagens, vídeos, gravações de voz etc.). Alguns são feitos para fins institucionais, por exemplo, livros empresariais, registros governamentais ou militares.

12 Procure no texto algumas características desse gênero para comprovar suas respostas.

a) A narrativa é em primeira pessoa? Justifique sua resposta.

_____

_____

b) Há verbos no passado? Quais? Em qual tempo?

_____

c) A linguagem é formal ou informal? Exemplifique com elementos do texto.

_____

_____

_____

13 Qual é o assunto abordado no texto?

_____

_____

_____

Ampliar

Meu pai não mora mais aqui,
de Caio Riter (Biruta)

Letícia e Tadeu contam os amores escondidos, os afetos e desafetos em relação ao mundo adulto, as curtições e as carências, a separação entre pessoas queridas, a amizade e até mesmo o sentido da morte e da solidão.

165

14 Quem é o narrador? _____

15 Que modo de organização predomina no texto? _____

16 No seu diário, Tadeu usa a linguagem formal ou a informal? Por quê?

_____

_____

17 Você conhece a palavra **sora**? Mesmo que nunca a tenha ouvido, lendo o texto, o que pode deduzir sobre ela?

_____

_____

18 Que gênero de texto digital exerce, *on-line*, a função de um diário pessoal? Você costuma acessar algum?

19 Você já escreveu um diário? Que tal aplicar a ideia da professora de Tadeu em sua turma? Combine com o professor.

20 Transforme as orações a seguir, que estão na voz ativa, em orações na voz passiva analítica. Lembre-se de que a frase na voz passiva é formada da seguinte maneira:

> **sujeito** (o OD da voz ativa) + **verbo** (ser + particípio) + **agente da passiva** (o sujeito da voz ativa)

Por exemplo:

> **Voz ativa**: Paula **escreveu** uma linda redação.
> **Voz passiva**: Uma linda redação **foi escrita** por Paula.

a) Vou deletar essas primeiras ideias.

_____

_____

b) Assim, todos treinam a caligrafia.

_____

_____

c) As usinas **usavam** a cana-de-açúcar para fazer álcool.

_____

_____

d) O uso do amianto **alterou** a produção de álcool.

_____

e) Os pesquisadores **protegem** o meio ambiente.

_____

21 Transforme em voz passiva as frases que estão na voz ativa. Repare que, agora, as orações têm sujeito indeterminado e, por isso, a voz passiva não poderá ter o agente da passiva. Veja o exemplo.

> Já venderam o apartamento. → O apartamento já foi vendido.

a) Postaram minha foto em seu _blog_.

_____

b) Entregaram seu diário na secretaria.

_____

c) Encontraram o caderno que estava perdido.

_____

d) Recolheram o entulho do prédio vizinho.

_____

e) Já entregaram as compras do supermercado.

_____

22 A seguir estão três formas de apresentar uma notícia sobre uma confusão ocorrida em um jogo de futebol. Relacione cada forma a uma das explicações a seguir, observando o efeito de cada texto em relação àquilo que o autor quis expressar ou destacar.

a) ☐ Torcedores exaltados invadem o campo depois do gol. (voz ativa)

b) ☐ Campo é invadido por torcedores exaltados depois do gol. (voz passiva analítica)

c) ☐ Invade-se o campo depois do gol. (voz passiva sintética)

> **I.** A ênfase está no ato, na ação de invadir.
> **II.** A ênfase está na palavra **campo**, mostrando talvez a vulnerabilidade deste diante da determinação dos torcedores.
> **III.** A palavra **torcedores** está enfatizada, tentando mostrar a insatisfação e a consequente violência deles.

167

Concordância e voz passiva

Lembre-se de que, na voz passiva analítica, o verbo auxiliar concorda com o sujeito da oração.

- As encomendas **foram** entregues.
  (sujeito)

Na voz passiva sintética, em que o pronome **se** é usado como partícula apassivadora, o verbo também concorda com o sujeito (que é o paciente da ação verbal).

- **Entregaram**-se as encomendas.
  (sujeito (paciente))

As encomendas é o sujeito da oração e está no plural. Logo, o verbo vai para o plural.
Como vimos, a voz passiva ocorre com verbos transitivos diretos ou verbos transitivos diretos e indiretos.

- **Voz ativa** → O jornal e as revistas **anunciaram** o eclipse da Lua.
  (sujeito composto (plural)) (verbo na 3ª pessoa do plural)
- **Voz passiva analítica** → O eclipse **será visto** por milhões de pessoas.
  (sujeito singular) (verbo na 3ª pessoa do singular)
- **Voz passiva sintética** → Vendem-se entradas para o planetário. (= Entradas para o planetário são vendidas.)
  (verbo na 3ª pessoa do plural) (sujeito plural)

Termo acessório da oração – Aposto

Leia a tira a seguir.

WATTERSON, Bill. *Calvin e Haroldo*.

1. A descrição de Calvin não serviu. Por quê? (atividade oral)
2. Que tipo de informação seria necessário no texto desse cartaz? Por quê?

3 O cartaz começa assim: Desaparecido: meu tigre, "Haroldo".

a) **Meu tigre** e **Haroldo** referem-se ao mesmo animal?

_____

b) O que separa, na frase, as palavras **tigre** e **Haroldo**? _____

c) Qual é a classe gramatical de **tigre**? _____

d) Qual é a classe gramatical da palavra **Haroldo**? _____

e) Qual é a função de **Haroldo** na frase? Se tiver dúvida, confira no texto que se segue.

_____

O substantivo **Haroldo** desempenha a **função de aposto** nesse texto.

> O **aposto** é um termo acessório que se refere a um substantivo ou a um pronome com a função de esclarecê-lo, identificá-lo melhor ou explicá-lo.

- Brasília, **a capital do país**, fica no Planalto Central.
  sujeito — predicado
- Ela, **a melhor jogadora**, tinha de ficar doente logo hoje!
  sujeito — predicado

Repare que, na primeira frase, **a capital do país** é um termo acessório, usado com a função de explicar, esclarecer, identificar melhor o substantivo que tem a função de sujeito, **Brasília**. Esse termo é um aposto.

Você já conhece outros dois termos acessórios da oração: o adjunto adnominal e o adjunto adverbial. Eles são opcionais e também podem trazer informações adicionais a outros termos da oração.

O aposto vem, normalmente, entre vírgulas, entre travessões ou depois de dois-pontos.

- Entre vírgulas: Ricardo**,** meu amigo**,** tem uma guitarra.
- Entre travessões: Bira — meu primo — virá nos visitar.
- Depois de dois-pontos: Adoro legumes**:** cenoura, vagem, pepino.

1 Encontre e sublinhe os apostos nas orações a seguir.

a) As duas – Michele e Fernanda – foram à biblioteca.

b) Curitiba, capital do Paraná, é famosa por sua beleza.

c) Machado de Assis, autor de _A mão e a luva_, é considerado o maior escritor brasileiro.

d) Na minha bolsa tem de tudo: lápis, caneta, escova, chave, carteira.

e) Virgínia, filha de Ana, comprou um sítio.

2 Nas orações a seguir, sublinhe os apostos e aponte a classe gramatical da palavra (ou palavras) que vem antes e que é especificada por ele.

a) Gisele, Eliane, Maria, as irmãs, formaram-se comigo. _____

b) Eles, os amigos de Jairo, foram para Fernando de Noronha. _____

c) Vou fazer duas coisas: a limpeza da casa e o almoço. _____

d) Depois de um tempo – 10 ou 15 minutos – ele conseguiu abrir a porta. _____

e) Ele, Caio, será o anfitrião da festa. _____

Há um tipo de aposto, chamado de **aposto resumitivo**, que, como o nome indica, resume o que foi enumerado antes:

- Camisas, calças, bermudas, tênis, **tudo** naquela loja é caro.
- Bagunça, desobediência, preguiça, **estas** são características que devemos evitar.

Há ainda outro tipo de aposto, chamado de **aposto de especificação**, que não vem separado do nome a que se refere por nenhum sinal. Observe:

- a cidade **de Palmas**
- o Rio **Tocantins**

Lembre-se

Para encontrar o aposto, é bom lembrar que, para quem o usa, ele tem o mesmo valor de sentido do nome ao qual esse termo se refere.

- meu tigre = Haroldo • Brasília = capital do país • Machado de Assis = autor de *A mão e a luva*

O aposto pode se referir a substantivos ou pronomes que exercem diversas funções na oração.

3 Nas frases a seguir, indique os termos solicitados, como no modelo.

> Pedro, o goleiro, prometeu fechar nosso gol no jogo de hoje.
> I. Sujeito: Pedro
> II. Aposto do sujeito: o goleiro
> III. Predicado: prometeu fechar nosso gol no jogo de hoje.

a) Jogamos uma partida dura, uma verdadeira batalha, ontem na escola.

I. Sujeito: _____

II. Predicado: _____

III. Núcleo do predicado: _____

IV. Objeto direto: _____

V. Aposto do objeto direto: _____

b) Ela só precisa de uma coisa: carinho.

I. Sujeito: _____

II. Predicado: _____

III. Núcleo do predicado: _____

IV. Objeto indireto: _____

V. Aposto do objeto indireto: _____

4 Sublinhe os apostos das orações a seguir. Depois indique os termos a que eles se referem e a função sintática desses termos na oração.

a) Raul comprou três coisas: remédio, ração e brinquedos. _____

b) A cidade de Manaus tem um teatro lindo. _____

c) A professora Vera trará mais atividades. _____

d) Toda mãe tem um sonho: a felicidade dos filhos. _____

e) Minha amiga Andréa visitou o Museu de Arte Contemporânea. _____

f) Ela gosta de diversão: passeio, festa, cinema. _____

g) O mês de janeiro é muito frio em Nova York. _____

5 Sublinhe os apostos das frases a seguir.
a) Alice me disse apenas uma coisa: a nossa amizade floresceu.
b) Cristóvão Colombo, grande navegador, descobriu as Américas.
c) O artilheiro fez o gol com a ajuda do lateral, Zito.
d) Dedicação, interesse, atenção, isso é o que se espera dos estagiários.
e) Os diretores indicaram três nomes: Marcos, Júnior e Luiz.
f) Cecília Meireles, uma importante escritora, é famosa no mundo todo.
g) Viajamos por dois países: França e Itália.
h) Os guerreiros venceram Zumbi, rei dos Palmares.
i) Os Beatles, famoso grupo de *rock*, moravam na Inglaterra.

Fique atento

Não confunda **vocativo** e **aposto**. Veja as diferenças entre eles.

Aposto	Exemplos	Vocativo	Exemplos
refere-se a um substantivo ou a um pronome, com a função de esclarecê-lo, explicá-lo ou identificá-lo melhor; tem o mesmo valor do nome ao qual se refere e geralmente vem logo depois dele	Bia, minha tia, chegou.	termo da oração usado para chamar alguém ou um ente personificado a quem nos dirigimos (refere-se ao interlocutor: 2ª pessoa do discurso)	Leo, você volta cedo?
não aceita as interjeições **ó** ou **ô**	-	aceita as interjeições **ó** ou **ô**	Ô Leo, você volta cedo?
faz parte do sujeito ou do predicado, dependendo de quem ele especifica.	sujeito: Bia, minha tia, predicado: chegou	não faz parte do sujeito nem do predicado	sujeito: você predicado: volta cedo?
pode vir entre vírgulas, entre travessões ou depois de dois--pontos	aposto, minha tia,	vem separado por vírgula(s)	vocativo: Leo,

Lembre-se

O predicado e os complementos verbais

Em uma oração, há vários termos que se combinam para formar textos. Eles desempenham diferentes funções nas orações.

Termos (funções) essenciais	são fundamentais, geralmente não faltam a uma oração	sujeito predicado
Termos (funções) integrantes	completam o sentido de outros termos	complemento nominal complementos verbais (objeto direto e objeto indireto) agente da passiva
Termos (funções) acessórios	não são indispensáveis para o sentido básico da oração	adjunto adnominal adjunto adverbial aposto

Para um texto melhor, gramática!
Adequação do vocabulário

Assim como escolhemos a roupa adequada para cada situação, devemos ter o cuidado de usar palavras adequadas ao texto que produzimos. Para isso, consideramos vários aspectos.

- Se estou falando ou escrevendo.
- Se é um texto informal ou formal.
- A quem dirijo o meu texto (um amigo, uma criança, um senhor, um estrangeiro etc.).
- Qual é minha intenção com o texto (cumprir uma tarefa da escola, dar uma informação, descrever um lugar, defender uma ideia etc.).

1 Para cada um dos textos a seguir, responda com as informações solicitadas.

a) *E-mail*

Mensagem recebida

De: Leonardo <soueuoleo@gmail.com>
Para: Fani <fanifani@gmail.com>
Enviada: 22 de fevereiro, 23:15
Assunto: Cinema

Oi, Fani! Tudo certo para o cinema amanhã? Estou ansioso, nunca vi um filme ao lado de uma especialista!
Beijos!
Leo

I. Texto falado ou escrito? _____

II. Formal ou informal? _____

III. A quem se destina? _____

IV. Qual é a finalidade do texto? _____

b) Receita

Bolo de chocolate (20 min)

Ingredientes:
2 xícaras de farinha de trigo
1 xícara de chocolate
1 xícara de açúcar
1 ovo
2 colheres de sopa de margarina
1 xícara de leite
1 colher de sopa de fermento

Modo de fazer
Em uma tigela, misture bem todos os ingredientes, sem bater.
Despeje em um tabuleiro untado com manteiga.
Forno médio, até que um garfo ou palito espetado no bolo saia seco.

I. Texto falado ou escrito? _____

II. Formal ou informal? _____

III. A quem se destina? _____

IV. Qual é a finalidade do texto? _____

c) Descrição do garoto

[...]
Será que aquele garoto magro, moreno, com um baita machucado na cabeça se achava mesmo um faraó? Só podia ser brincadeira, pensou Breno. [...]

LINS E SILVA, Flávia. *O agito de Pilar no Egito*. Rio de Janeiro: Jorge Zahar, 2003. p. 15.

I. Texto falado ou escrito? _____

II. Formal ou informal? _____

III. A quem se destina? _____

IV. Qual é a finalidade do texto? _____

2 Observe a tabela e confira algumas afirmações feitas aqui nos três exemplos de textos acima.

Situação	Posso usar!	Devo evitar!	Exemplos
texto falado informal	gírias	–	telefonema para um amigo
texto escrito formal	–	gírias	relatório da pesquisa de Ciências
conversa com uma criança pequena	palavras simples que a criança conhece	palavras difíceis que a criança nunca ouviu	contar uma história ao irmãozinho
correspondência para nosso amigo	palavras cheias de emoção, de duplo sentido	uso exagerado de palavras simples, neutras e objetivas	*e-mail* para um amigo
receita de cozinha	palavras simples, neutras e objetivas	palavras cheias de emoção, de duplo sentido	receita de bolo de chocolate
ao descrever uma pessoa, lugar (descrição)	muitos e expressivos adjetivos	–	descrição do garoto, que era um faraó, ou a descrição do Haroldo feita na tirinha (p. 168)
ao defender uma opinião (argumentação)	muitos argumentos lógicos	apenas opiniões ("eu acho")	os argumentos usados para convencer alguém a fazer algo

173

Atividades

Leia o texto a seguir.

TEXTO 1

WATTERSON, Bill. *Calvin e Haroldo.*

1 Qual era o plano de Calvin? *atividade oral*

2 O plano de Calvin deu certo? Por quê?

3 O que é um agente duplo?

4 Haroldo é, para Calvin, um tigre de verdade. Para as demais pessoas, é apenas um tigre de pelúcia. Isso pode ser percebido na tirinha? Como?

_____

_____

5 Localize e copie os vocativos:

a) no primeiro quadrinho; _____

b) no último quadrinho. _____

6 Em cada grupo de orações a seguir, indique as alternativas nas quais ocorre aposto (**A**) ou vocativo (**V**) e sublinhe os termos que exercem essas funções.

Grupo I

a) ☐ Susie, amiga de Calvin, foi esperta.

b) ☐ Francisco sabia falar delicadamente quando queria.

c) ☐ Olavo, vamos jogar bola na praça?

d) ☐ O time do Flamengo venceu o campeonato.

Grupo II

a) ☐ Preste atenção, Haroldo, para tudo dar certo.

b) ☐ O menino, primo de Lilico, entrou para a equipe.

174

c) ☐ Espere ao menos eu tomar fôlego, menino!

d) ☐ A formiga olhou a cigarra e abanou a cabeça.

Grupo III

a) ☐ Este é Haroldo, meu companheiro preferido.

b) ☐ Mário, tenha a santa paciência!

c) ☐ Seu Luís, diretor da escola, já chegou.

d) ☐ Joel sabe tudo de computador.

Leia o texto a seguir.

Vocabulário

Cognitivo: relativo ao conhecimento.
Epidemiologia: estudo dos surtos de doença infecciosa em uma população e/ou região.
Longevidade: duração da vida mais longa que o comum.

TEXTO 2

https://brasil.elpais.com/brasil/2016/08/19/deportes/1471621596_718582.html

Finalmente uma droga que faz bem à saúde

Boas notícias para os devoradores de páginas que não desejam nunca saciar a fome

Esta matéria sem dúvida pode lhe interessar: já sabíamos que o esporte pode aumentar em cinco anos a expectativa de vida; que o grão integral do cereal diminui em 7% a possibilidade de morte prematura [...]. Inclusive sabíamos que comer pouco é uma fórmula que atrasa o envelhecimento, [...] segundo estudos realizados na Universidade Harvard com camundongos e que confirmaram a prática oriental de que comer sem encher a barriga é um passo seguro rumo à **longevidade**.

Mas há uma coisa que não foi medida em roedores, e sim em pessoas, e que traz boas notícias para os devoradores de páginas que não desejam nunca saciar a fome: ler prolonga a vida; e quanto mais você ler, melhor. Aqui não há dietas, e o único milagre está na maior quantidade: quem lê em média 3,5 horas por semana vive 17% mais do que quem não abre um livro; os que leem ainda mais tempo vivem 23% mais. São quase dois anos – dois anos! – de recompensa.

Um estudo sobre saúde e aposentadoria realizado por cientistas da Universidade Yale avaliou 3.635 pessoas durante 12 anos. Depois de eliminar os fatores de ajuste de sexo, raça, condição de saúde e possível obesidade e depressão, a equipe decretou: ler prolonga a vida. O estudo, publicado na *Social Science & Medicine*, conclui que os leitores de livros costumam ser mulheres com formação elevada e melhor poder aquisitivo, mas isso não é determinante; o fundamental é ler. "As pessoas que leem meia hora por dia já levam uma vantagem de sobrevivência significativa em relação às que não leem nada", disse Becca R. Levy, professora de **epidemiologia** de Yale e principal autora do estudo, ao *The New York Times*. "E essa vantagem permanece após a correção de variáveis como a saúde, a educação e as habilidades **cognitivas**."

O estudo não avalia gêneros nem qualidades literárias. Aparentemente, Cervantes e Dickens têm as mesmas chances de prolongar nossas vidas que Jorge Amado e Dan Brown. Jornais também contam. Talvez o seguinte passo para Yale é medir com quais autores podemos viver um pouco mais. Essa é uma ideia. Agora já sabemos que a poesia não fornece antioxidantes como o arroz integral e que, no entanto, autores como Guimarães Rosa são pura ginástica para a cabeça; [...] que a obra de Clarice Lispector pode manter nossos níveis de **palpitações** adequados. É uma descoberta genial para curtir este fim de inverno: pela primeira vez, a droga que queremos na veia é boa para a saúde. Se possível, com uma torrada integral na outra mão.

HARBOUR, Berna González. *El País*, São Paulo, 26 ago. 2016. Disponível em: https://brasil.elpais.com/brasil/2016/08/19/deportes/1471621596_718582.html. Acesso em: 13 mar. 2020.

Vocabulário

Palpitação: sensação de batimento acelerado do coração.

7 Em resumo, o que os estudos citados na reportagem dizem a respeito da leitura?

8 O texto 2, do gênero reportagem, cita dois estudos científicos sobre o assunto. Em quais universidades eles foram realizados? _____

9 No primeiro parágrafo, a que conclusão chegou o estudo feito com roedores na Universidade de Harvard? _____

10 Por que o segundo estudo não foi feito com roedores e sim com pessoas?
_____

11 Sublinhe, no parágrafo 4, o trecho que mostra se os efeitos são diferentes conforme o texto lido.

12 Releia o último parágrafo e diga quem são: Miguel de Cervantes, Charles Dickens, Jorge Amado, Dan Brown, Guimarães Rosa e Clarice Lispector.

> Se você não os conhece, pode deduzir a resposta pelo que se diz no parágrafo ou pode pesquisar e descobrir.

13 Usando as expressões a seguir, complete os períodos com um aposto para cada substantivo sublinhado.

> I. , a leitura,
> II. – Finalmente uma droga que faz bem à saúde –
> III. , o efeito da leitura em nosso organismo,
> IV. : poesia, ensaio, romance, lenda,
> V. , uma das autoras do estudo,

a) O <u>título</u> _____ refere-se à leitura, que é tão viciante quanto uma droga, só que faz bem para a saúde.

b) <u>Becca R. Levy,</u> _____ deu uma entrevista ao jornal *The New York Times*.

c) A droga que queremos _____ é boa para a saúde.

d) Uma coisa _____ não foi medida em roedores, e sim em pessoas.

e) O estudo não avalia gêneros: _____ nem qualidades literárias.

14 Reescreva os períodos a seguir trocando as vozes dos verbos destacados conforme indicado em cada caso.

a) Mas há uma coisa que não foi medida em roedores, e sim em pessoas [voz ativa, mantendo a omissão do agente através da indeterminação do sujeito]

_____

b) Um estudo sobre saúde e aposentadoria foi realizado por cientistas da Universidade Yale. [voz ativa]

_____

c) O estudo não avaliou gêneros nem qualidades literárias. [voz passiva analítica]

_____

d) Todos já sabiam que comer pouco é uma fórmula que atrasa o envelhecimento [voz passiva sintética ou pronominal]

_____

Leia o texto a seguir.
O professor Batista é um inventor que criou uma máquina capaz de fazer e controlar tudo. Veja só:

TEXTO 3

A máquina maluca

[...]
A máquina fazia tudo, mesmo! Acendia e apagava as luzes da rua, fazia os ônibus andarem para baixo e para cima. Fazia pão e engarrafava o leite.
Fazia os aviões subirem e descerem, controlava a água das casas e os elevadores dos prédios.
Os homens do governo adoraram:
5 – Vai ser uma nova era para a humanidade, ninguém mais vai precisar trabalhar.
– Viva o professor Batista, o maior cientista!
E a máquina começou a trabalhar e todo mundo começou a vadiar.
Os cinemas ficaram cheios, os parques de diversões também.
Mas a máquina começou a ficar exigente. Com sua voz rouca de máquina, ela dizia:
10 [...]
– Eu quero 1.000 litros de perfume francês...
Viravam o país inteiro para arranjar o perfume. E a máquina não se contentava:
[...]
15 – Onde é que já se viu máquina com fantasia de Carnaval?
– Não sei de nada – dizia a máquina. Se não me arranjarem uma fantasia de Carnaval, não brinco mais!
E tinham que fazer uma fantasia, às pressas, para a máquina.
Tantas coisas foram pedidas pela máquina
20 que a cidade inteira trabalhava para ela. [...]

ROCHA, Ruth. *A máquina maluca.*
São Paulo: Moderna, 2010. p. 10, 12, 14, 16, 18.

15 Em qual parágrafo estão descritas as atividades que a máquina fazia pela cidade?

16 O que as máquinas não conseguem fazer pelos homens: arar a terra, dar carinho, fazer cálculos ou transportar peso?

17 No texto, vemos uma máquina criada para ajudar as pessoas, mas o que acabou acontecendo com ela?

18 Compare a situação dessa máquina maluca com uma máquina atual, o computador ou o celular, por exemplo. Eles servem e ajudam o ser humano ou exercem certo domínio sobre todos?

19 Entre os adjetivos a seguir, assinale os que melhor caracterizam a máquina do texto, em sua opinião.

a) ☐ eficiente d) ☐ exigente g) ☐ preguiçosa j) ☐ razoável

b) ☐ diferente e) ☐ ponderada h) ☐ útil

c) ☐ esperta f) ☐ explorada i) ☐ quebrada

20 Releia o trecho: Tantas coisas foram pedidas pela máquina que a cidade inteira trabalhava para ela. Em relação a esse período, faça o que se pede.

a) Sublinhe os verbos e separe com uma barra as orações.

b) Reescreva a primeira oração substituindo a voz passiva pela ativa.

_____

c) Identifique, nas duas formas (a ativa ou a passiva), que expressão nominal fica em destaque.

_____

21 Reescreva as orações a seguir passando-as para a voz passiva analítica.

a) A máquina fazia tudo.

_____

b) A engenhoca acendia e apagava as luzes da rua.

_____

c) O aparelho fez até pão.

_____

d) A nova máquina engarrafava o leite.

_____

e) A máquina maluca controlou a água das casas e os elevadores dos prédios.

_____

f) Os homens do governo adoravam a invenção.

_____

22. Indique as alternativas em que orações estejam na voz passiva sintética ou pronominal. Lembre-se de que somente os verbos que têm objeto direto (VTD ou VTDI) podem ser usados na voz passiva.

   a) ☐ Aos amigos oferece-se confiança.

   b) ☐ Compõem-se músicas belas em nosso país.

   c) ☐ Dorme-se bem no sítio.

   d) ☐ Encontrou-se nova espécie de bromélia na Bahia, a *Alcantarea pataxoana*.

   e) ☐ Este mês, abriu-se um novo caminho profissional para Elias.

   f) ☐ Não se vai à escola de calção ou de sunga.

   g) ☐ Se você quiser, posso telefonar para Joaquim.

23. Reescreva as frases que você selecionou na atividade anterior passando-as para a voz passiva analítica.

24. Nesse fragmento, encontramos trechos com quantos e quais diferentes modos de organização?

25. Cite um trecho narrativo e indique o narrador.

26. Geralmente, quando narramos uma história usamos que tempo verbal? E qual tempo foi usado na história? Exemplifique.

27. Em: "ela dizia", "não se contentava", "trabalhava", que tempo verbal foi usado e o que explica essa escolha?

28. Nos trechos com diálogo, é normal que duas pessoas conversem e se chamem. Que termo da oração encontramos nessas chamadas entre os participantes do diálogo? Nesse fragmento encontramos esse termo?

29. Explique que função os travessões desempenham nesse texto.

30. Copie alguns verbos que explicam a atitude de quem fala.

Retomar

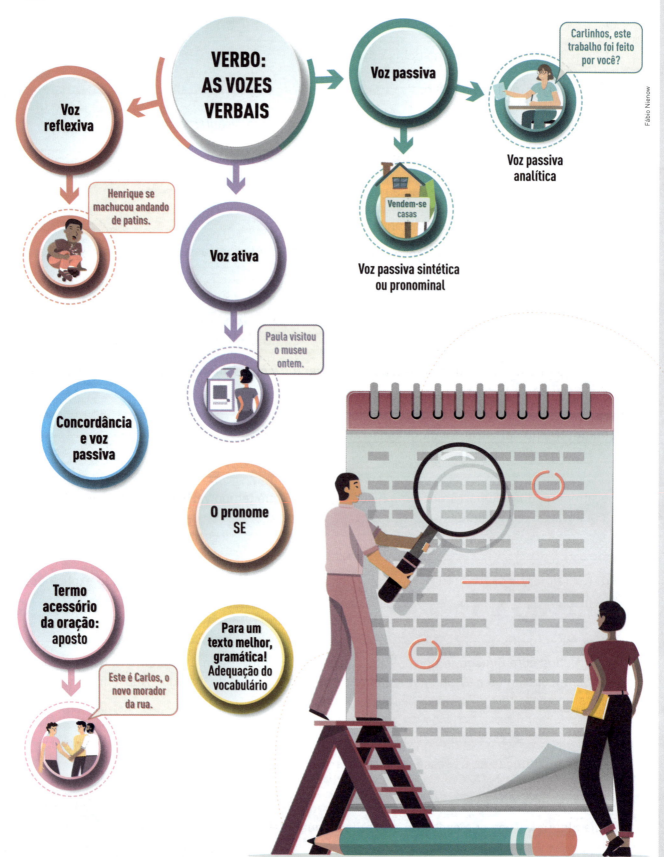

UNIDADE 7

Se você tem entre 10 e 19 anos de idade, está vivendo uma fase rica em descobertas e mudanças: a adolescência. Para curtir a vida e desenvolver todas as suas capacidades, você vai precisar de muita saúde. Lembre-se: aprender a cuidar de seu próprio bem-estar físico, emocional, psicológico, espiritual e social é um dos desafios mais importantes para uma vida saudável.

BRASIL. Ministério da Saúde. *Caderneta do adolescente*. [Brasília, DF]: MS, c2013-2020. Disponível em: www.saude.gov.br/saude-para-voce/saude-do-adolescente-e-do-jovem/caderneta-do-adolescente. Acesso em: 27 mar. 2020.

Complemento nominal

Leia a tira a seguir da Turma da Mônica.

SOUSA, Mauricio de. *Turma da Mônica.*

1. Mônica estava escrevendo um cartaz. No segundo quadrinho, ela arregala os olhos.
   a) Nessa tirinha, o que essa expressão significa: surpresa, dúvida ou certeza? Justifique sua resposta.
   _____
   b) Como ela tenta resolver o problema?
   c) Qual é a graça da história com relação ao cartaz?

2. Para o cartaz ter uma **oração completa**, o texto deveria ser: "Tome cuidado com o buraco". Responda:
   a) Qual é o sujeito da oração "Tome cuidado com o buraco"? Lembre-se de que o verbo está no imperativo. _____
   b) E qual é o predicado? Como ele se classifica?
   _____
   c) O verbo é de ligação, transitivo ou intransitivo?
   _____
   d) Identifique o complemento verbal da frase e se ele é OD (objeto direto) ou OI (objeto indireto).
   _____

3. Comparando "Cuidado" com "Cuidado com o buraco", podemos afirmar que o uso do substantivo sem um complemento prejudicaria a finalidade do cartaz? Qual é a importância de acrescentar o complemento **com o buraco** ao substantivo **cuidado**?
   _____
   _____
   _____

Você já conhece os complementos verbais, que são termos integrantes das orações.

Complementos verbais			
Objeto direto (OD)	complemento de um verbo transitivo direto (VTD)	não é precedido por preposição	Hoje decorei **a lição**. (VTD / OD) Ele entendeu **a explicação**. (VTD / OD)
Objeto indireto (OI)	complemento de um verbo transitivo indireto (VTI)	é precedido por preposição	Meu primo gosta **de filmes de ação**. (VTD / OI)
Agente da passiva (AP)	complemento de um verbo na voz passiva, que indica o ser responsável pela ação do verbo	precedido da preposição por (às vezes de)	O jogo foi assistido **por toda a turma**. (agente da passiva)

4 Um teste rápido: classifique os complementos verbais sublinhados a seguir.

a) [ ] Tenho um tigre de pelúcia.

b) [ ] O menino deu uma resposta esperta à professora.

c) [ ] O professor entregou aos alunos o resultado da prova.

d) [ ] Elisa comprou uma camisa para o namorado.

Agora vamos conhecer os **complementos nominais**.

Assim como os verbos, muitos nomes (substantivos, adjetivos ou advérbios) não têm sentido completo em certas frases. Eles necessitam de um termo que venha completar-lhes o sentido.

Observe o substantivo **cuidado** usado em dois contextos diferentes.

I. Maria sempre toma **cuidado** nesta esquina.   II. É preciso **cuidado** com os carros nesta esquina.

Observe a seguir como o adjetivo **difícil** tem, em cada oração, um comportamento diferente.

I. Este problema é **difícil**.   II. Isso é **difícil** de acreditar.

Complemento nominal (CN) é o termo da oração que completa a significação de um nome (substantivo, adjetivo ou advérbio) e é normalmente iniciado por uma **preposição**.

O complemento nominal é o alvo para o qual se direciona um movimento, um sentimento ou uma intenção expressos pelo substantivo, adjetivo ou advérbio que **precisa** desse complemento.

- Cuidado **com o buraco**.
  (substantivo / CN)
- Fumar é prejudicial **à saúde**.
  (adjetivo / CN)

- A construção **do viaduto** vai facilitar o trânsito.
  (substantivo / CN)
- Ele agiu favoravelmente **a seus próprios interesses**.
  (adjetivo / CN)

Você pode notar que os nomes **cuidado**, **construção**, **prejudicial** e **favoravelmente** funcionam como nomes transitivos, ou seja, nomes cujo sentido precisa ser completado.

- Cuidado com o quê? **Com o buraco.**
- Construção de quê? **Do viaduto.**
- Prejudicial a que ou a quem? **À saúde.**
- Favoravelmente a que ou a quem? **A seus próprios interesses.**

As mesmas preposições usadas no objeto indireto aparecem iniciando os complementos nominais. A diferença é que, em vez de complementar verbos, elas complementam nomes (substantivos, adjetivos e alguns advérbios terminados em -**mente**).

O complemento nominal pode ser:

Substantivo ou palavra substantivada	O pior é a demora **do resultado**.
Pronome	Perdi toda a confiança **neles**.
Numeral	As férias eram necessárias **a ambos**.

1 Sublinhe os complementos nominais que completam os termos destacados a seguir e indique com que preposição cada um deles começa.

a) A **conquista** do campeonato uniu mais a equipe. _____

b) Beto tem **preferência** pelos esportes radicais. _____

c) Concentrado, ele lançou a bola, **alheio** ao barulho da torcida. _____

d) Ele é movido pela **vontade** de vencer. _____

e) Os meninos adoram o treinador, que tem muita **confiança** neles. _____

Fique atento

Geralmente, é possível relacionar os nomes que recebem complementos nominais a verbos transitivos, que recebem complementos verbais.

Nome	Complemento nominal	Verbo	Complemento verbal
o amor substantivo	à pátria	amar VTD	a pátria objeto direto
a venda substantivo	do terreno	vender VTD	o terreno objeto direto
agradável adjetivo	ao público	agradar VTI	ao público objeto indireto
favoravelmente advérbio	ao candidato	favorecer VTD	o candidato objeto direto

Na seção **Listas para consulta**, na página 256, há uma relação de nomes que pedem complemento nominal.

2 Complete a tabela a seguir. Utilize os nomes e os complementos nominais correspondentes aos verbos e objetos apontados. Preste atenção à classe gramatical sugerida para o nome.

Verbo	Complemento verbal	Nome	Complemento nominal
amar (VTD)	a escola CV (objeto direto)	a) o amor (substantivo)	_____ CN
agradar (VTI)	ao paladar CV (objeto indireto)	b) _____ (adjetivo)	_____ CN
favorecer (VTD)	a vitória CV (objeto direto)	c) _____ (advérbio)	_____ CN
desejar (VTD)	sossego CV (objeto direto)	d) _____ (substantivo)	_____ CN
prejudicar (VTI)	a todos CV (objeto indireto)	e) _____ (adjetivo)	_____ CN
acostumar-se (VTI)	com os treinos CV (objeto indireto)	f) _____ (adjetivo)	_____ CN

3 Escolha um dos conjuntos de nome + complemento nominal indicados na atividade anterior e elabore com ele uma oração ou um período.

_____

4 Agora reescreva as frases a seguir transformando o verbo transitivo direto destacado em substantivo e o objeto direto em complemento nominal. Depois, sublinhe os complementos nominais na nova frase. Observe o exemplo.

> É essencial **comemorar** as novas conquistas.
> É essencial fazer a comemoração das novas conquistas.

a) É importante conseguir **realizar** seus sonhos.

_____

b) É fundamental **controlar** as despesas.

_____

c) É urgente **separar** as melhores revistas.

_____

d) É indispensável **colher** ainda hoje as frutas maduras.

_____

Quem mora em casa geralmente conhece, mas quem mora em apartamento muitas vezes nem se dá conta dos profissionais que fazem mensalmente, nas residências ou nos prédios, a aferição dos relógios de consumo de determinados serviços para posterior cobrança.

A tirinha de Laerte a seguir fala com humor desses profissionais.

LAERTE.

5 Na tirinha, um padrão se repete nos cinco primeiros quadrinhos. O que acontece?

_____
_____
_____

6 O que significa "fazer a leitura" da luz, do gás ou da água? Por que o homem é interrompido?

_____
_____
_____
_____

7 Observe o último quadrinho e explique a expressão do homem, o balão de fala e o texto verbal.

_____
_____
_____

8 Compare as duas orações a seguir.

> I. Interromperam a leitura **do homem**.
> II. Queriam fazer a leitura **da água**.

a) Qual das duas expressões destacadas é o paciente para o qual se direciona um movimento, uma intenção ou um sentimento expresso no substantivo que precisa de complemento? Ou seja: Qual delas tem um complemento nominal?

_____

b) Na outra frase, a expressão sublinhada é alvo ou agente? Explique sua resposta.

_____

Fique atento

O **adjunto adnominal** (AA) é um **termo acessório** da oração, de valor adjetivo, que serve para especificar ou delimitar o significado de um substantivo. Você pode ou não usá-lo, sem prejudicar o sentido da frase.

- A buzina me assustou.
- A buzina **do veículo** me assustou. (= a buzina veicular)
          AA

Já o **complemento nominal** (CN) é um **termo integrante** da oração, necessário para completar o sentido de nomes – substantivos, adjetivos ou advérbios – que não têm sentido completo na frase.

- Hoje faremos a compra... (de quê?)
- Hoje faremos a compra **do carro**.
          CN

Ou seja:
- em "a buzina do veículo", **do veículo** é um adjunto adnominal que modifica e especifica o substantivo **buzina**, indicando de que buzina se trata: a do veículo;
- em "a compra **do carro**", **do carro** está completando o substantivo **compra**, indicando o objeto da ação, o paciente ou alvo (o que se compra).

	Adjunto adnominal	Complemento nominal
Exemplos	a cor **do sapato**	a venda **do sapato**
	a claridade **da luz solar**	a necessidade **da luz solar**
Que termo acompanha	sempre um substantivo	acompanha um substantivo, um adjetivo ou um advérbio
Como é	pode ser um artigo, um adjetivo, um pronome, um numeral ou uma locução adjetiva iniciada por preposição	é sempre iniciado por uma preposição

Lembre-se:
- O AA acompanha sempre um substantivo. O CN acompanha um substantivo, um adjetivo ou um advérbio.
- O AA pode ser um artigo, um adjetivo, um pronome, um numeral ou uma locução adjetiva iniciada por preposição. O CN é sempre iniciado por preposição.

Logo, só pode haver confusão entre AA e CN quando:
  I. o termo sobre o qual estamos em dúvida começar por preposição; e
  II. o termo se referir a um substantivo.

Nesse caso, para distinguir o CN que começa por preposição do AA que é uma locução adjetiva iniciada por preposição, lembre-se de que o CN é paciente e o AA é agente.

- A venda **do sapato** → o sapato é vendido → o sapato é paciente → CN
- A venda **da balconista** → a balconista vende → a balconista é agente → AA

1. Indique, nas expressões a seguir, se os termos destacados são agentes ou pacientes. Depois informe se são complemento nominal (**CN**) ou adjunto adnominal (**AA**).

a) ☐ a inauguração **do museu** _____

b) ☐ a inauguração **pelo prefeito** _____

c) ☐ a liquidação **da loja** _____

d) ☐ a liquidação **de pranchas** _____

e) ☐ a realização **dos atletas vencedores** _____

f) ☐ a realização **da festa de premiação** _____

g) ☐ a conquista **de medalhas** _____

h) ☐ a conquista **dos alunos do 8º ano** _____

2. Escolha, entre as expressões da atividade anterior, uma com complemento nominal e outra com adjunto adnominal e elabore frases com elas. Se conseguir, junte as frases em um período só. Mas cuidado: o período tem de fazer sentido!

Para um texto melhor, gramática!
O uso dos complementos nominal e verbal

Leia o cartaz ao lado.

Prefeitura de Jataí. Disponível em: www.jatai.go.gov.br/wp-content/uploads/2018/08/alerta-vacinacao-diad.png. Acesso em: 27 mar. 2020.

Quando conversamos ou escrevemos textos com base na linguagem oral, geralmente omitimos os complementos nominais, por economia ou por serem facilmente resgatáveis na situação comunicativa. Essa situação é bastante comum e está presente também em propagandas, cartazes, diálogos etc.

Veja, por exemplo, esse cartaz para uma campanha de vacinação:

> Vacinação de crianças contra sarampo e paralisia infantil

No alto do cartaz, as informações estão completas e claras para não deixar dúvidas sobre a campanha.

1 Sublinhe o adjunto adnominal e circule o complemento nominal do substantivo **vacinação**.
Já abaixo, lemos:

> O cuidado começa com a prevenção. Vacinar é proteger.

Aqui, os substantivos **cuidado** e **prevenção** não estão acompanhados de complementos nominais justamente porque o resto do cartaz já encaminha a compreensão do leitor.

2 Que complementos nominais poderiam acompanhar esses substantivos?

_____

O mesmo ocorre com **complementos verbais**. Em conversas ou em textos informais, podemos suprimir o objeto direto ou indireto, adjuntos adverbiais ou mesmo termos integrantes (sujeito, predicado) quando o contexto não deixa margem a dúvidas.

Veja, no diálogo a seguir, em vermelho, alguns termos que foram omitidos.

— Dona Celeste, tem uma moça aqui embaixo querendo subir *até sua casa*.
— É a Laura. Que moça *é essa*?
E o vigia:
— Ela diz que se chama Maluça. Que é que eu faço?
5 — Marlúcia? Tem certeza *de que é a Marlúcia*?
— É o que ela diz. É uma mocinha.
— Manda ela subir *aqui*, Chico!

CARNEIRO, Angela. *Caixa Postal 1989*. Rio de Janeiro: José Olympio, 1996. p. 58.

Atividades

Na Unidade 6, página 164, você conheceu Tadeu e seu diário, que foi elaborado por uma solicitação da professora. Agora conhecerá Letícia, da mesma turma do garoto, que, quem sabe, talvez cruze o caminho dele...

TEXTO 1

Do diário de Letícia

Diário (este será seu nome: *Diário*), ontem, na aula, um grupo de guris pediu um tempo para a professora de português. Disseram que era um absurdo esta história de diário, que tinha muita gente que não era afim, que pelo menos ela podia liberar para escrever no computador.

Ela sorriu, lançou seu olhar sobre a sala e perguntou se mais alguém concordava com o quarteto. O
5 quarteto era um grupo de guris que senta no fundão. Um deles, o Cau, é enorme. Deve ter uns dois metros de altura. Aparenta bem mais idade que o resto da turma e é todo metido. Tem o Pedro Henrique, irmão gêmeo da Isabel F., e mais dois que não me lembro o nome. Um deles adora tocar violão na hora do recreio. As gurias da sétima ficam todas em volta. Umas abobadas. Todas.

Bom, acho que me perdi. A professora, após não receber nenhuma resposta de **adesão**, disse que a
10 tarefa da escrita do diário seguiria. E que o máximo de **concessão** que faria era permitir, para quem quisesse, a escrita digitada. *Porém*, falou ela, *deverão imprimir e encadernar. Nada de entregar em disquetes ou CD*. Ah, e que não precisava escrever todos os dias.

Foi assim.

É assim.

15 Há coisas que ninguém tem o poder de mudar mesmo. Elas acontecem e pronto. Como seu pai sair de casa, por exemplo. Quem é que pode interferir numa decisão dessa? Eu bem que gostaria. E quero. Não posso aceitar assim no mais que uma outra mulher queira assumir o lugar que é da minha mãe. Ela é a esposa do meu pai. Só ela, mais ninguém.

20 No fim de semana, meu pai vem me buscar. Se fosse para a gente ficar junto, só nós três: eu, ele e a Cássia, ainda vá lá. O saco é que ele sempre traz aquela **lambisgoia** a **tiracolo**. Ela e seus cabelos escorridos. Bem negros, lindos. Ela e seu sorriso, querendo sempre **adular** a gente. Ela e suas palavrinhas meigas. A Cássia cai feito um patinho. Eu não.

25 Nunca.

RITER, Caio. *Meu pai não mora mais aqui*. São Paulo: Biruta, 2008. p. 21-22.

> **Vocabulário**
>
> **Adesão:** apoio, concordância.
> **Adular:** elogiar em excesso, de modo servil; bajular, lisonjear.
> **Concessão:** autorização.
> **Lambisgoia:** pessoa antipática.
> **Tiracolo:** sempre junto, como se fosse uma bolsa transpassada de um lado do pescoço para o lado oposto do corpo, passando por baixo do braço.

1 Identifique no texto lido algumas características e palavras que comprovem tratar-se de um diário.

_____

_____

_____

2 Letícia fala sobre dois assuntos diferentes. Quais?

3 Podemos perceber que, no trecho, a menina experimenta diversas reações e sensações: ciúme, mágoa, obediência, resignação, revolta e submissão. Considerando os dois assuntos da resposta da atividade anterior, indique quais dessas sensações se relacionam à forma como a menina reage:

a) ao primeiro assunto;

_____

b) ao segundo assunto.

_____

4 Ainda considerando a resposta da atividade 3, indique em quais parágrafos é abordado:

a) o primeiro assunto; _____

b) o segundo assunto. _____

5 Observe o quarto e o quinto parágrafos para responder às questões: Foi assim./É assim.

a) O que há de diferente entre essas duas frases?

_____

_____

b) Seria acertado dizer que esses parágrafos têm duas funções, relacionando os dois assuntos do texto? Explique sua resposta.

_____

_____

_____

_____

6 Releia o trecho a seguir.

Porém, falou ela, deverão **imprimir** e **encadernar**. Nada de **entregar** em disquetes ou CD.

Examine os verbos destacados, indique a palavra que foi omitida e a função sintática dela no período.

_____

7 Releia o trecho e responda às questões. A Cássia cai feito um patinho.

a) Qual é o sentido da palavra **patinho** nessa oração?

_____

b) Nesse sentido, a palavra é empregada de forma denotativa ou conotativa?

_____

c) Qual é o sentido básico da palavra **patinho**?

_____

8 Segundo o texto, como as duas irmãs se sentem em relação à outra mulher que está com o pai delas? Exemplifique com palavras do texto que indiquem a opinião:

a) de Cássia;

_____

_____

_____

b) de Letícia.

_____

_____

_____

_____

9 Releia o trecho e aponte a função sintática de cada expressão nominal separada a seguir.

> **Lembre-se:** o complemento nominal é um termo integrante e "paciente", enquanto o adjunto adnominal é um termo acessório e "agente".

A professora, após não receber nenhuma resposta de adesão, disse que a tarefa da escrita do diário seguiria.

a) nenhuma resposta de adesão _____

b) resposta _____

c) de adesão _____

d) a tarefa da escrita do diário _____

e) tarefa _____

f) da escrita do diário _____

g) do diário _____

h) a professora _____

10 Complete as orações com complementos nominais para os nomes destacados. Nos quadrinhos, indique se o nome destacado é substantivo (**S**), adjetivo (**A**) ou advérbio (**AV**). Para ajudá-lo, sugerimos no quadro algumas expressões, mas você pode escolher outras.

> a saúde   assistir ao espetáculo   mim
> o desastre   o diário   o seu grupo   o time
> os nossos desejos   sua inteligência   todos vocês

a) ☐ A professora exigiu a **encadernação** (de) _____.

b) ☐ Ele me disse que está com **vontade** (de) _____.

c) ☐ Esta atitude é mesmo **necessária** (a) _____?

192

d) ☐ Assim ele está agindo **prejudicialmente** (a) _____.

e) ☐ Ela tem plena **consciência** (de) _____.

f) ☐ Ele sempre se porta **favoravelmente** (a) _____.

g) ☐ O sol de meio-dia é **prejudicial** (a) _____

11 Leia os períodos a seguir e responda se os termos em destaque são complementos verbais (CV) ou complementos nominais (CN).

a) ☐ A professora fez a separação **dos alunos** em grupos.

b) ☐ Agora eu moro perto **da escola**.

c) ☐ Eles vão preparar **uma surpresa** para a amiga.

d) ☐ Ele acredita no que faz e é imune **a críticas**.

e) ☐ Exercício físico e boa alimentação ajudam a preservar **a saúde**.

f) ☐ Na cantina precisamos respeitar **a ordem de chegada**.

> Lembre-se de que o CV completa o sentido de **verbos** e o CN completa o sentido de **substantivos**, **adjetivos** ou **advérbios**.

12 Reescreva as orações a seguir transformando os substantivos, adjetivos ou advérbios sublinhados em verbos e os complementos nominais em complementos verbais. Observe o exemplo.

> Tenho necessidade **de ajuda**. → Necessito **de ajuda**.
> substantivo / CN / verbo / CV

a) A professora disse que a tarefa da escrita do diário seguiria.

_____

b) O juiz agiu favoravelmente ao nosso time.

_____

c) A peça não foi agradável ao público.

_____

d) Esse sol muito forte é prejudicial à saúde.

_____

e) Tenho confiança nos meus amigos.

_____

f) Sempre tive interesse por literatura.

_____

193

13. Observe a fotografia ao lado. Imagine que você seja um dos jovens e, justamente nesse dia, resolveu começar um diário. Escreva um ou dois parágrafos relativos ao dia em que o fato retratado na imagem aconteceu. Lembre-se de que, em um diário, o texto está geralmente em primeira pessoa e usa-se linguagem informal.

Leia a tira a seguir.

TEXTO 2

LAERTE.

Vocabulário

Glicose: carboidrato do qual adquirimos a energia necessária para todas as reações do nosso corpo. É encontrada em vários alimentos, por exemplo, frutas, doces, pães e massas.
Insulina: hormônio secretado pelo pâncreas com importante função no metabolismo dos carboidratos no sangue. Permite a entrada de **glicose** nas células para ser transformada em energia.

14. Responda às questões.

a) Como é a casa que está em frente ao homem?

b) Você reconhece nessa charge alguma referência a outra história conhecida (intertextualidade)? Explique sua resposta.

c) Em "leitura da insulina", qual é a função sintática de **da insulina**?

d) Você sabe que o complemento nominal, na oração, é um termo integrante e necessário. Por que ele foi necessário no contexto dessa tira? Que outras leituras poderiam ser feitas?

15 Explique por que a leitura da insulina precisava ser feita justamente nessa casa.

_____

_____

_____

_____

16 Acrescente às orações a seguir complementos adequados e indique nos quadrinhos se são complementos verbais (**CV**) ou nominais (**CN**).

a) ☐ O menino tinha preocupação com _____.

b) ☐ O motorista fechou _____.

c) ☐ O treinador tinha ido visitar _____.

d) ☐ Os meninos necessitavam de _____.

e) ☐ A cozinheira tinha interesse _____.

f) ☐ Todos procuravam _____.

g) ☐ O surfista tem preferência por _____.

17 Complete as expressões com complementos nominais de sua escolha. Se preferir, use um dos substantivos ou expressões nominais relacionados a seguir para criar os complementos nominais.

> exposição   ouvidos   próximo
> roupas usadas   um sonho   vitória

a) a ansiedade _____

b) a inauguração _____

c) a realização _____

d) a venda _____

e) som agradável _____

f) o amor _____

18 Agora complete cada expressão com dois adjuntos adnominais, um não iniciado por preposição e outro iniciado por preposição.

a) a ansiedade _____

b) a conquista _____

c) a curiosidade _____

d) a liquidação _____

e) a organização _____

f) o amor _____

Processos sintáticos

A tartaruga e a lebre

Um dia, uma lebre e uma tartaruga discutiam. A lebre ria da tartaruga pela lentidão de suas pernas.
— Pois espere um pouco — disse a tartaruga —, vamos combinar uma corrida, e eu aposto que vou vencer.
— Tudo bem — respondeu a lebre, que se divertia com a ideia —, isso veremos.
Combinaram, então, que a raposa estabeleceria o percurso e seria o juiz da disputa. E decidiram o dia e o
5 local e foram embora. Quando chegou a hora da corrida, ambas largaram juntas, contudo logo a lebre ficou tão
à frente da tartaruga que pensou que poderia muito bem descansar um pouco; deitou-se e caiu em sono profundo.
Mas, enquanto isso, a tartaruga continuava sua lenta caminhada e, então, ultrapassou a lebre e cruzou a linha
de chegada. A lebre, enfim, acordou com um sobressalto e correu o mais rápido que pôde, mas apenas para
descobrir que a tartaruga já havia ganho a corrida.
10 *O trabalho pode vencer os talentos naturais, se estes não forem bem cuidados.*

Fábula de Esopo.

Leonardo Conceição

1 Qual é o modo de organização do texto? Justifique com características.

_____
_____
_____
_____
_____
_____
_____

2 A fábula está em discurso direto ou indireto? Explique sua resposta e comprove com exemplos retirados do texto.

_____

_____

_____

3 Qual é o assunto do texto?

_____

_____

4 Por que a lebre, que era mais rápida, acabou perdendo a corrida?

_____

_____

5 E a tartaruga, por sua vez, o que fez para vencer?

_____

_____

6 A história que você leu fala de um tema que muita gente conhece, até por experiência própria. Você já viveu uma situação parecida ou conhece alguém que tenha vivido? Se sim, converse com os colegas de turma e seu professor.

_____

_____

7 Em "A lebre, enfim, acordou com um sobressalto e correu o mais rápido que pôde [...]":

a) Separe as orações com uma barra;

b) Qual é o sujeito de cada oração?

_____

_____

c) Que palavra liga essas duas orações? Circule-a.

8 A palavra que você indicou no item **c** da questão anterior também aparece no título da fábula, ligando:

☐ duas orações.

☐ dois períodos.

☐ duas expressões nominais.

Coordenação e subordinação

A ligação entre palavras, expressões, orações ou até mesmo períodos ocorre por dois processos sintáticos que usamos para formar textos: a coordenação e a subordinação.

> A **coordenação** ocorre quando duas palavras, orações ou períodos com a **mesma função** ou **natureza gramatical** estão ligados, conectados.

Quem faz essa ligação são palavras como **e**, **ou**, que exercem a função de **conectivos** e são chamados de **conjunções coordenativas**:

- [A lebre parou] [e a tartaruga venceu.]
- a lebre **e** a tartaruga
- verde **ou** amarelo
- ela **ou** você

> A **subordinação** ocorre quando duas ou mais unidades (palavras, orações etc.) estão relacionadas, havendo uma dependência entre elas, cada uma com sua função.

Uma dessas funções é ser o **núcleo** (o centro) e as demais palavras a acompanham, como suas subordinadas, completando-a.

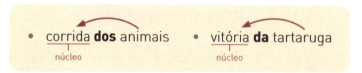

Quem faz essa ligação no caso das orações ou períodos são palavras como **se** e **quando**, que exercem a função de **conectivos** e são chamadas de **conjunções subordinativas**.

- [A tartaruga não chegaria primeiro ao final] [**se** parasse no caminho.]
- [A lebre já tinha perdido a corrida] [**quando** acordou.]

1 Nas orações a seguir, determine a função sintática dos termos destacados e sublinhe o núcleo de cada um.

a) O Rio Amazonas, **o maior rio do Brasil**, é também o mais belo. _____

b) **Os grandes amigos** completam **a vida do ser humano**. _____

c) Todos têm **necessidade de descanso**. _____

d) Lá em casa todos gostam **de suco de laranja** pela manhã. _____

e) Quero ver **vocês todos** na festa de encerramento. _____

Conjunção

1 No período a seguir, sublinhe os verbos e separe as orações.

A lebre parou **e** a tartaruga venceu.

2 Qual é a função da palavra **e** nas orações que você separou?

_____

_____

_____

> **Conjunção** é a palavra invariável que serve para relacionar orações, períodos, parágrafos, ou para juntar dois termos semelhantes da mesma oração.

A conjunção é uma das dez classes de palavras. Quando a conjunção une duas orações, ela marca o início de uma delas.

Ao desempenhar a função de conectivo, a conjunção contribui para a coesão (a "costura") do texto.

[A lebre já tinha perdido a corrida] [**quando** acordou.]
         1ª oração   2ª oração

Há dois tipos de conjunção: conjunções coordenativas e conjunções subordinativas.

> As **conjunções coordenativas** ligam palavras ou orações independentes que têm a mesma função gramatical ou sintática.

Lúcia **e** Aline são gêmeas.
[Eu ia à praia,] [**mas** acordei resfriado.]

> As **conjunções subordinativas** ligam duas orações que mantêm entre si uma relação de dependência, ou seja, uma completa a outra.

[Não quero] [**que** você chegue atrasado outra vez.]

A oração "**que** você chegue atrasado outra vez" completa a anterior. As duas só são plenamente entendidas quando lidas juntas.

Locução conjuntiva é o grupo de duas ou mais palavras que se emprega como um conjunto estável, com função gramatical e sentido únicos, equivalentes aos de uma conjunção, seja coordenativa, seja subordinativa.

Conjunção coordenativa

Leia a tira ao lado.

BECK, Alexandre. *Armandinho*.

1 O que Armandinho queria fazer e que argumento usou para justificar sua atitude?

_____

_____

2 Leia o trecho a seguir e faça o que se pede.

Sim, eu sei... Mas talvez eles possam fazer as pazes...

a) Encontre a conjunção.

_____

b) Identifique os termos ou as orações que ela liga.

_____

c) Diga se a conjunção está ligando expressões ou orações (atenção aos verbos).

_____

d) Que ideia a conjunção transmite ao ligar essas orações?

_____

e) As conjunções coordenativas apenas ligam _____ ou _____ independentes e que têm a mesma função gramatical ou sintática.

De acordo com o sentido que estabelecem entre os termos ou orações que ligam e com a função que exercem, as conjunções coordenativas classificam-se em diferentes tipos. Veja no quadro.

Classificação	Conjunções	O que fazem	Ideia básica	Exemplos de uso
aditivas	e, nem (e não) não só... mas também	ligam dois termos ou duas orações de mesma função	adição, junção, união	João **e** Maria saíram. Ele pegou o violão **e** começou a tocar.
adversativas	mas, porém, todavia, contudo, no entanto, entretanto etc.	ligam dois termos ou duas orações de mesma função, mas acrescentam uma ideia de contraste	contraste, oposição, quebra de expectativa	Ele ia cantar, **mas** ficou rouco. O dia estava lindo, **porém** acabou chovendo.

Classificação	Conjunções	O que fazem	Ideia básica	Exemplos de uso
alternativas	ou, ora... ora, já... já, quer... quer, seja... seja,	ligam dois termos ou orações indicando que, quando um fato acontece, o outro não ocorre	alternância, escolha	Você prefere chocolate **ou** café? Ela faz sucesso, **quer** cantando, **quer** dançando.
conclusivas	logo, portanto, pois, por isso, assim, consequentemente, por conseguinte, então etc.	ligam duas orações, sendo a segunda a conclusão da primeira	conclusão, consequência	O zagueiro chutou o atacante, **logo** foi pênalti. O mar se acalmou; **portanto**, já podemos nadar.
explicativas	que, porque, pois, porquanto, tanto que, assim que etc.	ligam orações, sendo a segunda a explicação da primeira	explicação, esclarecimento	Preste atenção, **pois** a prova está difícil. Já podemos nadar, **porque** o mar se acalmou.

3 Sublinhe os verbos das frases a seguir e determine se as conjunções destacadas unem orações (**I**) ou termos de orações (**II**).

a) ☐ Não quero pão **nem** café, obrigado.

b) ☐ Romeu chorava **e** Flávia preparava a mamadeira.

c) ☐ Ela pretendia reclamar com o padeiro, **no entanto** ficou calada.

d) ☐ Fique quieta, **pois** ele está muito zangado com você.

e) ☐ Fico melhor de azul **ou** de amarelo?

f) ☐ O brinquedo **e** os livros ficaram sobre a mesa.

g) ☐ Para ir ao Centro, pegue o ônibus **ou** vá de metrô.

Vamos pensar mais um pouco na fábula "A tartaruga e a lebre", sobre estes dois animais bem diferentes: a veloz lebre e a lenta tartaruga. As duas personagens têm características opostas, e a tartaruga teve de achar um meio de superar esse seu aspecto para vencer a corrida.

a veloz lebre **e** a lenta tartaruga

Leia este trecho que mostra outra forma de contar a fábula.

Quando chegou a hora da corrida, ambas largaram juntas; contudo, logo a lebre ficou tão à frente da tartaruga que pensou que poderia muito bem descansar um pouco; deitou-se e caiu em sono profundo.

Mas, enquanto isso, a tartaruga continuava sua lenta caminhada e, então, ultrapassou a lebre e cruzou a linha de chegada.

4 Circule as conjunções coordenativas.

5 Faça o que se pede.

    a) Nos trechos a seguir, a conjunção **e** liga termos da mesma oração ou liga orações?

- "deitou-se e caiu": _____
- "continuava sua lenta caminhada e, então, ultrapassou a lebre e cruzou a linha de chegada":

_____

_____

    b) Que ideia a conjunção **e** estabelece entre as partes que liga?

_____

_____

6 Que conjunção liga os dois períodos do quadro da página anterior?

_____

7 Que ideia ela traz para o trecho?

_____

8 Que outra conjunção coordenativa usada nesse trecho estabelece o mesmo sentido da conjunção que liga os dois períodos?

_____

9 Complete a explicação, mostrando a diferença entre as conjunções.

A conjunção **e** _____; a conjunção **mas**, além de ligar os dois períodos, estabelece a ideia de _____.

10 Indique qual noção as conjunções destacadas a seguir trazem para os períodos.

    a) É melhor dormir aqui, **porque** já está muito tarde para você ir. _____

    b) Ela estava triste, **porém** atenta. _____

    c) Ele não viu você **nem** seu irmão. _____

    d) Esses dois são engraçados: **ora** brigam, ora se entendem. _____

    e) Não se esqueça de trazer ovos **e** leite. _____

    f) Não ouvi você chamar, **por isso** cheguei atrasado para o jantar. _____

g) Queria ir ao cinema, **mas** tenho que arrumar meu quarto. _____

h) Não faça barulho, **que** estou com dor de cabeça. _____

i) Penso, **logo** existo. _____

> **Fique atento**
>
> A conjunção coordenativa **pois** pode atribuir dois sentidos diferentes ao unir duas orações gramaticalmente equivalentes: explicação e conclusão. (Volte ao quadro da página 201 para relembrar.)
>
> **Explicação:** a conjunção coordenativa explicativa liga duas orações; a segunda justifica a ideia contida na primeira.
>
> Quando a conjunção coordenativa **pois** traz a ideia de explicação, ela vem no início da oração que introduz.
>
> > Fique atento, [**pois** o sinal já vai abrir].
>
> **Conclusão:** a conjunção coordenativa conclusiva liga à oração anterior uma oração que exprime conclusão, consequência.
>
> Quando exerce função de conjunção coordenativa conclusiva, **pois** vem sempre depois de um termo (normalmente o verbo) da oração a que pertence.
>
> > [A chuva parou;] [podemos, **pois**, fechar o guarda-chuva].

11 Leia as frases a seguir. Depois:

- circule os verbos;
- separe as orações com uma barra;
- aponte a noção que a conjunção **pois** acrescenta às orações: explicação (**E**) ou conclusão (**C**).

a) ☐ A torta de limão ficou deliciosa, pois quem preparou foi o Luís.

b) ☐ Ela estava muito bem preparada; tinha, pois, grandes chances no vestibular.

c) ☐ Hoje estou muito cansado da corrida; preciso, pois, de muito repouso.

d) ☐ Já podemos passar, pois o sinal de pedestres já abriu.

e) ☐ Prometeram chuva para hoje; é melhor, pois, levar guarda-chuva.

f) ☐ Vou comer agora, pois estou morrendo de fome.

12 Complete as frases a seguir.

a) A conjunção coordenativa **pois** liga duas orações; a segunda _____ a ideia contida na primeira; equivale a **porque**.

b) A conjunção coordenativa **pois** pode também ligar a oração anterior a uma oração que exprime _____ do raciocínio começado; equivale a **por isso**.

203

Escrita em foco — Ortografia – MAS, MAIS ou MÁS

Na linguagem oral, dependendo da região onde você vive, a pronúncia dessas palavras pode ser parecida, mas na escrita é preciso cuidado para não se enganar.

Palavra	Classe gramatical	Função ou sentido	Sinônimos ou antônimos	Exemplos
mas	conjunção	liga orações ou períodos e introduz frase que significa **oposição** ou **restrição ao que foi dito**	o mesmo que **porém**, **todavia**, **contudo**, **entretanto**	O menino é estudioso, **mas** fez mal a prova.
mais	advérbio de intensidade	quer dizer **em maior quantidade** ou **com maior intensidade**	o contrário de **menos**	Ela precisa estudar **mais**.
mais	pronome indefinido	quer dizer **em maior quantidade** ou **com maior intensidade**	o contrário de **menos**	O cenógrafo precisou de **mais** luz.
mais	substantivo	quer dizer **o restante**	o contrário de **menos**	Por hoje é só, o **mais** fica para amanhã.
mais	preposição	quer dizer **junto com**	o contrário de **menos**	Meu tio **mais** sua filha estão vindo para cá.
mais	conjunção	indica **ligação** ou **adição**, semelhante à conjunção **e**	o contrário de **menos**	Guardou no cofre as joias **mais** as fotos. Sete **mais** dois são nove.
más	adjetivo	significa **ruins**	o contrário de **boas**	Devemos evitar as **más** companhias.

1 Complete usando **mas**, **mais** ou **más**. Preste atenção à pontuação, porque ela pode mudar o sentido da oração.

a) Dizem as ——————— línguas que eles brigaram.

b) Ela quer ajuda, ——————— não pede.

c) Na cidade, há ——————— perigos que no campo.

d) Queria ir à praia, ——————— amanheceu chovendo.

e) A tia preparou a receita ——————— deliciosa de todas.

f) A vida é trabalhosa, ——————— é maravilhosa.

g) As notícias chegam ——————— rápido.

h) O lobo soprou, ——————— a casa não caiu.

i) Seu boletim apresentava notas boas e ———————.

204

Conjunção subordinativa

Você conheceu as conjunções coordenativas. Agora conhecerá as conjunções subordinativas.

Leia a seguir uma tira com o personagem Marcelinho, da Turma da Mônica. A principal característica desse personagem é ser "certinho" e metódico; ele não gosta de desperdício, sempre dobra todas as suas roupas, presta atenção nos gastos e se dá muito bem com números.

SOUSA, Mauricio de. *Turma da Mônica.*

1) Na tirinha, Marcelinho dá uma informação ao amigo. Em que atividade Marcelinho centraliza sua fala?

2) Na resposta, Cebolinha desvia o assunto.

a) Em que atividade o menino focaliza sua fala?

b) O que Cebolinha diz sobre a consequência dessa atividade?

3) No *Minidicionário Houaiss da Língua Portuguesa*, lemos a seguinte definição de **lazer**:

> **1.** tempo que se aproveita para recreação **2.** atividade que se pratica nesse tempo **3.** p.ext. descanso, repouso.

HOUAISS, Antônio. *Minidicionário Houaiss da Língua Portuguesa.* São Paulo: Moderna, 2019. p. 494.

Para você, qual é a importância das atividades de lazer na vida de um jovem ou de uma criança? Como é possível dosar o tempo para atender a todas as nossas necessidades? Converse com os colegas e o professor e, depois, escreva um parágrafo sobre isso.

4) Releia o trecho a seguir e faça o que se pede.

> Se dormirmos em média 8 horas por dia, aos 40 anos teremos dormido o equivalente a 13 anos...

a) Sublinhe os verbos ou as locuções verbais e separe as orações.

b) Dormir é um verbo transitivo ou intransitivo? Ele precisa de algum complemento (objeto direto ou indireto)? _____

c) No trecho, esse verbo aparece flexionado em quais tempos e modos?

_____

d) As expressões "em média", "8 horas por dia", "aos 40 anos" e "o equivalente a 13 anos" acrescentam que tipo de circunstância a esses verbos?

_____

e) Qual é a função sintática dessas expressões no período? _____

f) Que relação a primeira oração estabelece com a segunda? Que ideia ela expressa?

_____

g) Podemos dizer que uma oração está **subordinada** à outra por meio dessa ideia. Que conectivo introduz essa condição? _____

5 Leia a adaptação a seguir da fala do Cebolinha e faça o que se pede.

> Se brincarmos em média 8 horas por dia, aos 40 teremos um adulto feliz.

a) Sublinhe os verbos ou locuções verbais e separe com uma barra as orações.

b) Brincar é um verbo transitivo ou intransitivo? Ele precisa de algum complemento (objeto direto ou indireto)? _____

c) No trecho, esse verbo está flexionado em que tempo e modo? _____

d) Ele está acompanhado de algum adjunto? Qual? Em caso afirmativo, que ideia ele traz?

_____

e) E o verbo **ter**? Que tipo de verbo é quanto à predicação?

_____

f) Em que tempo e modo está flexionado? _____

g) Em sua fala, Cebolinha "desviou o assunto". Como ele fez isso?

_____

h) Qual é o complemento da forma verbal **teremos**? Como se classifica? _____

i) Explique a relação entre a primeira oração e a segunda. Que ideia expressa?

_____

j) Podemos então afirmar que uma oração está **subordinada** à outra por meio dessa ideia. Que conectivo introduz essa relação? _____

As **conjunções subordinativas** ligam duas orações, uma principal e uma subordinada que determina ou completa o sentido da principal.

[**Se** brincarmos em média 8 horas por dia,] [aos 40 seremos um adulto feliz.]
          oração subordinada   oração principal

[Acho] [**que** amanhã não vou brincar na rua.]
oração principal   oração subordinada

"Aos 40 teremos um adulto feliz" e "Acho" são as orações principais: do ponto de vista sintático, são as mais importantes, porque as demais a elas ligadas são, na hierarquia da estrutura da oração, delas derivadas e funcionam como termos que as completam. "Se brincarmos em média 8 horas por dia" e "que amanhã não vou brincar na rua" são as orações que completam o sentido das principais e são subordinadas a elas.

As **conjunções subordinativas** iniciam a oração subordinada. Elas podem ser **integrantes** ou **adverbiais**.

Conjunções subordinativas integrantes que e se

1) Leia as orações e faça o que se pede.

> I. [Mostre a seu amigo a importância do estudo e do lazer na vida de todos.]
> II. [Mostre a seu amigo] [que estudo e lazer são igualmente importantes na vida de todos.]

a) Qual é a predicação do verbo **mostrar** (intransitivo, transitivo direto, transitivo indireto ou transitivo direto e indireto)? Ele precisa de complementos? Se sim, quais?

b) Qual é o objeto indireto do verbo **mostrar** nos períodos **I** e **II**?

c) Qual é o objeto direto? O que deve ser mostrado?

d) Em qual dos dois períodos temos um objeto direto oracional? Que conectivo inicia essa oração?

A conjunção subordinativa integrante **que** introduz a oração que, nesse caso, é o objeto direto da outra (a principal).

As orações que começam com conjunção integrante são **subordinadas** à oração principal.

Se for necessário usar uma preposição antes da conjunção, por causa do sentido e da regência do verbo da oração, essa preposição também faz parte da oração subordinada.

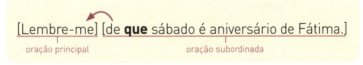

[Lembre-me] [de **que** sábado é aniversário de Fátima.]
oração principal · oração subordinada

As conjunções integrantes **que** e **se** iniciam orações que, em um período composto, podem exercer a função de sujeito, objeto direto, objeto indireto, predicativo, complemento nominal ou aposto da oração principal.

Essas funções, em um período simples de uma oração apenas, podem ser desempenhadas por substantivos.

> Para ajudar o raciocínio na hora de identificar as conjunções integrantes **que** e se, podemos substituir a oração subordinada iniciada por essas conjunções pelo pronome **isso**. Por exemplo:
> Espero **que Lucas não chegue atrasado**. → Espero **isso**.

2 Nos exemplos a seguir:

- sublinhe as orações principais;
- identifique as conjunções subordinativas; e
- diga se as conjunções são integrantes ou não fazendo o teste do **isso**.

a) [É importante] [que você não falte!]

_____

b) [Não sei] [se a padaria está aberta.]

_____

c) [Lembre-se] [de que você será o primeiro no desfile.]

_____

d) [Ele tem certeza] [de que vai ganhar a eleição.]

_____

e) [Meu medo é] [que ele se atrase.]

_____

f) [O problema é este:] [que ninguém me avisou do perigo].

_____

3 Escreva a conjunção integrante adequada para cada período e sublinhe a oração que ela inicia. Se o sentido do verbo exigir, não se esqueça de usar a preposição antes da conjunção.

a) A verdade é _____ ela ainda precisa de ajuda.

b) O enfermeiro verificou _____ o menino ainda estava febril.

c) Espero _____ sábado não chova.

d) Antes de atravessar, observe _____ o sinal está fechado.

e) Lembre-se _____ o filme começa às oito horas.

f) O sonho dela é _____ eles se casem.

g) Não tenho dúvida _____ ela vai gostar do presente.

h) Acredito _____ o ônibus não vai demorar.

i) É muito importante _____ Joca se prepare para a corrida.

j) É melhor analisar _____ ele está com a razão.

k) Não sei _____ este filme ainda está em cartaz.

l) Sei _____ este filme ainda está em cartaz.

Conjunções subordinativas adverbiais

Iniciam orações que exprimem circunstâncias adverbiais relativas à oração principal. São funções que, em um período simples, com uma oração apenas, poderiam ser desempenhadas por advérbios.

Você já sabe que **advérbio** é a palavra invariável que:
- modifica um verbo indicando circunstâncias;
- modifica um adjetivo ou outro advérbio indicando intensidade.

Vamos lembrar do que descobrimos no estudo da tirinha de Cebolinha sobre o lazer.

[Se **brincarmos** em média 8 horas por dia,] [aos 40 **teremos** um adulto feliz.]

A primeira oração estabelece uma condição para que a segunda oração aconteça.

Vimos que uma oração está **subordinada** à outra por meio da ideia de condição, ou seja, por essa circunstância introduzida pela conjunção **se**.

Assim como os advérbios, as conjunções subordinativas adverbiais classificam-se conforme as circunstâncias que as orações que iniciam atribuem ao verbo da oração principal.

Tipos de conjunção	Principais conjunções e locuções conjuntivas	Circunstâncias que expressam	Exemplos
causais	porque, pois que, visto que, já que, como, que	causa, motivo, razão	Ele não veio **porque** estava com febre.
comparativas	como, assim como, tanto quanto, que (precedido de: mais, menos, tanto), que nem (em textos informais)	comparação	Ela se assustou, **assim como** você. Ela se veste que **nem** uma heroína.
concessivas	embora, ainda que, se bem que, mesmo, mesmo que, mesmo assim, apesar de, por mais que	concessão (admite-se um obstáculo ou dificuldade que, no entanto, não impede que o fato da oração principal aconteça)	**Mesmo que** seja tarde, telefone quando chegar em casa.
condicionais	se, caso, contanto que, desde que	condição	**Se** chover, não vai haver passeio.
conformativas	conforme, segundo, como, consoante	conformidade	**Conforme** combinamos, aqui estão as fotos.
consecutivas	tão/tal/tanto que	consequência, resultado	Torceu **tanto que** ficou rouca.
finais	para que, a fim de que, que	finalidade	Segui a receita com cuidado **para que** o bolo ficasse gostoso.
proporcionais	à medida que, à proporção que, ao passo que	proporção, simultaneidade em relação à oração principal	**À medida que** escurece, os morcegos saem para comer.
temporais	quando, enquanto, logo que, desde que, até que, sempre que, mal	tempo, momento	**Quando** você saiu, ela ligou.

209

Como você viu na tabela das conjunções, muitas delas são formadas por **que** antecedido de advérbio, preposição ou particípio: **desde que**, **antes que**, **já que**, **até que**, **sem que**, **visto que** etc.
São **locuções conjuntivas**, que se comportam e se classificam como as conjunções.

1 Nos períodos a seguir:

> - sublinhe as conjunções ou locuções conjuntivas adverbiais;
> - reescreva cada período trocando as conjunções e locuções adverbiais por outras que expressem a mesma circunstância, e faça as demais mudanças necessárias;
> - determine a ideia ou circunstância que cada conjunção expressa.

a) À medida que ele cresce, fica mais parecido com o pai.

_____

_____

b) Conforme combinara, lá vão eles para a praia.

_____

_____

c) Ele não quer sobremesa porque está de dieta.

_____

_____

d) Eles se portam que nem uns meninos mimados.

_____

_____

e) Enchi o tanque da moto para que consigamos chegar lá.

_____

_____

f) Mesmo que chova, haverá o evento.

_____

_____

g) Quando acabaram as aulas, fui viajar.

_____

h) Se você preferir, telefone amanhã.

i) Eu sinto frio, assim como todo mundo sente.

2 Sobre as conjunções usadas em suas respostas da atividade anterior, escolha dois itens e responda:

a) Você costuma usar essas conjunções no dia a dia? Se sim, em que tipo de texto?

b) Você as encontra nos textos que lê? Se sim, são textos formais ou informais?

3 Os períodos a seguir são formados por duas orações. Em cada período:

> - separe as orações com uma barra;
> - complete as lacunas com conjunções ou locuções conjuntivas adverbiais, de modo que a oração subordinada exprima a circunstância indicada entre parênteses.

a) Cheguei atrasado _____ acordei tarde. (causa)

b) É preciso chegar cedo _____ dê tempo de ensaiar. (finalidade)

c) Ele é tão alto _____ quase alcança a tabela de basquete. (consequência)

d) Eles treinam mais _____ eu. (comparação)

e) _____ seja sábado, eu tenho aula. (concessão)

f) _____ chover, o jogo será suspenso. (condição)

g) _____ a previsão do tempo, hoje não chove mais. (conformidade)

h) _____ vou à praia, chove. (tempo, ocasião)

i) Todas as ruas iam enchendo _____ a chuva caía. (proporção)

4 Agora examine os quatro primeiros períodos da atividade anterior e classifique as conjunções ou locuções conjuntivas que você usou.

Fique atento

Algumas conjunções ou locuções conjuntivas podem produzir diferentes valores de sentido, dependendo do contexto e da relação que estabelecem entre orações. Para que seu texto fique mais preciso e rico, e mesmo para entender bem o que lê, é importante prestar atenção a essas diferenças.

Conjunção subordinativa adverbial como

1. Faça a correspondência entre as colunas para identificar a circunstância expressa pela conjunção **como** nos períodos compostos a seguir.

   a) ⬜ Como estava tarde, Marília preferiu voltar para casa.

   b) ⬜ Cheguei às 8 horas como havíamos combinado.

   c) ⬜ Natália cuidou do animalzinho como se fosse um amigo.

   I. Comparação.
   II. Causa.
   III. Conformidade.

Conjunção subordinativa adverbial que

1. Faça a correspondência entre as colunas identificando a classificação da conjunção **que** nos períodos compostos a seguir.

   a) ⬜ Mais vale um pássaro na mão que dois voando.

   b) ⬜ Jogou tão entusiasmado que contagiou o time todo.

   c) ⬜ Preste atenção, que esse assunto é mais complicado.

   d) ⬜ Fiz-lhe um sinal para que se calasse.

   e) ⬜ Que eu saiba, ela não vem hoje.

   I. Conjunção subordinativa adverbial causal (= **porque**).
   II. Conjunção subordinativa adverbial comparativa (antecedida pelas palavras **mais**, **menos**, **maior**, **menor**, **melhor**, **pior**, **antes**).
   III. Conjunção subordinativa adverbial conformativa (= **conforme**).
   IV. Conjunção subordinativa adverbial consecutiva (ligada a **tão**, **tal**, **tanto**, **tamanho**).
   V. Conjunção subordinativa adverbial final (= **para que**).

Locução conjuntiva subordinativa adverbial desde que

1. Identifique a circunstância expressa pela locução conjuntiva **desde que** nos períodos compostos a seguir fazendo a correspondência entre as colunas.

   a) ⬜ Desde que as aulas terminaram, ainda não encontrei com Roberto.

   b) ⬜ Levo você ao passeio, desde que prometa fazer aquele bolo de laranja.

   I. Condição.
   II. Tempo.

Escrita em foco — Pontuação – Usos da vírgula

Você já conhece a vírgula (,) e sabe que ela marca uma pausa de pequena duração.

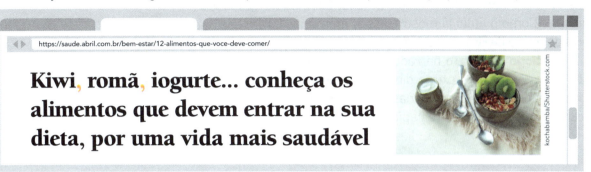

M DE MULHER. 12 alimentos que você deve comer. *Saúde*, São Paulo, 4 nov. 2016. Disponível em: https://saude.abril.com.br/bem-estar/12-alimentos-que-voce-deve-comer/. Acesso em: 23 mar. 2020.

Muitas vezes nos confundimos com seu uso. A vírgula é importante no que escrevemos, esclarece ambiguidades, separa termos de mesma função etc.

Use vírgula para separar	Exemplos
o vocativo	Olha, Zé, que bonito!
o aposto	Luiz, o padeiro, chega à padaria antes de todos.
adjuntos adverbiais deslocados para o início do período	À noite, Lúcia ligou.
a interjeição	Nossa, que calor!
palavras da mesma classe gramatical	Lanche, lanterna, repelente: acho que não faltou nada.
conjunções coordenativas intercaladas	A festa, porém, continuava.
o nome do lugar nas datas	Manaus, 12 de outubro de 2010.
os dois termos entre os quais se omite propositalmente verbo ou outro termo de uma oração (elipse)	Lila tem dois irmãos; Bira, quatro.
expressões explicativas ou retificativas	Gosto de sucos, por exemplo, o de uva.
orações ou termos coordenados sem conjunção entre eles	Levem lanterna, repelente e boné na viagem.

Não use vírgula para separar	Exemplos
o sujeito do predicado	Plínio chegou.
o verbo de seus complementos (OD, OI e agente da passiva)	Neusa gosta de salada.

1 Nas frases a seguir, use dois-pontos ou vírgula onde for necessário.

a) O meu amigo me perguntou
– Vamos tomar um sorvete?

b) Na porta da sala está escrito "Entre sem bater".

c) Os colegas de meu grupo são Leo Raul Nina e Paula.

d) Caramba que surpresa a sua chegada!

e) Vem Maria vamos lanchar!

f) Cuidado Paulo! Dona Regina a faxineira acabou de limpar aí.

Atividades

Vocabulário
Campa: laje que cobre a sepultura.
Galante: elegante; malicioso.
Hesitar: ficar indeciso (entre duas ou mais opções); vacilar.
Nimiamente: exageradamente.
Prólogo: texto de apresentação publicado no começo de um livro.
Vulgar: popular; ordinário.

O fragmento a seguir é do romance *Memórias póstumas de Brás Cubas*, de Machado de Assis, autor do qual falamos na Unidade 2, página 46. Como o título já mostra, essas memórias foram escritas depois da morte de Brás Cubas, mas foram contadas por ele mesmo.

No **prólogo** do livro, o narrador (o próprio Brás Cubas) explica: "evito contar o processo extraordinário que empreguei na composição destas Memórias, trabalhadas cá no outro mundo. Seria curioso, mas **nimiamente** extenso, e aliás desnecessário ao entendimento da obra".

Leia o início do primeiro capítulo, intitulado "Óbito do autor".

TEXTO 1

Algum tempo **hesitei** se devia abrir estas memórias pelo princípio ou pelo fim, isto é, se poria em primeiro lugar o meu nascimento ou a minha morte. Suposto o uso **vulgar** seja começar pelo nascimento, 5 duas considerações me levaram a adotar diferente método: a primeira é que eu não sou propriamente um autor defunto, mas um defunto autor, para quem a **campa** foi outro berço; a segunda é que o escrito ficaria assim mais **galante** e mais novo. [...]

MACHADO DE ASSIS, J. M. *Obra completa*. Rio de Janeiro: Nova Aguilar, 1994. p. 2. Disponível em: http://machado.mec.gov.br/index.php?option=com_k2&view=itemlist&layout=category&task=category&id=20&order=year&searchword=Mem%C3%B3rias+p%C3%B3stumas+de+Br%C3%A1s+Cubas&Itemid=668. Acesso em: 23 mar. 2020.

1 Que dúvida o narrador nos apresenta logo no início do romance? atividade oral

2 Seria possível começar, ao mesmo tempo, pelo nascimento e pela morte? Explique sua resposta.

3 Releia o trecho e responda ao que se pede.

> Algum tempo hesitei se devia abrir estas memórias pelo princípio ou pelo fim, isto é, se poria em primeiro lugar o meu nascimento ou a minha morte.

a) Sublinhe as quatro expressões que indicam qual é a hesitação, a dúvida do autor.
b) Que palavra destaca essa dúvida ou indecisão do autor entre duas possibilidades? _____
c) Que noção ela acrescenta à junção que faz dessas expressões?

_____

d) Quantas vezes ela aparece no trecho? _____

e) Classifique essa palavra. _____

4 Que estranhamento essa dúvida causa no leitor, logo no início do romance? atividade oral

5 Explique o trecho: Suposto o uso vulgar seja começar pelo nascimento [...].

_____

6 Releia o trecho e responda às questões: [...] eu não sou propriamente um autor defunto, mas um defunto autor [...].

   a) Qual é o núcleo da expressão um autor defunto? Circule-o.

   b) Quais são as duas palavras que acompanham esse núcleo e que função sintática elas exercem?
   _____

   c) Substitua a terceira palavra dessa expressão (**defunto**), dizendo de outra forma o que estava dito antes, mantendo o mesmo sentido.
   _____

   d) Qual é o núcleo da expressão um defunto autor? Circule-o.

   e) Quais são as duas palavras que acompanham esse núcleo e que função sintática elas exercem?
   _____

   f) Substitua a terceira palavra dessa expressão (**autor**), dizendo de outra forma o que estava dito antes, mantendo o mesmo sentido.
   _____

   g) Podemos afirmar que essas duas possibilidades, **autor defunto** e **defunto autor**, são inversas? Explique sua resposta.
   _____
   _____

   h) Que palavra do trecho nos indica essa relação de contraste entre os dois termos? _____

   i) Que noção ela acrescenta à ligação estabelecida?
   _____

   j) Classifique essa palavra? _____

7 Por que o narrador afirma que, para ele, "a campa foi outro berço"?
_____

8 Quais são as duas vantagens que o narrador viu para seu texto ao escolher iniciá-lo por sua morte?
_____
_____

9 Observe a palavra que liga os termos que expressam essas duas vantagens e responda ao que se pede.

   a) Qual é essa palavra? _____

   b) Que noção ela traz para a oração? _____

   c) Classifique-a? _____

10 Na frase: Este parque serve de refúgio para pássaros, **pois** nele há muita água e alimento, a conjunção **pois**:

a) ☐ liga orações com a mesma função ou natureza gramatical.

b) ☐ relaciona duas orações criando uma dependência entre elas, cada uma com sua função.

11 Sem alterar o sentido do trecho lido na atividade anterior, reescreva-o substituindo **pois** por outra conjunção.

_____

12 Reescreva as frases a seguir substituindo as conjunções destacadas por outras, sem modificar o sentido da frase.

a) Fui ver o filme, **mas** não entendi nada.

_____

b) O atacante derrubou o goleiro, **logo** foi falta.

_____

c) Vá dormir cedo, **pois** amanhã viajamos de madrugada.

_____

d) João não ama Maria **e** não ama Patrícia.

_____

13 Determine a ideia básica expressa pelas conjunções de cada trecho da atividade anterior.

_____

14 Junte as duas orações de cada item usando uma conjunção coordenativa que crie entre elas a relação indicada entre parênteses. Faça as alterações necessárias, evitando a repetição de termos da frase.

a) A professora avisou que não queria barulho./A professora avisou que não queria desânimo. (adição)

_____

b) Avistei o Rico na rua./Não tive coragem de falar com o Rico. (contraste, oposição)

_____

c) Duda quer ser biólogo./Duda gosta de observar a natureza. (explicação)

_____

d) Os pesquisadores observaram as carpas./Os pesquisadores chegaram a novas conclusões. (conclusão, consequência)

_____

e) Você come sobremesa./Você faz dieta. (exclusão, separação)

_____

f) Ele é animado./Ele tem andado tristonho ultimamente. (contraste, oposição)

___

g) Nesta época do ano encontra-se muita manga por aqui./Nesta época do ano encontra-se abacaxi por aqui. (adição)

___

h) O céu está claro./A meteorologia avisou que vai chover. (contraste, oposição)

___

i) O estudo dos animais é importante./O estudo dos animais pode conduzir a descobertas fundamentais para a sobrevivência das espécies. (explicação)

___

Leia o trecho do texto a seguir.

TEXTO 2

Às vezes o vento ventava tão forte (a) **que** o chão chegava a ficar lisinho (b) **como** bucho de cobra. Tudo isso (c) **para que** no dia seguinte os caminhos estivessem limpos (d) **e** não se perdessem, cobertos de cisco.

JARDIM, Luís. *O boi Aruá.* São Paulo: Melhoramentos, 1967. p. 69.

15 Classifique as conjunções e locuções conjuntivas destacadas indicando as circunstâncias e ideias que expressam.

___

16 Ligue os dois fatos a seguir e forme três períodos com conjunções (ou locuções conjuntivas) diferentes para transmitir a ideia de **causa** ou **consequência**. Altere o que for necessário nas frases.

> Choveu muito nesses dois últimos dias./O chão do pátio está muito enlameado.

___

17 Agora repita a atividade ligando os fatos e formando três períodos diferentes para transmitir a ideia de **condição**. Faça as alterações necessárias nas formas verbais.

> Vou preparar os doces da sua festa./Você ajudará na arrumação.

_____

_____

18 Desta vez, ligue os fatos e forme dois períodos diferentes para transmitir a ideia de **finalidade**. Faça as alterações necessárias nas formas verbais.

> Vou estudar bastante./Vou conseguir uma boa nota.

_____

_____

_____

19 Por último, junte os dois fatos e forme três períodos diferentes para transmitir a ideia de **tempo**. Faça as alterações necessárias nas formas verbais.

> Vai começar a chover./As plantas ficam viçosas.

_____

_____

_____

20 Identifique as conjunções e locuções conjuntivas indicando para cada frase da primeira coluna a classificação correspondente da segunda. Atenção: uma mesma classificação pode se relacionar a mais de uma frase.

a) ☐ Estou mais preocupado com o resultado do **que** você (está).

b) ☐ **Como** estava chovendo, não pôde ir à praia.

c) ☐ Não falo com Rosana **desde que** ela se casou.

d) ☐ Ficou tão magoada **que** chegou a chorar.

e) ☐ Trouxe os brindes para os convidados, **como** havíamos combinado.

f) ☐ Prepare-se, **que** é uma ótima surpresa.

g) ☐ Vou à festa com você, **desde que** prometa dançar comigo.

h) ☐ Mandei-lhe uma mensagem **que** se apressasse.

i) ☐ Portou-se **como** se fosse um atleta.

I. Conjunção subordinativa adverbial causal (= **porque**).
II. Conjunção subordinativa adverbial comparativa (antecedida pelas palavras **mais, menos, maior, menor, melhor, pior, antes**).
III. Conjunção subordinativa adverbial conformativa (= **conforme**).
IV. Conjunção subordinativa adverbial consecutiva (ligada a **tão, tal, tanto, tamanho**).
V. Conjunção subordinativa adverbial final (= **para que**).
VI. Conjunção subordinativa adverbial condicional.
VII. Conjunção subordinativa adverbial temporal.

21 A palavra **logo** pode ser usada:

> **I.** como advérbio de tempo (= **rapidamente**);
> **II.** como conjunção coordenativa conclusiva (= **portanto**; ideia de conclusão);
> **III.** fazendo parte da locução conjuntiva subordinativa adverbial temporal logo que (= **assim que**; ideia de tempo, de momento).

Identifique como ela é usada em cada frase a seguir.

a) ☐ A borboleta voou **logo** que as pessoas se aproximaram.

b) ☐ Pousou, mas **logo** saiu.

c) ☐ Respiro, **logo** estou vivo.

d) ☐ Juliana volta para o time **logo** que melhorar do joelho.

e) ☐ Para ir ao cinema, ele se aprontou **logo**.

f) ☐ As provas estão chegando, **logo** preciso começar a estudar.

g) ☐ Quando a chamei, ela acordou **logo**.

h) ☐ Vi a borboleta, **logo** terei sorte o dia inteiro!

i) ☐ Está chovendo muito, **logo** não poderei ir à praia.

j) ☐ **Logo** percebi o que ele queria.

22 Nas frases a seguir, indique qual é a circunstância expressa pelas conjunções ou locuções conjuntivas subordinativas adverbiais.

a) ☐ **À medida que** cresce, Jê se parece mais com o pai.

b) ☐ Atravessem com cuidado, **para que** ninguém se machuque.

c) ☐ **Caso** a aula termine mais cedo, vou à casa da Eliane.

d) ☐ Correu **tanto que** ganhou a corrida.

e) ☐ **Já que** eu estava atrasado, pedi a meu irmão que me levasse para o colégio.

f) ☐ **Mal** terminou a partida, o treinador convocou a equipe.

g) ☐ **Mesmo que** chova, haverá o passeio.

h) ☐ **Segundo** me disseram, a professora de Arte não veio.

i) ☐ Sou doido por cinema, **assim como** você.

> **I.** Causa, motivo.
> **II.** Comparação.
> **III.** Concessão.
> **IV.** Condição.
> **V.** Conformidade.
> **VI.** Consequência.
> **VII.** Finalidade.
> **VIII.** Proporção.
> **IX.** Tempo.

23 Complete as frases com conjunções ou locuções conjuntivas subordinativas adverbiais que tragam para as orações as noções indicadas entre parênteses.

a) [_____ eu previa,] [a chuva estragou nosso trabalho de hoje de manhã.] (conformidade)

b) [Ela fica mais animada] [_____ chega o fim do ano.] (proporção)

c) [Ela se veste] [_____ uma heroína.] (comparação)

d) [Explico de novo,] [_____ todos prestem atenção.] (condição)

e) [Vou à aula de natação,] [_____ chova.] (concessão)

f) [Todo mundo aplaudiu] [_____ ela entrou no palco.] (tempo)

g) [Correu tanto] [_____ chegou a tempo do início do filme.] (consequência)

h) [Fiz de tudo] [_____ a festa fosse bem animada.] (finalidade)

24 Nos períodos a seguir, circule as conjunções subordinativas adverbiais e indique a ideia que cada uma expressa.

a) Se cuidarem da limpeza e higiene do local, os cariocas se orgulharão da Feira. _____

b) A festa junina ficou tão cheia que não dava nem para dançar direito. _____

c) É preciso criar um ambiente saudável e alegre para que todos se divirtam. _____

d) Gostei da carta porque concordo com os seus argumentos. _____

e) Embora seja carioca, adoro as tradições nordestinas. _____

25 Una as orações em cada item a seguir em um único período acrescentando a ideia sugerida entre parênteses. Procure variar a conjunção e faça as alterações necessárias nas frases.

a) Torci muito por nossa equipe. Todos os alunos do colégio torceram muito por nossa equipe. (comparação)

_____

b) Vou participar da peça. Vou melhorar do resfriado. (condição)

_____

c) O dia raiava. Mais os pássaros enchiam o ar de cantos. (proporção)

_____

d) Começou a nevar. A temperatura baixou. (tempo)

_____

26 Termine as orações acrescentando a elas uma oração subordinada com a ideia de finalidade. Procure variar a conjunção. Siga o exemplo.

> Preciso abrir a janela **para que o sol entre na sala**.

a) Vou cortar o cabelo _____

b) Sequei bem o piso _____

c) Dei a ela o número do seu celular _____

d) Pedi a atenção de todos _____

e) Esperei o sinal fechar _____

27 Ligue as orações de cada item por meio de uma conjunção subordinativa, de modo que a oração subordinada exprima a causa do que se diz na oração principal.

a) Treinou bastante. Ele bateu o recorde na piscina.
_____

b) O trem está atrasado. Estão reparando os trilhos.
_____

c) Você não se levanta daí. Eu mesma vou abrir a porta.
_____

d) Parou de chover. Nós vamos sair de bicicleta.
_____

28 Ligue as orações de cada item a seguir acrescentando a uma delas a ideia de consequência. Procure variar a conjunção.

a) A dor de dente era muita. Resolvi tomar um remédio.
_____

b) A expectativa da torcida era alta. Assustou os jogadores.
_____

c) O cachorro era muito manso. Todas as crianças queriam brincar com ele.
_____

29 Leia as orações de cada item e observe a relação de sentido que as une. Depois reescreva-as em um só período empregando a conjunção coordenativa adequada. Evite repetir conjunções e faça as mudanças necessárias.

a) A equipe treinou forte. Foi recompensada com a vitória.
_____

b) Estava chovendo. Fazia muito calor.
_____

c) Ligue para o médico. A febre só faz subir.
_____

d) Não gosto de muito barulho. Não gosto de confusão.
_____

e) O clima daqui é diferente. Chove. Faz sol.
_____

221

f) Quero convidá-lo para o *show*. Vim até aqui.

_____

g) Você quer carne? Você quer legumes?

_____

h) Gosto do Marcos. Vou com ele à festa.

_____

i) Não toque neste cachorro. Ele morde.

_____

j) Preciso comprar frutas. Preciso comprar legumes.

_____

k) Preciso ir ao dentista. Tenho medo.

_____

l) Rafael não falou comigo. Rafael não falou com meu amigo.

_____

30 Agora, classifique as conjunções para explicitar a relação de sentido que você percebeu entre as orações de cada item da atividade anterior.

_____
_____
_____
_____
_____
_____
_____
_____
_____
_____

Ampliar

Sensor: o *game*, de Manuel Filho (Editora do Brasil)

Fred é um adolescente que está sempre por dentro do mundo dos *video games*. Sua vida dá uma reviravolta quando é convidado a participar de um projeto ultrassecreto sobre o desenvolvimento de um *game* revolucionário: o sensor. No entanto, as coisas fogem do controle e Fred e toda a equipe envolvida no projeto desaparecem misteriosamente. Joca, seu primo e amigo, e que sabe muito a respeito do sensor, sairá em sua procura e tentará desvendar o mistério do *game*. Para isso, contará com a ajuda da antenada amiga Bia Byte. Juntos, eles se envolvem em uma emocionante aventura na qual perigos virtuais invadem o jogo real da vida.

Retomar

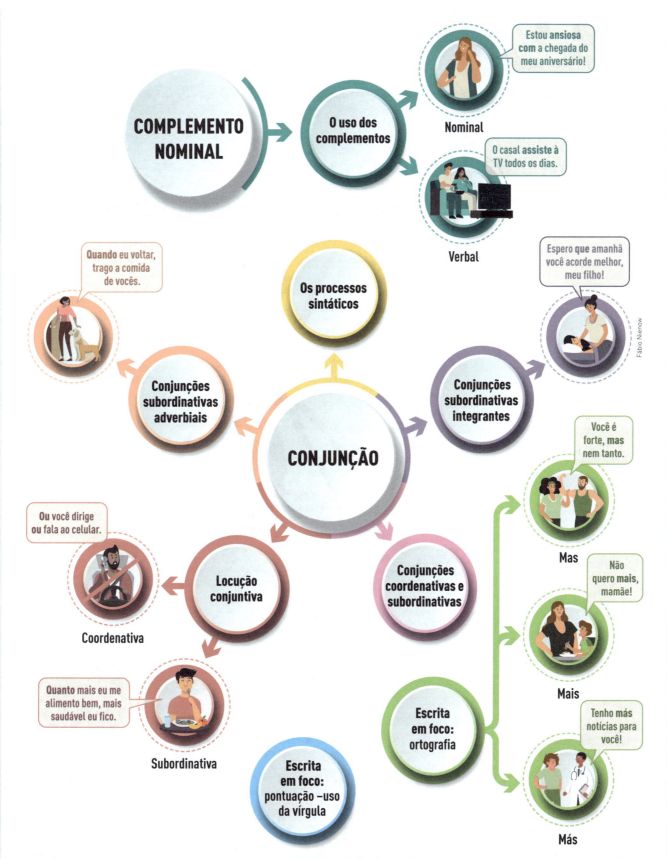

UNIDADE 8

Desde o início do mundo existem grandes criadores e inovadores. E [...] são esses sonhadores que o fazem avançar. [...] Eles só têm uma coisa em comum: uma força de vontade sem fim, que lhes permitiu agir sem questionar: "Isso é possível ou impossível?" [...] E trabalharam sem parar. Porque o único jeito de se superar é com a prática. Sem deixar para outro dia, sem desistir e sem esperar que tudo desse certo em cinco minutos. [...] Lembre-se: tudo é um sonho antes de se tornar realidade. Por que não pode ser o seu sonho?

MAZZANTI, Marcelo E. In: MARVEL, G. L. Contos para garotos que sonham em mudar o mundo. São Paulo: Planeta do Brasil, 2018. p. 11-13.

A palavra: atribuição de significados, criatividade e interação social

Leia a charge ao lado.

1 No texto que você leu, que jogo de sentidos é feito com a palavra **rede**?

WALDEZ. Disponível em: www.soportugues.com.br/secoes/humor/12.jpg. Acesso em: 18 mar. 2020.

> Leia o conceito de atribuição de significado elaborado por um importante gramático:
> A atribuição de significado é [...] um ato complexo que põe em jogo um ou mais sujeitos, uma situação ou um cenário, e um sistema de referências que esse(s) sujeito(s) traz(em) na memória.
> AZEREDO, José Carlos de. *Gramática Houaiss da língua portuguesa.* São Paulo: Publifolha: Instituto Houaiss, 2018. p. 43.

2 Em nossa cabeça, as palavras se organizam em famílias de significados afins ou que se ligam como resultado de nossas experiências e das de nosso(s) grupo(s). Essas famílias são os **campos semânticos**. Na fala da recenseadora, que outra palavra sinaliza o uso do campo semântico ligado à internet? _____

3 E na fala da mulher entrevistada, que palavra dá pista do campo semântico ligado a outro tipo de rede? _____

4 Como a imagem participa na construção desses sentidos?
_____

5 Anote alguns vocábulos que pertencem ao campo semântico das palavras a seguir.
  a) cabo (feixe de fios usado para transmissão de eletricidade e sinais telefônicos, de televisão, de internet etc.) _____

  b) cabo (de ferramenta) _____

  c) cabo (patente militar) _____

Ao longo de nossos volumes, temos conversado sobre as palavras como forma de nomear o que nos cerca e de estabelecer trocas comunicativas com o mundo em que vivemos.

O emprego da mesma palavra para significar coisas diferentes é comum em nosso dia a dia, como acabamos de ver no texto acima. Sabemos lidar, como falantes, com fenômenos como **homonímia**, ou seja, a mesma palavra é empregada para exprimir formas diferentes do léxico: são (verbo ser), são (santo) e são (sadio); e **polissemia,** palavras iguais cujos sentidos podem ser agrupados em torno de um núcleo de significação comum que se baseia na denotação das palavras: rede (internet), rede (leito oscilante, geralmente de pano, cujas extremidades são presas à parede por ganchos), entre outros sentidos de rede.

> Já conhecemos, na Unidade 1, os conceitos de denotação e conotação. **Denotação** é o uso de uma palavra no seu sentido primitivo, comum, habitual, em seu significado original, ou seja, é a associação entre a forma sonora e o significado "básico" de uma palavra. Já na **conotação** usamos o sentido figurado de uma palavra, o qual depende de uma extensão do significado original ou do contexto e desperta valores sociais, impressões ou reações psíquicas ou emocionais.

Figuras de linguagem

Leia os versos a seguir.

> Um grande amor não se acaba assim
> Feito espumas ao vento

ESPUMAS ao vento. Intérprete: Fagner. Compositor: Accioly Neto. In: TERRAL. [S. l.]: BMG, 1997. 1 CD, faixa 9. Disponível em: www.letras.mus.br/fagner/45918/. Acesso em: 2 abr. 2020.

1 Nesses dois versos, o eu poético procura explicar o que pensa do fim de um grande amor. Que estratégia ele usa para mostrar o que sente a esse respeito?

_____

2 Ele quis dizer que:

☐ não é fácil encerrar um grande amor e escolheu, para isso, uma forma expressiva de fazê-lo.

☐ é fácil encerrar um grande amor e escolheu, para isso, uma forma expressiva de fazê-lo.

Muitas vezes, quando buscamos maior expressividade naquilo que dizemos ou escrevemos, usamos as **figuras de linguagem**, que podem se relacionar às palavras, à sintaxe, ao som e até mesmo ao pensamento.

As figuras de linguagem são elementos importantes na construção de textos expressivos e coesos. Com elas, realçamos uma ideia, expressamos uma sensação ou destacamos uma forma de ver determinada situação.

Você não precisa saber de cor o nome de todas as figuras de linguagem, mas pode recorrer a elas para criar efeitos de sentido diversos em seus textos ou para dar a eles mais força argumentativa. Elas podem ser usadas com eficiência tanto na linguagem do dia a dia quanto nas linguagens artística, literária, de propaganda etc. Se souber usá-las, pode conseguir o efeito de chamar a atenção para o que está escrevendo ou dizendo, bem como para o próprio autor do texto: você.

Vejamos, em seguida, algumas das figuras de linguagem.

Figuras de linguagem relacionadas às palavras, ou figuras de palavras

As figuras de palavras referem-se à significação das palavras; são construções diferentes, em que empregamos palavras em sentido figurado, ou seja, um sentido diferente daquele geralmente usado, mas dele derivado ou a ele relacionado.

Eis algumas figuras de palavras:

Comparação

No estudo das conjunções subordinativas adverbiais, vimos que uma das circunstâncias que elas podem expressar e acrescentar ao verbo da oração principal é a comparação (ou símile). **Como**, **assim como**, **tanto quanto/que**, **que nem** são algumas dessas conjunções ou locuções conjuntivas.

Leia o texto a seguir.

Modelo matemático explica por que Bolt é tão rápido

Rápido como um raio, o atleta Usain Bolt é uma das grandes estrelas do atletismo atual. Detentor de recordes incríveis nos 100 metros rasos, Bolt consegue atingir uma velocidade que intrigava até os estudiosos. Pelo menos até pouco tempo, pois, agora, cientistas descobriram uma forma de explicar a rapidez de Bolt.

BORGES, Claudia. Modelo matemático explica por que Bolt é tão rápido. *Megacurioso*, [s. l.], 1 ago. 2013. Disponível em: www.megacurioso.com.br/esportes/37478-modelo-matematico-explica-por-que-bolt-e-tao-rapido.htm. Acesso em: 1º abr. 2020.

Na frase sublinhada, duas coisas bem diferentes – **o atleta** e **um raio** – foram aproximadas por meio de uma qualidade que é comum a ambas: **a velocidade**.

1 A ideia de rapidez que foi transmitida por meio da comparação é de uma velocidade:

☐ baixa, ☐ média ou ☐ alta?

2 Se a frase fosse "O atleta é rápido", teríamos noção da excepcional velocidade de Bolt? Estaria mais ou menos clara a ideia expressa pela frase?

> Na **comparação**, aproximamos e tornamos equivalentes coisas diferentes, com base na semelhança de alguma característica comum entre elas.

A característica semelhante pode estar explícita na oração ou o autor pode preferir não mencionar, deixando a dedução ou interpretação para o ouvinte/leitor.

O corredor é **como** um raio!

Geralmente, usamos elementos de ligação, como as conjunções, entre os termos comparados.

Ela é veloz **que nem** você.

Em canções, poemas, crônicas, contos e outros textos literários, é comum a comparação ser usada para intensificar alguns sentidos. Veja os exemplos a seguir.

A vida vem em ondas como o mar

COMO uma onda. Intérprete: Lulu Santos. Compositores: Lulu Santos e Nelson Motta. Disponível em: www.vagalume.com.br/lulu-santos/como-uma-onda-no-mar.html. Acesso em: 1º abr. 2020.

E flutuou no ar como se fosse um pássaro

CONSTRUÇÃO. Compositor e intérprete: Chico Buarque. In: CHICO Buarque. [S. l.]: Universal Music, 1971. 1 CD, faixa 4.

Lembre-se

Você já conhece o grau comparativo dos adjetivos. Lembra?

Para formar o grau comparativo de um adjetivo, é só deixar o adjetivo em sua forma normal e colocar antes e depois dele as palavras que indicam a comparação de superioridade, igualdade ou inferioridade.

O uso de um adjetivo no grau comparativo de igualdade é uma das formas de usar a figura de linguagem chamada **comparação**.

Virgílio é **tão** esperto **quanto** (ou **como**) o irmão.

Superioridade	mais	(do) que
Igualdade	tão/tanto	quanto
Inferioridade	menos	(do) que

3) Observe as comparações feitas nas frases a seguir. Depois, sublinhe os termos comparados, circule o elemento de ligação de cada uma e indique qual é a semelhança usada para fazer a comparação entre os termos. Siga o modelo.

> A <u>juventude</u> é (como) a <u>primavera</u>.
>
> Semelhança: nascimento de novas ideias; animação; alegria.

a) Os maus exemplos são contagiosos feito as epidemias.

_____

b) O bloco de frevo surgiu de repente qual um vendaval da alegria.

_____

c) [...] enquanto sobre tudo / paira a alegria eterna, assim como uma pomba.

LIMA, Augusto de. Entre as árvores. In: LIMA, Augusto de. Poesias. Disponível em: www.academia.org.br/abl/media/Poesias%20-%20Augusto%20de%20Lima%20-%20PARA%20INTERNET.pdf. Acesso em: 1 abr. 2020.

_____

d) Nesse instante, a manhã jorrava seu fulgor, / como um leque de luz aberto sobre os montes

LIMA, Augusto de. O laranjal. In: LIMA, Augusto de. Poesias. Disponível em: www.academia.org.br/abl/media/Poesias%20-%20Augusto%20de%20Lima%20-%20PARA%20INTERNET.pdf. Acesso em: 1 abr. 2020.

_____

e) e o pranto, como um caudaloso rio, / os corações nos enche de saudade

LIMA, Augusto de. Poemas íntimos. In: LIMA, Augusto de. Poesias. Disponível em: www.academia.org.br/abl/media/Poesias%20-%20Augusto%20de%20Lima%20-%20PARA%20INTERNET.pdf. Acesso em: 1 abr. 2020.

_____

Metáfora

Leia a primeira estrofe de um soneto famoso de Camões.

> Amor é um fogo que arde sem se ver;
> É ferida que dói e não se sente;
> É um contentamento descontente;
> É dor que desatina sem doer.
> 5 [...]

CAMÕES, Luís Vaz de. Amor é um fogo que arde sem se ver. *Obra completa*. Rio de Janeiro: Aguilar Editora, 1963. p. 270.

Para descrever o que o amor é para ele, o eu poético usa palavras de diferentes campos semânticos.

1 Circule, em cada verso, os substantivos que ele empregou para definir o amor e sublinhe os adjuntos adnominais (adjetivos ou orações que funcionam como adjetivos) que usa para refinar essa descrição.

2 Reescreva no caderno os trechos a seguir usando a figura de linguagem de comparação, vista anteriormente.

a) Amor é um fogo que arde sem se ver

b) É ferida que dói e não se sente

c) É dor que desatina sem doer

3 Para fazer a atividade 2, que nova palavra você usou?

A **metáfora** é uma espécie de comparação, uma aproximação de ideias em que não aparece o elemento de ligação (**como**, **tal**, **feito** etc.) nem se evidencia a semelhança que foi encontrada entre as duas coisas que estão sendo aproximadas.

Metáfora	Comparação
Amor é um fogo que arde sem se ver	O amor arde como um fogo que arde sem se ver.
O atleta é um raio!	O atleta é rápido como um raio.

Se o conectivo comparativo estiver presente, não se trata de uma metáfora, e sim, de uma comparação. A metáfora é um recurso muito comum na linguagem, pois é uma forma de nomear um conceito de uma área de conhecimento empregando uma palavra usual de outra.

4 Indique a figura de linguagem das orações a seguir.

> A casa dela é escura como a noite.   Esta criança é forte como um touro.

5 Reescreva no caderno as orações da atividade anterior transformando-as em metáforas.

Leia a seguir o trecho de um conto.

[...]
Carlota estava efetivamente deslumbrante com o seu vestido branco, e a sua grinalda de flores de laranjeira, e o seu finíssimo véu, sem outra joia mais que **os seus olhos negros, verdadeiros diamantes da melhor água**.
[...]

MACHADO DE ASSIS, J. M. As bodas de Luís Duarte. In: MACHADO DE ASSIS, J. M. Conto e teatro. Rio de Janeiro: Nova Aguilar, 1994. p. 196. (Obras completas, v. 2.)

6 Indique a metáfora encontrada nesse trecho.

_____

> **Vocabulário**
>
> **Água:** limpidez, brilho, lustre; "diamante de primeira água" (excelente, de qualidade).

7 Reescreva a oração que você criou na resposta da atividade anterior, transformando-a em uma comparação.

_____

_____

Leia o verso a seguir do poeta português Fernando Pessoa.

Meu pensamento é um rio subterrâneo.
[...]

PESSOA, Fernando. Meu pensamento é um rio subterrâneo. In: PESSOA, Fernando. Obra poética. Rio de Janeiro: José Aguilar, 1974. p. 122.

8 No verso acima, indique:

a) a figura de linguagem usada; _____

b) os dois elementos que estão sendo aproximados; _____

c) a característica comum aos dois que está sendo usada como base para essa figura de linguagem. _____

No dia a dia, empregamos metáforas próprias da língua corrente e comumente usadas por todos. Veja aqui algumas delas.

Áreas de sentido	Metáforas muito usadas
partes do corpo humano	**boca** do túnel, **cabeça** do prego, **coração** da floresta
objetos da vida cotidiana	**tapete** de relva, **cortina** de fumaça, **leito** do rio
animais	ele é um **touro**, ele é um **leão**, ela é uma **fera**
vegetais	**maçãs** do rosto, **tronco** da família, uma **flor** de pessoa
aspectos da natureza	**tempestade** de lágrimas, **aurora** da vida, **monte** de papéis
ações específicas	**embarcar no trem** ou **no avião** (embarcar, originalmente, significa entrar **em um barco**), **navegar** na internet

Metonímia

Observe abaixo a placa indicadora de prioridades e a utilização de elementos característicos de cada condição.

1 Que elemento visual, na imagem, indica a "pessoa com necessidades especiais"?

_____

2 E o "idoso"?

_____

3 E as gestantes?

_____

4 E, por fim, as pessoas com crianças pequenas?

_____

A placa indicadora de prioridades representa **alguns** tipos de necessidades especiais para indicar, por exemplo, que certos lugares na condução ou em uma fila são reservados para **todas** as pessoas portadoras de tais necessidades.

> Na **metonímia**, substitui-se um termo por outro quando há alguma relação de proximidade, de contiguidade das ideias entre eles.

Veja:

> Ele está assim porque comeu uma caixa de bombons.

É claro que a pessoa não comeu a caixa propriamente dita, e sim todos os bombons que estavam dentro dela.

Leia, agora, o fragmento a seguir do romance *Quincas Borba*, de Machado de Assis. O personagem Carlos Maria, no dia seguinte a um baile, lembra-se da velada declaração de amor que havia feito a Sofia, depois de terem valsado e conversado de maneira discreta no salão, e do efeito que essa situação causou nos presentes ao baile.

[...] Viu de memória a sala, os homens, as mulheres, os leques impacientes, os bigodes **despeitados**, e estirou-se todo num banho de inveja e admiração. De inveja alheia, note-se bem; ele carecia desse sentimento ruim. A inveja e a admiração dos outros é que lhe davam ainda agora uma delícia íntima. A princesa do baile entregava-se-lhe. Definia assim a superioridade de Sofia, posto lhe conhecesse um defeito capital – a educação. Achava que as maneiras polidas da moça vinham da imitação adulta, após o casamento, ou pouco antes, que ainda assim não subiam muito do meio em que vivia.

MACHADO DE ASSIS, J. M. Quincas Borba. *In*: MACHADO DE ASSIS, J. M. *Obra completa*. Rio de Janeiro: Nova Aguilar, 1994. v. 1. p. 708.

Vocabulário

Despeitado: invejoso, ciumento.

5 Carlos recorda a sala da festa e as pessoas que nela estavam. Indique quais são as figuras de linguagem usadas no trecho lido e, depois, explique como elas são usadas.

a) os leques impacientes _____

b) os bigodes despeitados _____

c) num banho de inveja e admiração _____

d) a princesa do baile _____

6 Podemos encontrar alguma relação entre as figuras de linguagem comentadas na atividade anterior (itens **a** e **b**) e as imagens usadas na placa indicadora de prioridades (atividades **1** a **5** das páginas 232 e 233)? Explique sua resposta.

Na metonímia, a substituição de um termo por outro acontece porque há entre eles algum tipo de relação. Assim, pode-se substituir:

o nome do autor pela obra	ler **Monteiro Lobato** (ler a **obra de** Monteiro Lobato)
o continente (ou seja, um recipiente que contém algo) pelo conteúdo (o que está dentro)	tomar **um copo** de suco (tomar o suco que está no copo); **a cidade** dormia (seus moradores é que dormiam); foi **um ano** produtivo (os fatos que ocorreram no ano foram produtivos)
a parte pelo todo	pedir **a mão** em casamento (pedir uma pessoa em casamento, não só a mão)
a causa (meios ou instrumentos) pelo efeito (resultado, consequência), ou vice-versa	**ganhar a vida** (o meio de vida); **viver de seu trabalho** (o resultado de seu trabalho)
a marca pelo produto	Preciso colocar um **durex** aqui na capa do caderno (a palavra **durex** era uma marca de fita adesiva. Hoje, usa-se esse termo para designar qualquer fita adesiva, não importa de qual marca)
o singular pelo plural	A **criança** é o futuro do nosso país (= as crianças são...)
a classe pelo indivíduo	O **porteiro** avisou que vai faltar água (= a função, a classe, pelo indivíduo)
a matéria pelo objeto	Ela só anda assim, cheia de **ouro** (= joias de ouro)

7 Nas orações a seguir, estão marcadas as metonímias que foram usadas. Faça a correspondência entre as colunas de forma a indicar que tipo de metonímia aparece em cada uma.

a) ☐ Conseguiu sucesso com determinação e **suor**. (trabalho)

b) ☐ Ler **Guimarães Rosa** é um projeto desafiador. (a obra de Guimarães Rosa)

c) ☐ Bebeu **dois copos** de suco antes do almoço. (a bebida no copo)

d) ☐ Comprei uma caixa de **gilete**. (lâmina de barbear)

e) ☐ **O vassourinha** chegou com seu sorriso. (o instrumento utilizado para varrer)

f) ☐ Vamos pingar **um Porto** na calda de maçãs. (o vinho do Porto)

g) ☐ O **trono inglês** está abalado pelas revelações sobre a família real. (o governo exercido pela monarquia)

h) ☐ A hospitalidade é o traço marcante do **brasileiro**. (os brasileiros)

i) ☐ **As buzinas** dominam a cena na avenida. (os carros)

j) ☐ **A equipe** se recusou a entrar em campo. (os jogadores)

k) ☐ Deitou-se cercado de **plumas e penas**. (o travesseiro)

I. A classe pelo indivíduo.
II. A marca pelo produto.
III. A matéria pelo objeto.
IV. A parte pelo todo.
V. O continente (o que está fora) pelo conteúdo (o que está dentro).
VI. O efeito pela causa ou vice-versa.
VII. O instrumento pela pessoa.
VIII. O lugar pelo produto.
IX. O nome do autor pela obra.
X. O sinal pela coisa significada.
XI. O singular pelo plural.

Antítese

1. No cartaz ao lado, que relação de sentido há entre os verbos **salgar** e **adoçar**? E entre os substantivos **pés** e **alma**?

_____

_____

> O uso expressivo, em um texto, de unidades de significado (palavras, expressões ou mesmo enunciados) com sentidos opostos chama-se **antítese**.

Leia, agora, o soneto de Gregório de Matos (1636-1696). Esse poeta baiano fazia severas críticas à sociedade de seu tempo e, por isso, ficou conhecido como "boca do inferno".

> **Soneto** é um poema de forma fixa, composto por quatro estrofes, sendo as duas primeiras constituídas por quatro versos cada uma (os quartetos), e as duas últimas de três versos cada uma (os tercetos). A forma mais comum é a que contém dez sílabas poéticas por verso, os chamados decassílabos.

Inconstância dos bens do mundo

Nasce o Sol, e não dura mais que um dia,
Depois da Luz se segue a noite escura,
Em tristes sombras morre a formosura,
Em contínuas tristezas a alegria.

5 Porém, se acaba o Sol, por que nascia?
Se é tão formosa a Luz, por que não dura?
Como a beleza assim se **transfigura**?
Como o gosto da pena assim se **fia**?

Mas no Sol, e na Luz falte a firmeza,
10 Na formosura não se dê constância,
E na alegria sinta-se tristeza.

Começa o mundo enfim pela ignorância,
E tem qualquer dos bens por **natureza**
A firmeza somente na inconstância.

MATOS, Gregório de. Inconstância dos bens do mundo. In: MATOS, Gregório de. *Obras poéticas*. Disponível em: www.dominiopublico.gov.br/download/texto/bv000119.pdf. Acesso em: 18 mar. 2020.

Vocabulário

Fiar: conceder, entregar.
Inconstância: falta de constância, de continuidade.
Natureza: combinação das qualidades originais, constitucionais ou nativas de um indivíduo, animal ou coisa.
Transfigurar: (fazer) mudar de figura, feição ou caráter; alterar(-se).

2 Releia a primeira estrofe e mostre quais antíteses o eu poético usou nas orações ou nas palavras que escolheu.

_____

_____

3 Como podemos relacionar o uso dessas antíteses ao título do poema?

_____

_____

4 O que afirma o poema a respeito dos bens do mundo?

_____

Paradoxo

Leia o verso da canção de Noel Rosa.
> Quem **acha** vive se **perdendo**.
> [...]

FEITIO de oração. Intérpretes: Noel Rosa; Francisco Alves; Castro Barbosa. Compositores: Noel Rosa; Vadico. *In*: NOEL pela primeira vez, v. 4. São Paulo: Velas, 2000. CD 7, faixa 2.

1 Qual a relação de sentido entre os verbos destacados?

_____

2 Que figura de palavra já conhecemos na qual são usados sentidos contrários?

_____

3 No verso, no entanto, as palavras contrárias estão na mesma frase ou em frases diferentes?

_____

Tais palavras parecem uma contradição do eu poético. Aqui temos a figura de palavra chamada paradoxo.

O **paradoxo** é parecido com a antítese, mas nele as duas ideias devem estar na mesma frase e, geralmente, encontram-se lado a lado para expressar essa contradição lógica.

> O **paradoxo** é uma figura de linguagem usada para transmitir sentidos opostos e contraditórios em uma mesma construção sintática.

4 Leia os versos a seguir e complete as lacunas.
> Se você quiser me prender,
> vai ter que saber me soltar
> [...]

TIRANIZAR. Compositor e intérprete: Caetano Veloso. *In*: TIRANIZAR. São Paulo: Universal Music International, 2012. 1 CD, faixa 1. Disponível em: www.vagalume.com.br/caetano-veloso/tiranizar.html. Acesso em: 21 fev. 2020.

O paradoxo é produzido pela oposição lógica das palavras _____ e _____.

Personificação

Você já conhece Esopo, que viveu no século VI a.C., na Grécia, e é famoso por suas fábulas, das quais "A cigarra e as formigas" é uma das mais conhecidas. Trata-se de um texto muito antigo, com 2800 anos de existência, mas a história ainda está como o autor a contou, com a mensagem original, apesar das muitas reescrituras e releituras. Muitos outros textos foram criados com base na história original. Confira a tira a seguir.

GONSALES, Fernando. *Níquel Náusea*. Disponível em: www.niquel.com.br. Acesso em: 18 mar. 2020.

1. Podemos situar esses quadrinhos em que momento da fábula citada? Explique sua resposta.

2. Muitas fábulas e essa tirinha têm em comum uma característica que lhes permite falar de problemas dos seres humanos de forma indireta. Que recurso, relacionado aos personagens, é esse?

> Na **personificação**, são atribuídas qualidades de seres animados (voz, movimento, raciocínio etc.) a seres animados, inanimados ou abstratos.

- O sol **nasce** mais cedo no verão.
- O dia já está **morrendo**.
- Nunca vi esta praia com ondas assim tão **raivosas**!

Sinestesia

Leia o trecho de texto a seguir.

Músicas passam, perpassam, finas, diluídas, finas, diluídas, e delas, como se a cor ganhasse ritmos preciosos, parece se desprender, se difundir uma harmonia azul, azul, de tal inalterável azul, que é ao mesmo tempo colorida e sonora, ao mesmo tempo cor e ao mesmo tempo som...

CRUZ E SOUSA, João da. Região azul. *In*: CRUZ E SOUSA, João da. *Obra completa*. Rio de Janeiro: Nova Aguilar, 1995. p. 558.

1. Quais são os adjetivos usados para descrever a harmonia que se desprende das músicas?

2. No trecho lido, portanto, dois sentidos do corpo humano são combinados para enriquecer a descrição. Quais são eles?

3. Sublinhe o trecho em que fica clara a **mistura** desses sentidos.

> Na **sinestesia**, termos relativos a diferentes sentidos do corpo humano são utilizados e misturados: tato, audição, olfato, gustação e visão.

Com a **sinestesia** são combinadas sensações diversas: visuais e auditivas, ou referentes ao tato e à audição. É uma figura de linguagem bastante utilizada em expressões artísticas, principalmente em canções e poemas.

4 Identifique, em cada exemplo a seguir, os sentidos que estão associados.

a) doce vento

b) beijinho doce

c) silêncio amargo

d) um luar velho dói sobre o silêncio

e) claridades cinzentas e surdas

Eufemismo

Leia a tira a seguir.

RIBEIRO, Estevão. *Hector e Afonso*: os passarinhos. Rio de Janeiro: Aquário, 2019. v. 3, p.10.

1 Na tirinha, que sentidos da palavra **visão** foram usados e por quem?

▶ **vi.são** [pl.: -ões] s.f. **1** sentido através do qual, por meio dos órgãos da vista, se percebem cor, forma e tamanho dos objetos **2** p.ext. representação imaginária causada por delírio ou ilusão; aparição, fantasma **3** fig. "ponto de vista".

HOUAISS, Antônio. *Minidicionário Houaiss da língua portuguesa*. São Paulo: Moderna, 2019. p. 828.

2 Você acha que Afonso gostou do livro de Hector?

3 E para dar essa opinião ao escritor, Afonso foi direto ou preferiu outra forma de fazê-lo? Explique sua resposta.

_____

_____

Muitas vezes, uma ideia é considerada muito forte, cruel, ofensiva, imoral. Nesses casos, o falante pode optar por uma expressão mais suave, mais polida. Assim, consegue-se um tom mais leve para uma expressão. O significado permanece, mas a frase se torna menos direta, negativa ou depreciativa.

Veja exemplos de eufemismo:

> - Ele não é muito simpático. (Em vez de "é antipático".)
> - O doente entregou a alma a Deus. (Em vez de "morreu".)
> - O que ele disse não é verdade. (Em vez de "é mentira".)

Eufemismo é o emprego de uma palavra ou expressão mais branda no lugar de outra considerada chocante ou desagradável.

Cada grupo social faz um julgamento diverso do valor das palavras. Assim, de uma época para outra ou de um grupo de pessoas para outro, diferentes palavras são consideradas feias ou mesmo proibidas. Para evitá-las, são usadas expressões consideradas mais amenas, os eufemismos.

O emprego de **eufemismo** ajuda nas relações sociais porque atenua possíveis choques de opinião e desvia a abordagem direta de assuntos que podem ser considerados nocivos em uma conversa, por exemplo: temas tristes (saudade, morte); controversos (futebol, religião); ou desagradáveis (violência, pobreza, sofrimento) etc.

Leia os trechos a seguir e, em seguida, faça o que se pede.

a) Neste fragmento, a personagem Flora conversa com o Conselheiro Aires:

— Por que não vai a Petrópolis? concluiu.
— Espero fazer outra viagem mais longa, muito longa...
— Para **o outro mundo**, aposto?
— Acertou.
5 — Já tem bilhete de passagem?
— Comprarei no dia do embarque.

MACHADO DE ASSIS, J. M. Esaú e Jacó. In: MACHADO DE ASSIS, J. M. *Obra Completa*. cap. XCVIII. Rio de Janeiro: Nova Aguilar, 1994. p. 1069.

Vocabulário
O outro mundo: mundo dos mortos.

b) O personagem Bentinho fala de seus amigos:

Os amigos que me restam são de data recente; todos os antigos foram estudar a **geologia** dos **campos-santos**.

MACHADO DE ASSIS, J. M. Dom Casmurro. In MACHADO DE ASSIS, J. M. *Obra Completa*. cap. II. Rio de Janeiro: Nova Aguilar, 1994. p. 811.

Vocabulário
Campo-santo: cemitério.
Geologia: ciência que estuda a origem, história, vida e estrutura da Terra através de sua formação rochosa.

c) Em carta a Brás Cubas, Quincas Borba devolve-lhe o relógio.

Meu caro Brás Cubas:
Há tempos, no Passeio Público, tomei-lhe de empréstimo um relógio. Tenho a satisfação de **restituir**-lho com esta carta.

MACHADO DE ASSIS, J. M. Brás Cubas. In: MACHADO DE ASSIS, J. M. *Obra Completa*. cap. XCI. Rio de Janeiro: Nova Aguilar, 1994. p. 599.

Vocabulário
Restituir: devolver.

4 Identifique a qual fragmento se referem as descrições a seguir:

☐ Um relógio que havia sido roubado.

☐ Personagem que cultiva ideias mórbidas prevê sua morte próxima.

☐ Narrador diz que seus antigos amigos já morreram.

5 Sublinhe, em cada trecho, os eufemismos usados para substituir as ideias de morte e roubo.

6 O que justifica a necessidade de recorrer a tais expressões?

Ao abrandar uma ideia ou fato que pode desagradar ou ser considerado grosseiro, o autor ou o falante procura um enunciado mais suave. É uma espécie de linguagem diplomática, que caracteriza, por exemplo, os textos de Machado de Assis, que se serve de eufemismos para caracterizar seus personagens, empregando, muitas vezes, humor ou ironia.

Pleonasmo

Gonçalves Dias (1823-1864), um dos grandes poetas líricos da literatura brasileira, exaltava a pátria e o tema indígena. O poema *I-Juca-Pirama* (1851) relata a história de um guerreiro tupi sobrevivente e fugitivo da destruição na costa que é aprisionado pela etnia Timbiras e que, conforme a tradição, deve ser sacrificado.

O chefe Timbira propõe ao prisioneiro que, antes de ser morto, conte suas façanhas para que os bravos Timbiras tenham maior gosto no seu sacrifício. Na estrofe a seguir, o cacique Timbira dirige-se ao prisioneiro, anunciando-lhe sua morte iminente.

> Pois que fraco, e sem tribo, e sem família,
> As nossas matas devassaste ousado,
> Morrerás morte vil da mão de um forte.

GONÇALVES DIAS, A. I-Juca-Pirama. *In*: GONÇALVES Dias – Poemas. *Revista Prosa, Verso e Arte*, Rio de Janeiro, [200-?]. Disponível em: www.revistaprosaversoearte.com/goncalves-dias-poemas/. Acesso em: 18 mar. 2020.

Gonçalves Dias (1823-1864).

1 Que palavras, na estrofe lida, repetem uma ideia?

2 Esse é um exemplo clássico de repetição de ideias na mesma frase (ou verso). Que efeito você observa com o emprego dessa repetição?

> **Pleonasmo** é a figura em que empregamos termos redundantes, ou seja, palavras que repetem as mesmas ideias, para reforçar ou enfatizar a expressão.

Ele pode ser usado para tornar o texto mais forte e contundente ou apenas para repetir desnecessariamente ideias já ditas.

O pleonasmo pode ter um efeito expressivo. São deselegantes, no entanto, pleonasmos como: descer para baixo, entrar para dentro, subir para cima, a ilha fluvial do Rio Araguaia, a monocultura exclusiva de uma planta etc.

Assim, ele deve ser evitado em alguns textos, mas tem emprego legítimo em certos casos, pois dá mais força ao que se quer exprimir.

Leia as duas frases a seguir.

> O elevador subiu para cima.
> Ele viu tudo com seus próprios olhos.

A primeira deve ser evitada; já na segunda se justifica plenamente a repetição da ideia "ver + com os olhos", pois se destaca o fato de "ele mesmo ter sido testemunha de **tudo**".

3 Relacione as duas colunas para explicar a falta de sentido dos pleonasmos nas expressões que usamos ou ouvimos com frequência, listadas na coluna da esquerda.

a) ☐ Mais melhor.
b) ☐ Maluco da cabeça.
c) ☐ Mar salgado.
d) ☐ Morder com os dentes.
e) ☐ Multidão de pessoas.
f) ☐ Olhar com os olhos.
g) ☐ Países do mundo.
h) ☐ Preferir mais.
i) ☐ Sair para fora.
j) ☐ Sangrar sangue.
k) ☐ Surpresa inesperada.
l) ☐ Sussurrar baixo.
m) ☐ Unanimidade de todos.
n) ☐ Verdade verdadeira.
o) ☐ Viúvo(a) do falecido(a).

I. Os países estão localizados no mundo (planeta).
II. Se algo é melhor, será mais conveniente que todos os outros.
III. Se alguém morde, só pode ser com os dentes.
IV. Se é mar, a água é salgada.
V. Se é sussurro, é baixo.
VI. Se é uma multidão, só pode ser de pessoas.
VII. Se é uma surpresa, não se espera.
VIII. Se é uma verdade, só pode ser verdadeira.
IX. Se é unânime, trata-se de todos.
X. Se ele(a) é viúvo(a), seu (sua) marido (esposa) está falecido(a).
XI. Se está maluco, só pode ser da cabeça.
XII. Se está saindo, é para fora.
XIII. Se sangra, é sangue.
XIV. Se uma pessoa está olhando, só pode ser com os olhos.
XV. Se você prefere algo, é claro que gosta mais daquilo.

Fique atento

Acabamos de ver que o **pleonasmo** é um tipo de repetição (de ideias, de termos ou expressões) ou redundância e pode ser aproveitado quando serve para enfatizar uma ideia ou deve ser evitado se apenas empobrece o nosso texto.

A redundância é comum, principalmente na língua falada, e funciona quase sempre para reforçar ou retomar alguma informação. Mas observe:

- Fuja da repetição exagerada. Você pode trocar as palavras repetidas por sinônimos, pronomes, palavras mais gerais ou mais específicas etc. Muitas vezes, a repetição prejudica a leitura e o entendimento de um texto porque dificulta a compreensão.
- Em alguns textos, por outro lado, é até preferível repetir certas palavras para facilitar o entendimento. Por exemplo, em um texto que ensina o funcionamento de um jogo ou outro que explica determinado conceito (na aula de Ciências, por exemplo), repetir algumas palavras ajuda o leitor a ir se situando no texto.

Leia o texto a seguir.

Qual é a importância da fotossíntese e como ela acontece?

Se houvesse luz solar durante a noite as plantas produziriam mais oxigênio?

A fotossíntese é um dos mais importantes processos da natureza. Ela transforma material inorgânico em orgânico (aquele que contém longas cadeias de carbono). As substâncias orgânicas servem como fonte de energia tanto para
5 a planta como para os animais que se alimentam dela. Além disso, ajudam a purificar o ar porque absorvem gás carbônico da atmosfera e devolvem oxigênio. A fotossíntese pode ocorrer em qualquer parte do planeta onde haja pigmentação verde, que indica a presença de clorofila, um dos princi-
10 pais compostos que entram no processo. "Mas a parte mais preparada para isso é a folha", explica o botânico Gilberto Kerbauy da Universidade de São Paulo.

O processo acontece nos cloroplastos, que ficam dentro das células do vegetal. É lá que se misturam todos os elementos necessários: a clorofila, a luz que é absorvida do Sol, a água que entra pela raiz (H_2O)
15 e é distribuída por toda planta e o gás carbônico (CO_2) do ar. [...]

A temperatura é bastante importante no processo de fotossíntese porque ela influencia no funcionamento das enzimas. A velocidade da fotossíntese é máxima quando a temperatura estiver entre 30° e 40° Celsius. Em temperaturas muito acima ou muito abaixo disso, a eficiência diminui.

Se houvesse luz solar 24 horas por dia, provavelmente as plantas fariam mais fotossíntese e produziriam
20 mais oxigênio, uma vez que os demais itens necessários para o processo estão sempre disponíveis. Com isso, elas cresceriam mais depressa [...].

FOTOSSÍNTESE produz açúcar e oxigênio. *Superinteressante*, São Paulo, 31 out. 2016. Disponível em: https://super.abril.com.br/ideias/fotossintese-produz-acucar-e-oxigenio/. Acesso em: 2 abr. 2020.

O texto nos dá informações sobre o fenômeno da fotossíntese, que acontece nas plantas e produz oxigênio.

4 Sublinhe no texto todas as ocorrências das palavras **fotossíntese**, **planta**(s), **oxigênio**, **clorofila** e anote quantas vezes elas aparecem.

5 Apenas uma dessas palavras – planta – foi substituída por outra, de sentido equivalente. Qual foi essa palavra?

_____

6 A repetição de palavras ajudou ou atrapalhou no entendimento do texto? Explique sua resposta.

_____
_____

Agora, leia a tirinha e responda às questões.

GALVÃO, Jean. Disponível em: https://encrypted-tbn0.gstatic.com/images?q=tbn%3AANd9GcRGjbVChPoHtOv8r1QTUbMJ06J9xQm375mcPmvxV4MXhVzVmbvS. Acesso em: 18 mar. 2020.

7 Para mostrar que você entendeu a tirinha, faça a correspondência.

a) Saia: imperativo do verbo sair.   ☐ A mulher manda o cão levar a peça de roupa para fora.

b) Saia: substantivo feminino.   ☐ A mulher manda o cão sair dali.

8 Explique por que uma das interpretações seria um pleonasmo.

_____
_____

9 A repetição de uma expressão ou sentido pode ser involuntária, se você falar ou escrever sem prestar atenção, ou proposital, para dar ênfase. Pode ser um defeito ou uma qualidade de seu texto. Como você avalia essa repetição na tirinha?

_____
_____
_____

Atividades

Leia a tira.

GOMES, Clara. *Bichinhos de Jardim*. Disponível em: http://bichinhosdejardim.com/oportunidades/. Acesso em: 18 mar. 2020.

1 O "minhoco" e a joaninha falam da **oportunidade** como um ser vivo que vem voando na direção deles. Que figura de linguagem é essa?

_____

2 Qual é a outra ocorrência da mesma figura de linguagem na tirinha?

_____

Leia, a seguir, o texto de Guilherme Freitas.

Eu fico feliz

Agora ela acha que eu ando esquisito. Me olha de um jeito, parece que eu fiquei maluco. Ela pensa que eu não percebo. Posso não saber falar direito, mas entendo o que os outros dizem com os olhos. O que eu posso fazer? Depois de tanto tempo na rua, é difícil se acostumar com outra vida.

Lembro do dia em que ela me trouxe pra casa pela primeira vez. Nunca tinha tido uma, e duvidava
5 que pudesse valer a pena. Mas eu fui ficando, ficando. Eu saía, vadiava, mas, por algum motivo estranho, acabava sempre voltando. Não conseguia pensar num lugar melhor pra estar.

Isso faz mais de um ano. Agora ela acha que eu ando esquisito. Não é culpa dela. "Não é culpa sua", eu digo o tempo todo, mas ela não entende. Não falamos a mesma língua. Espécies diferentes.

[...] Me pegou arranhando a porta mais de uma vez. Não que fique trancada, eu é que não sei abrir.
10 Ela me pega no colo e pergunta se eu quero alguma coisa. "Quero", eu digo, "eu quero tudo", mas ela não entende. Não falamos a mesma língua. Ela me põe de volta no chão.

De noite, enquanto ela dorme, fico pensando se é possível juntar duas épocas diferentes e começar uma terceira, melhor, completa. Mas sempre me perco tentando escolher o que guardaria de cada uma. Nem parece uma vida só. Olho pro lado, a porta está aberta. Posso sair se quiser. Me encolho num canto
15 e coço as orelhas. O que fazer se de qualquer jeito eu fico feliz?

FREITAS, Guilherme et al. *Calma que nunca chega*: 25 contos da Revista DRMnoar. Rio de Janeiro: Bruxedo, 2005. p. 137.

3 Em que pessoa está escrito o texto que você acabou de ler? Copie do texto pronomes que comprovem sua afirmação.

_____

_____

244

4 No texto há dois personagens: ela e ele. À medida que avançamos na leitura, percebemos que ele não é humano. Sublinhe trechos que ajudem nessa conclusão.

5 O texto, no entanto, deixa-nos em dúvida sobre a identidade de "ele". Que figura de linguagem, presente no texto, nos mantém nessa dúvida? Explique sua resposta.

6 Como ele foi parar nessa casa?

7 Por duas vezes ele afirma: "Não falamos a mesma língua". A expressão "falar a mesma língua" pode ser usada com o sentido de:

a) duas pessoas que falam línguas diversas (português e alemão, por exemplo).

b) duas pessoas que, falando o mesmo idioma, não conseguem se entender, porque têm pontos de vista diferentes.

Qual desses sentidos se aplica ao texto? Explique.

8 Explique o dilema que não o deixa ir embora.

9 Releia.

> Mas eu fui ficando, ficando.

Explique o efeito do emprego do gerúndio e a repetição do verbo.

10 Separe o período a seguir em orações e classifique-as.

> Eu saía, vadiava, mas, por algum motivo estranho, acabava sempre voltando.

Figuras de linguagem relacionadas à sintaxe

As **figuras de linguagem relacionadas à sintaxe** ou à construção de frases são desvios feitos na formação de orações ou de algum de seus termos.

São alterações feitas na concordância entre os termos da oração, na ordem e nas possíveis repetições ou omissões deles, tudo em busca de maior expressividade.

Vamos conhecer algumas delas.

Polissíndeto

1 Circule, nos trechos a seguir, as conjunções que se repetem.

a)
Não. Cansaço por quê?
É uma sensação **abstrata**
Da vida concreta –
Qualquer coisa como um grito
5 Por dar,
Qualquer coisa como uma
                        angústia
Por sofrer,
Ou por sofrer completamente,
Ou por sofrer como...
10 Sim, ou por sofrer como...
Isso mesmo, como...

CAMPOS, Álvaro de. Não. In: PESSOA, Fernando. *Poemas de Álvaro de Campos*. Disponível em: www.dominiopublico.gov.br/download/texto/jp000011.pdf. Acesso em: 18 mar. 2020.

b)
Falta-lhe o solo aos pés:
recua e corre, vacila e
grita, luta e se
                  ensanguenta,
5 e rola, e tomba, e se
espedaça, e morre...

BILAC, Olavo. *Abyssus*. Disponível em: www.dominiopublico.gov.br/download/texto/bv000287.pdf. Acesso em: 18 mar. 2020.

c)
Nem o perfume que expira
A flor, pela tarde amena,
Nem a nota que suspira
Canto de saudade e pena
5 [...]
Nada respira doçura
Como o teu nome, Sinhá!

MACHADO DE ASSIS, J. M. *Sinhá*. Disponível em: www.dominiopublico.gov.br/download/texto/bv000178.pdf. Acesso em: 18 mar. 2020.

Abstrato: que não se baseia em fatos, apenas em ideias e suas associações.

2 Que sentimentos ou sensações essas repetições criam no leitor? Responda com as letras dos trechos de poema da atividade anterior que correspondem a cada sensação.

a) No item ☐, sensação de acúmulo de coisas que não se comparam com a amada.

b) No item ☐, sensação de acúmulo de dúvidas inúteis.

c) No item ☐, sensação de desorientação e desespero.

De modo geral, costumamos evitar a repetição exagerada de palavras para não tornar os textos cansativos e difíceis de serem lidos.

Mas, em alguns casos, podemos justamente empregar a repetição para enfatizar alguma ideia ou sensação.

Observe como a repetição da conjunção coordenativa aditiva **nem** dá destaque ao peso do castigo.

> Ele acabou de castigo: nem sobremesa, nem festa, nem fim de semana.

> ↑ No **polissíndeto**, fazemos uso repetido de uma ou mais conjunções.

Assíndeto

Leia o trecho a seguir.

> [...] A barca vinha perto, chegou, atracou, entramos. [...]
>
> MACHADO DE ASSIS, J. M. *Memorial de Aires*. Disponível em: www.dominiopublico.gov.br/download/texto/bn000025.pdf.
> Acesso em: 18 mar. 2020.

1 Na frase acima, há alguma palavra repetida? _____

2 E há alguma conjunção unindo as orações? (Lembre-se de que cada verbo é uma oração.) _____

Trata-se da figura de linguagem chamada **assíndeto**.

> No **assíndeto** acontece o contrário do que ocorre no polissíndeto, ou seja, é a ausência ou supressão da conjunção coordenativa aditiva entre os elementos de uma sequência de palavras, de termos de uma oração ou de orações coordenadas.

Enquanto o polissíndeto pode criar o efeito de acúmulo, cansaço e repetição, o assíndeto dá ao texto a impressão de rapidez, o que prende a atenção do leitor.

Confira este outro exemplo de emprego de assíndeto e faça o que se pede.

> Fidélia chegou, Tristão e a madrinha chegaram, tudo chegou; eu mesmo cheguei a mim mesmo, – por outras palavras, estou reconciliado com as minhas **cãs**.
>
> MACHADO DE ASSIS, J. M. Memorial de Aires. *In*: MACHADO DE ASSIS, J. M. *Machado de Assis:* obra completa em três volumes. Rio de Janeiro: Nova Aguilar, 1994. p. 1139.

Cãs: cabelos brancos.

3 No exemplo, vemos que as orações estão em sequência sem que haja entre elas _____ _____. Essa configuração sintática transmite a ideia de sucessão rápida e cumulativa de ações.

4 Outra figura de linguagem usada no trecho contribui para a mesma ideia. Que palavra é repetida no trecho?

_____

_____

5 Que outra figura de linguagem é essa?

_____

Hipérbato ou inversão

Leia os primeiros versos do Hino à bandeira.

> Salve, lindo **pendão** da esperança,
> Salve, símbolo **augusto** da paz!
> Tua nobre presença à lembrança
> A grandeza da Pátria nos traz.
> 5 [...]

Augusto: que merece respeito; magnífico.
Pendão: bandeira.

HINO à Bandeira Nacional. Compositor da letra: Olavo Bilac. Compositor da música: Francisco Braga. Brasília, DF: Presidência da República; Planalto, [19--]. Disponível em: www.gov.br/planalto/pt-br/conheca-a-presidencia/acervo/simbolos-nacionais/hinos/hinos. Acesso em: 3 abr. 2020.

1 Separe e classifique os termos dos versos a seguir.

Tua nobre presença à lembrança

A grandeza da Pátria nos traz.

a) Sujeito: _____

b) Predicado: _____

c) Núcleo do predicado: _____

d) Objeto direto: _____

e) Objeto indireto: _____

f) Adjunto adverbial de lugar: _____

2 Nesses dois últimos versos, os termos que compõem a oração estão arrumados em uma ordem "natural"?

_____

3 Qual seria a ordem lógica "esperada" das palavras que a compõem?

_____

Essa alteração da ordem de um termo da oração ou de uma oração em um período é uma figura de sintaxe chamada hipérbato.

> O **hipérbato** é um recurso de inversão da ordem direta da frase (sujeito-verbo-objeto-complementos).

4 Reescreva os versos iniciais do Hino Nacional Brasileiro anulando o hipérbato, ou seja, desfazendo a inversão e colocando os termos na ordem direta.

> Ouviram do Ipiranga as margens plácidas / De um povo heroico o brado retumbante
>
> ESTRADA, Joaquim Osório Duque; SILVA, Francisco Manuel da. Hino Nacional Brasileiro. *In*: BRASIL. Presidência da República. Brasília, DF, [19--]. Disponível em: www.planalto.gov.br/ccivil_03/constituicao/hino.htm. Acesso em: 19 mar. 2020.

_____

5 Os termos dos versos a seguir estão fora de ordem. Reescreva-os na ordem mais direta.

> Mas como causar pode seu favor / nos corações humanos amizade
>
> CAMÕES, Luís Vaz de. Amor é um fogo que arde sem se ver. *Obra completa*. Rio de Janeiro: Aguilar Editora, 1963. p. 270.

_____

Figura de linguagem relacionada ao som

As **figuras de linguagem relacionadas à camada fônica** usam os sons para ilustrar ou simbolizar determinados efeitos que o texto pretende causar.

Aliteração

Leia o provérbio a seguir.

Quem com ferro fere, com ferro será ferido.

Provérbio popular.

1. O que notamos logo em relação ao som das palavras? _____

2. Que efeito esse recurso atribui ao provérbio? _____

> **Aliteração** é o uso de palavras nas quais aparece um fonema consonantal repetido, para sugerir um determinado som ou efeito.

Veja como um dicionário define a aliteração para as áreas de estilística, gramática e literatura.

[...] repetição de fonemas idênticos ou parecidos no início de várias palavras na mesma frase ou verso, visando obter efeito estilístico na prosa poética e na poesia (*p.ex.*: rápido, o raio risca o céu e **ribomba**) [...]

ALITERAÇÃO. *In*: DICIONÁRIO Eletrônico Houaiss da Língua Portuguesa.

Vocabulário

Ribombar: produzir barulho muito forte.

Ampliar

Carolina,
de Sirlene Barbosa e João Pinheiro (Veneta)

Carolina Maria de Jesus foi um dos grandes fenômenos literários do Brasil nos anos 1960. Negra, pobre, moradora da favela do Canindé, zona norte de São Paulo, e mãe de três, Carolina narrou em um livro seu cotidiano na favela. Foi descoberta pelo jornalista Audálio Dantas, que a ajudou a publicar o trabalho. A história de luta, fama e declínio de umas das mais marcantes vozes femininas da literatura brasileira está em "Carolina", biografia em quadrinhos de João Pinheiro e Sirlene Barbosa. O livro narra sua infância pobre em Minas Gerais, sua vida sofrida em São Paulo, a fama, as ilusões, as decepções e o esquecimento.

3. Além de ser usada em provérbios populares, a aliteração também é empregada em trava-línguas, pequenos textos que divertem e desafiam o leitor a pronunciá-los sem se atrapalhar. Leia em voz alta e bem depressa os trava-línguas a seguir. Depois, escreva que sons se repetem.

a) A vaca malhada foi molhada por outra vaca molhada e malhada.
_____

b) Atrás da pia tem um prato, um pinto e um gato. Pinga a pia, para o prato, pia o pinto e mia o gato. _____

c) Luzia lustrava o lustre listrado, o lustre listrado luzia.
_____

d) O princípio principal do príncipe principiava principalmente no princípio principesco da princesa. _____

e) O que é que Cacá quer? Cacá quer caqui. Qual caqui que Cacá quer? Cacá quer qualquer caqui. _____

f) O rato roeu a roupa do Rei de Roma, a rainha com raiva resolveu remendar. _____

g) Trazei três pratos de trigo para três tigres tristes.
_____

Atividades

Se você já viu alguém tecendo em máquinas artesanais, terá presenciado os fios de algodão (ou de outro tipo) sendo lançados de um lado para outro, trançados e cruzados até o tecido ficar pronto. O poema a seguir fala em tecer, construir, mas não um tecido, e sim uma manhã. Veja como o eu poético enxerga o amanhecer.

TEXTO 1

Tecendo a manhã

Um galo sozinho não tece uma manhã:
ele precisará sempre de outros galos.
De um que apanhe esse grito que ele
e o lance a outro: de um outro galo
5 que apanhe o grito que um galo antes
e o lance a outro: e de outros galos
que com muitos outros galos se cruzem
os fios de sol de seus gritos de galo
para que a manhã, desde uma teia **tênue**,
10 se vá tecendo, entre todos os galos.

E se encorpando em tela, entre todos,
se erguendo tenda, onde entrem todos,
se entretendendo para todos, no toldo
(a manhã) que plana livre de armação.
15 A manhã, toldo de um tecido tão aéreo
que, tecido, se eleva por si: luz balão.

MELO NETO, João Cabral de. Tecendo a manhã. *In*: MELO NETO, João Cabral de. *A educação pela pedra*. Rio de Janeiro: Alfaguara, 2008.

Vocabulário
Tênue: que quase não se percebe; sutil.

1. Você já viu o dia amanhecer? O dia nasce e tudo fica iluminado de repente ou é aos poucos? Que ruídos vão surgindo à medida que o dia nasce? Troque ideias com o colega ao lado e registre a descrição de vocês sobre como acontece o amanhecer.

2. Você já viu um tear ou uma máquina de tecer artesanal ou mesmo industrial? Observe a fotografia e descreva o que vê.

3 Observe o uso do verbo **tecer** no poema e responda às questões.

a) De acordo com o poema, quem realiza a ação de tecer?

_____

b) O que o sujeito dessa ação tece, ou seja, qual é o objeto direto do verbo **tecer**?

_____

c) O que representa a linha de uma teia nessa ação?

_____

d) Segundo o poema, como o sujeito dessa ação realiza essa tarefa? Descreva.

_____
_____
_____

4 Que figura de linguagem é usada no título do poema? Elabore uma frase usando o título e a comparação para explicar seus elementos.

_____
_____

5 Que verso do poema relaciona esses mesmos elementos à figura de linguagem empregada no título?

_____

6 Releia os versos 7 e 8.

> que com muitos outros galos se cruzem / os fios de sol de seus gritos de galo

a) A que o eu poético compara os gritos dos galos?

_____

b) Nesses versos ocorre comparação ou metáfora? Explique sua resposta.

_____
_____
_____
_____

7 No poema, o ato de tecer vai gradativamente mostrando o resultado. Retire do texto palavras ou expressões que mostrem o progresso da ação de tecer até o resultado e complete as lacunas.

Teia tênue, _____, _____, toldo e _____.

8. Quando a ação de tecer se conclui, o eu poético usa a imagem de **luz balão**. Explique essa imagem. A que se refere a luz balão?

_____
_____

9. Que figura de linguagem encontramos em **luz balão**?

_____

10. Que outra figura de linguagem encontramos no primeiro verso "Um galo sozinho não tece uma manhã", além da que foi citada na atividade 4?

_____
_____

11. Encontre e comente uma aliteração no poema.

_____
_____
_____
_____
_____

12. Encontre e comente um polissíndeto no poema.

_____
_____

13. Que efeito se conseguiu ao **não** usar verbos no final dos versos 3 ("De um que apanhe esse grito que ele") e 5 ("que apanhe o grito que um galo antes"), optando-se por não terminar esses versos? Discuta com os colegas e registre no caderno a conclusão do grupo para apresentar à turma.

_____
_____
_____
_____
_____
_____

14 Em que versos o eu poético resume a descrição de uma manhã?

O poema "Violões que choram" é um exemplo de obra do Simbolismo, um movimento que se desenvolveu no século XIX nas artes plásticas, no teatro e na literatura, em vários países do mundo e no Brasil.

Algumas características: musicalidade, encontrada na linguagem cheia de recursos fônicos, extremo subjetivismo, uso de muitos substantivos e adjetivos e de substantivos abstratos no plural, entre outras.

TEXTO 2

Violões que choram

Ah! **plangentes** violões **dormentes**, mornos,
Soluços ao luar, choros ao vento...
Tristes perfis, os mais vagos contornos,
Bocas **murmurejantes** de lamento.
5 [...]

Quando os sons dos violões vão soluçando,
Quando os sons dos violões nas cordas gemem,
E vão **dilacerando** e deliciando,
Rasgando as almas que nas sombras tremem.
10 [...]

Vozes veladas, veludosas vozes,
Volúpias dos violões, vozes veladas,
Vagam nos velhos **vórtices** velozes
Dos ventos, vivas, vãs, vulcanizadas.
15 Tudo nas cordas dos violões ecoa
E vibra e se contorce no ar, **convulso**...
Tudo na noite, tudo **clama** e voa
Sob a febril agitação de um pulso. [...]

Vocabulário

Clamar: gritar, bradar, exclamar.
Convulso: em que há convulsão, contração violenta e dolorosa.
Dilacerar: rasgar com força, despedaçar.
Dormente: que dorme ou está adormecido.
Murmurejante: que murmura, sussurra.
Plangente: que chora, triste.
Volúpia: grande prazer dos sentidos.
Vórtice: remoinho, turbilhão, movimento forte e giratório.

CRUZ E SOUSA, João da. *Poesias completas de Cruz e Sousa*. Rio de Janeiro: Ediouro, 1995. p. 50-53.

15 No poema, podemos perceber a repetição de vários fonemas. Que fonema mais se repete?

16 Quais sons lembram os fonemas repetidos no poema?

17 Como se chama a repetição significativa de fonemas em um texto?

_____
_____
_____

18 De quem é o "pulso" mencionado no 16º verso?

_____
_____
_____
_____

19 Vimos que pleonasmo é a figura em que empregamos termos redundantes. Veja a seguir uma lista de expressões que usamos ou ouvimos no dia a dia. Explique a redundância nelas, ou seja, por que são consideradas pleonasmos.

a) Acabamento final. _____

b) Adiar para depois. _____

c) Amanhecer o dia. _____

d) Certeza absoluta. _____

e) Comer com a boca. _____

f) Conclusão final. _____

g) Descer para baixo. _____

h) Dupla de dois. _____

i) Elo de ligação. _____

j) Entrar para dentro. _____

k) Ganhar de graça. _____

l) Gritar alto. _____

m) Há muitos anos atrás. _____

Retomar

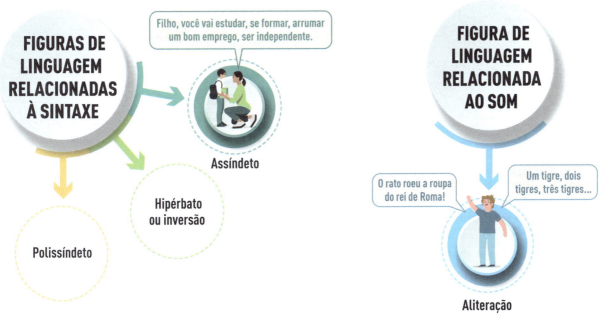

Listas para consulta

Unidade 2

Tipos de verbo segundo a forma	
Verbos regulares	Seguem o modelo de sua conjugação (1ª, 2ª ou 3ª conjugações). Nos verbos regulares, o radical se mantém o mesmo em todas as formas: **falar**, **cantar**, **vender**, **comer**, **partir**, **sorrir** etc.
Verbos irregulares	Não seguem o modelo de sua conjugação, pois sofrem alterações no radical ou nas terminações. Por exemplo: **dar**, **fazer**, **dizer**, **medir**, **poder**, **querer**, **saber**, **trazer**, **caber**, **ver**, **pedir** etc.
Verbos pronominais	São verbos conjugados e usados com pronomes átonos: **queixar-se**, **condoer-se**, **apiedar-se**, **encontrar-se**, **enganar-se**, **debater-se**, **agitar-se**.
Verbos reflexivos	Também vêm conjugados e usados com pronomes átonos, mas esse pronome representa a mesma pessoa que faz a ação. Ele <u>se</u> **olhou** no espelho. Os verbos reflexivos podem indicar também reciprocidade, ou seja, uma ação mútua de duas ou mais pessoas. As duas <u>se</u> e**ncontraram** no cinema.

Unidade 2

Verbos com particípio duplo		
Verbo	Particípio regular	Particípio irregular
absorver	absorvido	absorto
aceitar	aceitado	aceito, aceite
acender	acendido	aceso
afligir	afligido	aflito
benzer	benzido	bento
cativar	cativado	cativo
cegar	cegado	cego
completar	completado	completo
convencer	convencido	convicto
cultivar	cultivado	culto
descalçar	descalçado	descalço
dissolver	dissolvido	dissoluto
distinguir	distinguido	distinto

Unidade 2

Verbos com particípio duplo		
Verbo	**Particípio regular**	**Particípio irregular**
eleger	elegido	eleito
emergir	emergido	emerso
entregar	entregado	entregue
envolver	envolvido	envolto
expressar	expressado	expresso
exprimir	exprimido	expresso
expulsar	expulsado	expulso
extinguir	extinguido	extinto
enxugar	enxugado	enxuto
ganhar	ganhado	ganho
gastar	gastado	gasto
imergir	imergido	imerso
imprimir	imprimido	impresso
inserir	inserido	inserto
inquietar	inquietado	inquieto
juntar	juntado	junto
libertar	libertado	liberto
limpar	limpado	limpo
manifestar	manifestado	manifesto
matar	matado	morto
morrer	morrido	morto
ocultar	ocultado	oculto
omitir	omitido	omisso
pagar	pagado	pago
prender	prendido	preso
salvar	salvado	salvo
secar	secado	seco

Unidade 2

Verbos com particípio duplo		
Verbo	**Particípio regular**	**Particípio irregular**
soltar	soltado	solto
submergir	submergido	submerso
suspender	suspendido	suspenso
tingir	tingido	tinto
vagar	vagado	vago

Unidade 3

O pronome SE		
Função	**Uso**	**Exemplos**
objeto direto reflexivo	representa a mesma pessoa que o sujeito	Ana **se** olhou no espelho.
objeto direto recíproco	exprime ação recíproca (mútua) entre dois indivíduos	Eles **se** abraçaram na hora da vitória.
objeto indireto reflexivo	representa a mesma pessoa que o sujeito	João **se** perguntava: "Aquilo vai dar certo?"
objeto indireto recíproco	exprime ação recíproca (mútua) entre dois indivíduos	Os dois companheiros confessaram-**se** tudo.
pronome apassivador	emprega-se na voz passiva sintética ou pronominal	Vendem-**se** bicicletas.
índice de indeterminação do sujeito	junto à 3ª pessoa do singular de verbos intransitivos, transitivos indiretos ou verbos de ligação	Aqui **se** come bem.
parte integrante de certos verbos	geralmente com verbos de sentimento ou de mudança de estado: **admirar-se**, **arrepender-se**, **atrever-se**, **indignar-se**, **queixar-se**, **derreter-se**, **congelar-se** etc.	Não **se** atreva a desobedecer!

Unidade 4

Contextos especiais de concordância verbal		
Se o sujeito	**O verbo**	**Exemplos**
é um substantivo **coletivo**	fica no singular	A constelação **brilhou** no céu na hora da premiação.
tem **nome próprio** precedido de artigo plural	fica no plural	As Ilhas Malvinas **atraem** muitos turistas. Os Aviões do Forró **estarão** no próximo programa.
tem **nome próprio** não precedido de artigo	fica no singular	Tiradentes **tem** um ótimo festival de cinema. Palmas **fica** em Tocantins.
é um **pronome de tratamento**	fica na 3ª pessoa	Sua Santidade, o papa, **virá** ao Brasil.
é **indeterminado**	fica na 3ª pessoa do plural	**Prometeram** a ele nova oportunidade.
é **indeterminado** pelo pronome **se**	fica na 3ª pessoa do singular	**Precisa-se** de pedreiros.
é **inexistente** (oração sem sujeito), se estiver sendo usado um verbo impessoal	fica na 3ª pessoa do singular	**Choveu** há duas semanas. **Houve** muitos problemas no jogo. Já **faz** três horas que eu espero.
estiver concordando com o verbo **ser** quando este indica tempo, distância ou data	fica no singular ou no plural, de acordo com o número que o suceder; em datas, concorda com o número ou com a palavra **dia**, subentendida	**É** uma hora. **São** duas horas da manhã. Hoje **são** 6 de janeiro. Ontem **foi** (dia) 5 de janeiro.

Unidade 4

Contextos especiais de concordância verbal com o sujeito simples		
Se o sujeito	**O verbo**	**Exemplos**
é um pronome **interrogativo** ou **indefinido** no singular	fica no singular	Quem **vai participar** do jogo? Ninguém **ganhará** a partida.
é uma expressão que indica **porcentagem** seguida de substantivo	concorda com o substantivo	Apenas 10% dos atletas **ganham** medalha. Descobri que 5% do lucro **será** meu.
indica **quantidade aproximada**, com expressões como **cerca de**, **mais de**, **menos de**, **perto de** + um numeral + substantivo	concorda com o substantivo	Perto de trinta alunos **farão** prova. Mais de um patrocinador **ligou** para o clube.
tem expressões partitivas, como **parte de**, **uma porção de**, **um montão de**, o **grosso de**, **metade de**, **a maioria de**, **a maior parte de** e outras, seguidas de um substantivo ou pronome no plural	concorda com a expressão partitiva ou com o substantivo ou pronome que vem em seguida	Um montão de amigos **tentou/tentaram** falar com o vencedor. A maioria das sobremesas **era/eram** de chocolate.
estiver relacionado com o verbo **ser**	pode concordar com o predicativo em lugar de concordar com o sujeito	O pior **são** essas chuvaradas.

Unidade 4

Contextos especiais de concordância verbal com o sujeito simples		
Se o sujeito	**O verbo**	**Exemplos**
for um dos pronomes interrogativos **que** ou **quem** e estiver relacionado com o verbo ser	pode concordar com o predicativo em lugar de concordar com o sujeito	**Que** são alguns meses de espera se no final nasce um neném tão lindo?
for um dos pronomes **isto**, **isso**, **aquilo**, **tudo** e estiver relacionado com o verbo **ser**	pode concordar com o predicativo em lugar de concordar com o sujeito	**Aquilo** são os fogos da festa de São João.

Unidade 4

Contextos especiais de concordância verbal com o sujeito composto: flexão de número		
Sujeito	**Verbo**	**Exemplos**
sujeito **depois** do verbo (sujeito posposto)	concorda com o núcleo mais próximo ou fica no plural concordando com todos os núcleos	Logo depois, **chegou/chegaram** Cláudia e suas amigas.
os núcleos do sujeito são **sinônimos** ou quase sinônimos	concorda com o núcleo mais próximo ou fica no plural concordando com todos os núcleos	O barulho, a confusão, a conversa na sala **atrapalha/atrapalham** a concentração.
os núcleos do sujeito formam uma **enumeração** gradativa	concorda com o núcleo mais próximo ou fica no plural concordando com todos os núcleos	A mesma coisa, o mesmo ato, a mesma palavra **provocava/provocavam** ora risadas, ora castigos.
os núcleos do sujeito são interpretados **em conjunto** como uma qualidade, uma atitude	concorda com o núcleo mais próximo ou fica no plural concordando com todos os núcleos	A graça e a misericórdia de Deus **é/são** infinita/infinitas.

Unidade 4

Contextos especiais de concordância verbal com o sujeito composto: flexão de pessoa		
Sujeito	**Verbo**	**Exemplos**
sujeito composto formado por diferentes pessoas gramaticais	vai para a 1ª pessoa do plural se um dos núcleos do sujeito estiver na 1ª pessoa	Só eu e você **acertamos** essa questão.
	vai para a 2ª pessoa do plural se houver um núcleo na 2ª pessoa e nenhum na 1ª	Tu e ela **viestes** cedo.
os núcleos do sujeito são da 3ª pessoa	vai para a 3ª pessoa do plural	O professor e a aluna **mostraram** as fotos para a turma.

Unidade 5

Casos comuns de regência verbal				
Verbo	**Sentido**	**Preposição**	**Tipo de verbo**	**Exemplos**
aconselhar	dar um conselho a alguém	a	VTDI	Aconselhei um passeio a meu amigo.
	aconselhar alguém a algo	a	VTDI	Aconselhei Leo a descansar amanhã.
agradar	fazer carinho, afagar	–	VTD	Nina agradou o gatinho.
	ser agradável, dar prazer	a	VTI	A música agradou a todos.
antipatizar	ter antipatia	com	VTI	Antipatizaram com você.
aspirar	inspirar, cheirar	–	VTD	Aspirei esse delicioso perfume.
	desejar, almejar	a	VTI	Aspiro ao lugar de treinador.
assistir	ver, presenciar	a	VTI	Assistiu ao *show*.
	acompanhar, dar assistência	–	VTD	Assistia o paciente com cuidado.
	auxiliar, socorrer	a	VTI	Assiste aos pobres do bairro.
	pertencer, ser direito de	a	VTI	Votar é um direito que assiste a todos.
avisar	avisar algo a alguém	a	VTDI	Avisei o perigo a Nair.
	avisar alguém de algo	de	VTDI	Avisei Nair do perigo.
chegar/ir	alcançar ou dirigir-se a um lugar	a	VTI	Vovó irá a seu aniversário.
	atingir ou alcançar algo	a	VTI	A pesquisa chegou ao final.
implicar	ter antipatia por	com	VTI	Beto implicou com Dudu.
	provocar, acarretar	–	VTD	Sua recusa implica novos planos.
importar/importar-se	fazer vir de outro país	–	VTD	Importou uma TV.
	acarretar, causar	–	VTD	Essa viagem importa muitos gastos.
	dar importância a	com	VTD	Ela se importa com você.

Unidade 5

\multicolumn{5}{c	}{**Casos comuns de regência verbal**}
Verbo	**Sentido**	**Preposição**	**Tipo de verbo**	**Exemplos**
informar	avisar alguma coisa	–	VTD	Informou o dia do passeio.
	avisar a alguém	a	VTI	Informou aos alunos.
	avisar alguma coisa a alguém	a	VTDI	Informou o dia do passeio aos alunos.
	avisar alguém de/sobre alguma coisa	de/sobre	VTDI	Informou os alunos do/sobre o passeio.
lembrar/esquecer	recordar/não recordar	–	VTD	Lembrou o recado?
lembrar-se/esquecer-se	recordar-se/não se recordar	de	VTI	Ele se esqueceu do meu aniversário.
namorar	cortejar, sair com	–	VTD	João namora Lila.
obedecer	cumprir, sujeitar-se	a	VTI	Obedecemos ao estatuto.
desobedecer	não cumprir	a	VTI	Ele desobedeceu ao professor.
pagar	pagar alguma coisa	–	VTD	Paguei a sua entrada.
	pagar a alguém	a	VTI	Juca pagou ao dentista.
	pagar alguma coisa a alguém	a	VTDI	Pedro pagou a consulta ao dentista.
perdoar	perdoar alguma coisa	–	VTD	Jê perdoou a dívida.
	perdoar a alguém	a	VTI	Jê perdoou ao irmão.
	perdoar alguma coisa a alguém	a	VTDI	Jê perdoou a dívida ao irmão.
pisar	caminhar sobre	–	VTD	Não pise o cimento fresco.
preferir	gostar mais de, achar melhor que	a	VTDI	Prefere maçã a goiaba.
presidir	ser presidente	a	VTI	O professor presidiu aos exames.
prevenir	prevenir algo a alguém	a	VTDI	Já preveni o perigo de brincar com fogo a Nina.
	prevenir alguém de alguma coisa	de	VTDI	Já preveni Nina do perigo de brincar com fogo.

Unidade 5

Casos comuns de regência verbal				
Verbo	**Sentido**	**Preposição**	**Tipo de verbo**	**Exemplos**
proceder	ser verdadeiro, justificar-se	–	VI	Sua dúvida não procede.
proceder	vir de algum lugar	de	VTI	O ônibus procede de Itu.
proceder	originar-se de	de	VTI	Esse mal-estar procede do que ele comeu.
proceder	dar início a	a	VTI	A diretora procedeu à homenagem.
querer	desejar	–	VTD	Quero um tênis azul.
querer	estimar, amar	a	VTI	Quero bem a meus amigos.
simpatizar	ter simpatia	com	VTI	Simpatizei com Maria.
visar	assinar, rubricar, dar visto	–	VTD	Ela já visou o cheque.
visar	mirar	–	VTD	O jogador visou o gol.
visar	pretender, ter em vista	a	VTI	Elas visam ao sucesso.

Unidade 5

Casos comuns de regência nominal		
Nome	**Preposição**	**Exemplo**
acessível	a	O ensino deve ser acessível a todos.
acostumado	a, com	Ainda não estou acostumado com meu novo celular.
afável	(para) com	Gisela foi muito afável (para) comigo.
agradável	a	A companhia de Isabela é agradável a todos.
agradecido	a, por	Sou agradecida a Carolina por tudo que ela me fez.
alheio	a (de)	O menino parece alheio a (de) tudo.
ansioso	de/por/para	Eu estava ansiosa de (por/para) ver minhas amigas.
apto	a/para	Gustavo é a pessoa mais apta a (para) fazer esse trabalho.
aversão	a/por	Alda tem aversão a lugares muito barulhentos.
ávido	de/por	Leonardo estava ávido por (de) férias.

Unidade 5

Casos comuns de regência nominal		
Nome	**Preposição**	**Exemplo**
benefício	a	A reforma no prédio trará benefícios a todos os moradores.
capacidade	de/para	Cecília tem capacidade de (para) fazer isso sozinha.
compatível	com	Esse comportamento não é compatível com alguém da sua idade.
compreensível	a	Tentei deixar o texto compreensível a todos.
contemporâneo	a/de	J. K. Rowling é contemporânea a (de) Pedro Bandeira.
contrário	a	Sua última frase foi contrária a tudo que tinha dito antes.
cuidadoso	com	Minha mãe é muito cuidadosa com a saúde.
curioso	de/por	Víctor estava curioso por notícias suas.
descontente	com	Fiquei descontente com o comentário de Alexandre.
desejo	de	Cláudia tinha o desejo de se tonar engenheira.
desempenho	em	Meu desempenho em Geografia seria melhor se eu estudasse mais.
diferente	de	O sofá novo é muito diferente do antigo.
difícil	de	Achei esse conteúdo difícil de entender.
entendido	em	Priscila é muito entendida no assunto.
equivalente	a	Isso não é equivalente àquilo.
escassez	de	A escassez de água me preocupa.
essencial	a/para	A água é essencial à (para a) vida.
estranho	a	Sou estranha a esse comentário.
fácil	de	Esse bolo é muito fácil de preparar.
favorável	a	Sou favorável às mudanças.
generoso	com	Antônio foi generoso com seus amigos.
grato	a	Sou grata a você.
hábil	em	Eduardo é muito hábil na cozinha.
habituado	a	Estou habituado a acordar cedo.
horror	a	Tenho horror a lagartixas.
idêntico	a	Beatriz é idêntica à irmã.

Unidade 5

Casos comuns de regência nominal		
Nome	**Preposição**	**Exemplo**
igual	a	Eu não sou igual a você.
importante	para	O que você diz é importante para mim.
impossível	de	A história que Carlos contou é impossível de acreditar.
impróprio	para	Esse brinquedo é impróprio para crianças muito pequenas.
incluído	em/entre	O nome de Roberto não está incluído na lista. Roberto não está incluído entre os convidados.
incompatível	com	Seu discurso é incompatível com suas ações.
indiferente	a	Sou indiferente ao que Paulo pensa.
insensível	a	Jair é bastante insensível à causa.
justificativa	para/de	Pedro não pode dar justificativa para (de) seu comportamento.
leal	a	Joana sempre foi leal a suas amigas.
medo	a/de	Não tenha medo de (a) tentar.
natural	de	Isso é natural dos gatos.
nocivo	a	Fumar é nocivo à saúde.
obediência	a	Farei isso em obediência às normas.
obrigado	a	Ela não é obrigada a nada.
ocupado	com	Ando tão ocupado com as tarefas da casa, que não tive tempo de te ligar antes.
paralelo	a	O desenvolvimento econômico deve ser paralelo ao social.
parecido	com	O irmão de Fernando é muito parecido com ele.
passível	de	Este arquivo é passível de modificações.
possuído	de/por	Ao ver o filme, foi possuído por (de) uma tristeza enorme.
posterior	a	A reação é posterior à ação.
preferível	a	É preferível chegar atrasado a não ir.
prejudicial	a	Qualquer coisa em excesso é prejudicial à saúde.
prestes	a	Carol está prestes a sair.
prevenção	de	O restaurante adotou novas medidas de prevenção de acidentes.
próximo	a/de	Sou muito próxima à minha família.

Unidade 5

Casos comuns de regência nominal		
Nome	**Preposição**	**Exemplo**
relacionado	a/com	Lia, este assunto está relacionado à sua pesquisa?
respeito	a/com/para	Tenho muito respeito a seu pensamento.
responsável	por	Serei responsável pela organização da festa.
semelhante	a (...em)	Os desenhos de Gabriel são semelhantes aos de Henrique em todos os aspectos.
sensível	a	Mesmo que eles não sejam sensíveis à nossa causa, não desistiremos.
suspeito	de	Ele é suspeito de fraudar documentos.
útil	para	O guia indicava os objetos mais úteis à (para a) viagem.

Unidade 7

Tipos de conjunção				
Tipos de conjunções	**Conjunções**	**O que fazem**	**Ideia básica**	**Exemplos**
aditivas	e, nem (e não) não só... mas também	ligam dois termos ou duas orações de mesma função	adição, junção, união	João **e** Maria. Ele pegou o violão e começou a tocar.
adversativas	mas, porém, todavia, contudo, no entanto, entretanto etc.	ligam dois termos ou duas orações de mesma função, mas acrescentam uma ideia de contraste	contraste, oposição, quebra de expectativa	Ele ia cantar, **mas** ficou rouco. O dia estava lindo, **porém** acabou chovendo.
alternativas	ou, ora... ora, já... já quer... quer seja... seja	ligam dois termos ou orações indicando que, quando um fato acontece, o outro não ocorre	alternância, escolha	Você prefere chocolate ou café? Ela faz sucesso, **quer** cantando, **quer** dançando.
conclusivas	logo, portanto, pois, por isso, assim, consequentemente, por conseguinte, então etc.	ligam duas orações, sendo a segunda a conclusão da primeira	conclusão, consequência	O zagueiro chutou o atacante, **logo** foi pênalti. O mar se acalmou; **portanto**, já podemos nadar.
explicativas	que, porque, pois, porquanto, tanto que, assim que etc.	ligam orações, sendo a segunda a explicação da primeira	explicação, esclarecimento	Presta atenção, **pois** a prova está difícil. Já podemos nadar, **porque** o mar se acalmou.

Unidade 7

Conjunções subordinativas adverbiais			
Tipos de conjunções	**Principais conjunções**	**Circunstâncias que expressam**	**Exemplos**
causais	porque, pois que, visto que, já que, como, que	causa, motivo, razão	Ele não veio **porque** estava com febre.

Unidade 7

\	Conjunções subordinativas adverbiais		
Tipos de conjunções	Principais conjunções	Circunstâncias que expressam	Exemplos
comparativas	como, assim como, tanto quanto, que (precedido de: mais, menos, tanto), que nem (em textos informais)	comparação	Ela se assustou, **assim como** você. Ela se veste **que nem** uma boneca.
concessivas	embora, ainda que, se bem que, mesmo, mesmo que, mesmo assim, apesar de, por mais que	concessão (admite-se um obstáculo ou dificuldade que, no entanto, não impede que o fato da oração principal aconteça)	**Mesmo que** seja tarde, telefone quando chegar em casa.
condicionais	se, caso, contanto que, desde que	condição	**Se** chover, não haverá passeio.
conformativas	conforme, segundo, como, consoante	conformidade	**Conforme** combinamos, aqui estão as fotos.
consecutivas	(tão, tal, tanto...) que	consequência, resultado	Torceu **tanto que** ficou rouca.
finais	para que, a fim de que, que	finalidade	Segui a receita com cuidado **para que** o bolo ficasse gostoso.
proporcionais	à medida que, à proporção que, ao passo que	proporção, simultaneidade em relação à oração principal	**À medida que** escurece, os morcegos saem para comer.
temporais	quando, enquanto, logo que, desde que, até que, sempre que, mal	tempo, momento	**Quando** você saiu, ela ligou.

Unidade 8

Uso da metáfora	
Áreas de sentido	Exemplos
partes do corpo humano	**boca** do túnel, **cabeça** do prego, **coração** da floresta
objetos da vida cotidiana	**tapete** de relva, **cortina** de fumaça, **leito** do rio
animais	ele é um **touro**, ele é um **leão**, ele é uma **fera**
vegetais	**maçãs** do rosto, **tronco** da família, uma **flor** de pessoa
aspectos da natureza	**tempestade** de lágrimas, **aurora** da vida, **monte** de papéis
ações específicas	**embarcar no trem** ou **no avião** (embarcar, originalmente, significa entrar em um **barco**), **navegar** na internet

Unidade 8

Uso da metonímia	
Substituição	**Exemplos**
do nome do autor pela obra	ler **Monteiro Lobato** (ler a **obra de** Monteiro Lobato)
do continente (ou seja, um recipiente que contém alguma coisa) pelo conteúdo (o que está dentro)	tomar **um copo** de suco (tomar o suco que está no copo); **a cidade** dormia (seus moradores é que dormiam); foi **um ano** produtivo (os fatos que ocorreram no ano foram produtivos)
da parte pelo todo	pedir a **mão** em casamento (pedir uma pessoa em casamento, não só a mão)
da causa (meios ou instrumentos) pelo efeito (resultado, consequência), ou vice-versa	**ganhar a vida** (o meio de vida); **viver de seu trabalho** (o resultado de seu trabalho)
da marca pelo produto	Preciso colocar um **durex** aqui na capa do caderno (a palavra **durex** era uma marca de fita adesiva. Hoje, usa-se esse termo para designar qualquer fita adesiva, não importa a marca)
do singular pelo plural	A **criança** é o futuro do nosso país. (= as crianças são...)
da classe pelo indivíduo	O **porteiro** avisou que vai faltar água. (= a função, a classe, pelo indivíduo)
da matéria pelo objeto	Ela só anda assim, cheia de **ouro**. (= joias de ouro)

Relação de textos usados

- Bilhete: "É verdade esse 'bilete'", Louise Queiroga .... Unidade 1 p. 19
- Canção: "Como uma onda", Lulu Santos .... Unidade 8 p. 228
- Canção: "Construção", Chico Buarque .... Unidade 8 p. 228
- Canção: "Espumas ao vento", Fagner .... Unidade 8 p. 226
- Canção: "Feitio de oração", Noel Rosa .... Unidade 8 p. 236
- Canção: "Táxi lunar", Zé Ramalho e Elba Ramalho .... Unidade 1 p. 21
- Canção: "Tiranizar", Caetano Veloso .... Unidade 8 p. 236
- Cartaz: "A vida em suas mãos", Governo de Barretos .... Unidade 1 p. 25
- Cartaz: "Campanha de vacinação", Prefeitura de Jataí .... Unidade 7 p. 189
- Cartaz: "De que tipo você é?", *Hemocentro RP* .... Unidade 2 p. 51
- Cartaz: "O Brasil tem concerto!", *Teatro Municipal do Rio de Janeiro* .... Unidade 1 p. 35
- Cartaz: "Pode respirar fundo: ambientes...", *Ministério da Saúde* .... Unidade 1 p. 33
- Cartaz: "Vacine seu filho menor de 5 anos...", *Ministério da Saúde* .... Unidade 1 p. 32
- Charge Ziraldo: "Eu o delato...", Ziraldo .... Unidade 6 p. 160
- Charge Waldez: "Quantos acessam a rede?", Waldez .... Unidade 8 p. 225
- Conto: "A marca da serpente", Carlos Queiroz Telles (fragmento) .... Unidade 1 p. 9
- Conto: "As bodas de Luís Duarte", Machado de Assis .... Unidade 8 p. 230
- Conto: "Histórias para o rei", Carlos Drummond de Andrade .... Unidade 5 p. 144
- Conto: "O homem e a galinha", Ruth Rocha .... Unidade 4 p. 102
- Crônica: "Afinal, o que é arte?", Rebeca Fuks .... Unidade 3 p. 68
- Crônica: "A palavra, que ferramenta!", Martha Medeiros (fragmento) .... Unidade 1 p. 8
- Crônica: "O que é arte?", Laura Aidar .... Unidade 3 p. 72
- Descrição da Dona Morte, Mauricio de Sousa .... Unidade 1 p. 13
- Diário: "Do diário de Tadeu", Caio Riter (fragmento) .... Unidade 6 p. 164
- Divulgação científica: "Cinema é encantamento...", *Museu do Amanhã* .... Unidade 5 p. 119
- Divulgação científica: "O frio mora aqui", Dad Squarisi .... Unidade 4 p. 106
- Divulgação científica: "Qual é a importância da fotossíntese...", *Superinteressante* .... Unidade 8 p. 242
- Divulgação científica: "Significado de Arte", *Significados* .... Unidade 3 p. 72
- Divulgação científica: "Um país animado", Camila Moraes .... Unidade 5 p. 139
- E-mail: "Oi, Fani! Tudo certo...", texto autoral .... Unidade 6 p. 172
- Entrevista: "Um cientista fascinado por pterossauros", Cathia Abreu .... Unidade 2 p. 39
- Fábula: "A tartaruga e a lebre", Esopo .... Unidade 7 p. 196
- Fábula: "O asno e o velho pastor", Esopo .... Unidade 4 p. 115
- Frase: "Nem basta ler...", Machado de Assis .... Unidade 6 p. 147
- Hino: "Hino à Bandeira Nacional", Olavo Bilac .... Unidade 1 p. 20
- Hino: "Hino à Bandeira Nacional", Olavo Bilac .... Unidade 8 p. 247
- Hino: "Hino Nacional Brasileiro", J. O. D. Estrada e F. M. da Silva .... Unidade 8 p. 248
- Informativo: "Se você tem entre 10 e 19 anos...", *Ministério da Saúde* .... Unidade 7 p. 181
- Livro: *A máquina maluca*, Ruth Rocha (fragmento) .... Unidade 6 p. 177
- Livro: *A transição para a sustentabilidade*, Luiz Fernando Krieger Merico (fragmento) .... Unidade 2 p. 38

- Livro: *Caixa Postal 1989*, Angela Carneiro (fragmento) .... Unidade 7 p. 189
- Livro: *Calma que nunca chega*: 25 contos..., Guilherme Freitas *et al*. .... Unidade 8 p. 244
- Livro: *Contos para garotos que sonham em mudar o mundo*, Marcelo E. Mazzanti (fragmento).... Unidade 8 p. 224
- Livro: *Diários da patinete*: sem um pé em Nova Iorque, Lidia V. Santos (fragmento) .... Unidade 4 p. 96
- Livro: *Dom Casmurro*, Machado de Assis (fragmento) .... Unidade 2 p. 47
- Livro: *Fazendo meu filme*: lado B, Paula Pimenta (fragmento) .... Unidade 4 p. 110
- Livro: *Gramática Houaiss da Língua Portuguesa* (fragmento de "atribuição de significado")..... Unidade 8 p. 225
- Livro: *Infância*, Graciliano Ramos (fragmento) .... Unidade 4 p. 93
- Livro: *Memorial de Aires*, Machado de Assis (fragmento) .... Unidade 8 p. 247
- Livro: *Memórias póstumas de Brás Cubas*, Machado de Assis (fragmento)..................... Unidade 2 p. 45
- Livro: *Meu pai não mora mais aqui*, Caio Riter (fragmento) .... Unidade 7 p. 190
- Livro: *O agito de Pilar no Egito*, Flávia Lins e Silva (fragmento) .... Unidade 6 p. 173
- Livro: *O boi aruá*, Luís Jardim (fragmento) .... Unidade 7 p. 217
- Livro: *Obra completa*, Machado de Assis (fragmento) .... Unidade 7 p. 214
- Livro: *Obra completa*, Machado de Assis (fragmento) .... Unidade 8 p. 239
- Livro: *O Gato Malhado e a Andorinha Sinhá*, Jorge Amado (fragmento).................... Unidade 3 p. 77
- Livro: *Quincas Borba*, Machado de Assis (fragmento) .... Unidade 8 p. 233
- Livro: *Uaná*: um curumim entre muitas lendas, Alexandra Pericão (fragmento) .... Unidade 4 p. 113
- Notícia: "A cultura agradece: acervo é transferido da FNLIJ...", Ancelmo Gois............ Unidade 6 p. 152
- Notícia: "Anvisa decide banir gordura trans até 2023", Pedro Ivo de Oliveira .... Unidade 2 p. 59
- Notícia: "Chove no sertão e não tem nada mais bonito", Xico Sá .... Unidade 4 p. 98
- Notícia: "Finalmente uma droga que faz bem à saúde", Berna González Harbour ...... Unidade 6 p. 175
- Notícia: "Ilusão e cinema", Eduardo Escorel .... Unidade 5 p. 130
- Notícia: "Ondas cerebrais são lidas e transformadas...", Miguel Ángel Criado .... Unidade 6 p. 152
- Notícia: "Quadrinho nacional é celebrado...", *Folha de S.Paulo*................................. Unidade 6 p. 161
- Notícia: "Resultado do Prouni é divulgado...", Bruno Alfano...................................... Unidade 6 p. 156
- Poema: "*Abyssus*", Olavo Bilac .... Unidade 8 p. 246
- Poema: "Amor é um fogo que arde sem se ver", Luís Vaz de Camões........................ Unidade 8 p. 229, 248
- Poema: "Das falsas posições", Fernando Pessoa .... Unidade 2 p. 43
- Poema: "Entre as árvores", Augusto de Lima.. Unidade 8 p. 228
- Poema: "Inconstância dos bens do mundo", Gregório de Matos .... Unidade 8 p. 235
- Poema: "I-Juca-Pirama", Gonçalves Dias... Unidade 8 p. 240
- Poema: "Meu pensamento é um rio...", Fernando Pessoa.. Unidade 8 p. 230
- Poema: "Não", Álvaro de Campos .... Unidade 8 p. 246
- Poema: "Chove. Há silêncio, porque a mesma chuva...", Fernando Pessoa .... Unidade 4 p. 105
- Poema: "O laranjal", Augusto de Lima... Unidade 8 p. 228
- Poema: "Os lusíadas", Luís Vaz de Camões... Unidade 6 p. 154
- Poema: "Partir!", Álvaro de Campos .... Unidade 2 p. 44
- Poema: "Poemas íntimos", Augusto de Lima... Unidade 8 p. 228
- Poema: "Região azul", João da Cruz e Sousa .... Unidade 8 p. 237
- Poema: "Sinhá", Machado de Assis... Unidade 8 p. 246
- Poema: "Tecendo a manhã", João Cabral de Melo Neto.. Unidade 8 p. 250
- Poema: "Ulisses", Fernando Pessoa... Unidade 1 p. 23

- Poema: "Violões que choram", João da Cruz e Sousa .... Unidade 8 p. 253
- Provérbio: "Quem com ferro fere...", provérbio .... Unidade 8 p. 249
- Receita: "Bolo de chocolate", texto autoral .... Unidade 6 p. 173
- Relatório: "Mobilidade urbana", *Greenpeace* .... Unidade 2 p. 52
- Reportagem: "Dança", Patrícia Lopes Dantas .... Unidade 3 p. 90
- Reportagem: "Lúcia Hiratsuka vence dois prêmios...", Bruno Molinero .... Unidade 4 p. 116
- Reportagem: "Modelo matemático explica por que Bolt...", Claudia Borges .... Unidade 8 p. 227
- Reportagem: "O brasileiro que venceu 'Oscar' dos quadrinhos com história sobre escravidão", Giorgia Cavicchioli .... Unidade 3 p. 88
- Reportagem: "ONG inaugura biblioteca com três mil livros no Morro da Mangueira", Pedro Zuazo .... Unidade 6 p. 149
- Reportagem: "Sapateado dá o tom em dois eventos que estreiam hoje", Gustavo Cunha .... Unidade 3 p. 79
- Reportagem: "Sem baixar a guarda", *O Globo* .... Unidade 5 p. 132
- Reportagem: "Veja 12 curiosidades sobre a saga *Jogos vorazes*", *Superinteressante* ... Unidade 3 p. 82
- Sinopse: "Efeitos fazem você se sentir...", André Miranda .... Unidade 5 p. 122
- Tira Armandinho: "Isso são horas de comer...?", Alexandre Beck .... Unidade 7 p. 200
- Tira Bichinhos de Jardim: "Olha! Lá vem uma oportunidade...", Clara Gomes .... Unidade 8 p. 244
- Tira Calvin e Haroldo: "Desaparecido: meu tigre", Bill Watterson .... Unidade 6 p. 168
- Tira Calvin e Haroldo: "Escuta aqui, cérebro de minhoca...", Bill Watterson .... Unidade 6 p. 174
- Tira Calvin e Haroldo: "Nos perdemos de novo", Bill Watterson .... Unidade 1 p. 16
- Tira Fernando Gonsales: "A origem das espécies", Fernando Gonsales .... Unidade 2 p. 46
- Tira Frank & Ernest: "A fada-madrinha", Bob Thaves .... Unidade 4 p. 94
- Tira Garfield: "Comida pra gato com pouca...", Jim Daves .... Unidade 1 p. 28
- Tira Garfield: "Não há nada como...", Jim Davis .... Unidade 2 p. 56
- Tira Glauco: "Vendem-se votos", Glauco .... Unidade 6 p. 154
- Tira Hagar, o Horrível: "O que tem pro jantar...?", Dik Browne .... Unidade 2 p. 64
- Tira Hector e Afonso: "Então, o que achou do meu livro?", Estevão Ribeiro .... Unidade 8 p. 238
- Tira Jean Galvão: "Saia pra fora, Rex!", Jean Galvão .... Unidade 8 p. 243
- Tira Jean Galvão: "Só falta encaixar esse parafuso...", Jean Galvão .... Unidade 1 p. 17
- Tira Laerte: "Fui substituído por uma máquina!", Laerte .... Unidade 6 p. 153
- Tira Laerte: "...Leitura da insulina!", Laerte .... Unidade 7 p. 194
- Tira Laerte: "Leitura da luz!", Laerte .... Unidade 7 p. 186
- Tira Laerte: "Pule, Milord!", Laerte .... Unidade 5 p. 120
- Tira Laerte: "Você está cercado de ignorantes!...", Laerte .... Unidade 6 p. 148
- Tira Lute: "Quem dera nossa sede...", Lute .... Unidade 2 p. 50
- Tira Níquel Náusea: "As formigas resolveram dar abrigo...", Fernando Gonsales .... Unidade 8 p. 237
- Tira O Menino Maluquinho: "A maior diferença entre...", Ziraldo .... Unidade 1 p. 22
- Tira O Menino Maluquinho. "Vou escrever minhas memórias!", Ziraldo .... Unidade 3 p. 69
- Tira O Menino Maluquinho: "...E por estar tantas vezes...", Ziraldo .... Unidade 5 p. 126
- Tira O Menino Maluquinho: "Julieta, você se orgulha...", Ziraldo .... Unidade 4 p. 111
- Tira O Menino Maluquinho: "Passei com nota dez!", Ziraldo .... Unidade 1 p. 15
- Tira Tragédias de janeiro: "Proteja-se! Ela está vindo!", Leo Villanova .... Unidade 6 p. 156

- Tira Turma da Mônica: "Cuidado com o...", Mauricio de Sousa .... Unidade 7   p. 182
- Tira Turma da Mônica: "É, Dona Morte...", Mauricio de Sousa .... Unidade 1   p. 14
- Tira Turma da Mônica: "Floquinho, você nunca confunde...", Mauricio de Sousa......... Unidade 4   p. 108
- Tira Turma da Mônica: "Se dormirmos em média...", Mauricio de Sousa..................... Unidade 7   p. 205
- Tira Vida e obra Terêncio Horto: "Outra fria...", André Dahmer .... Unidade 4   p. 94
- Verbete: Acessível, *Novo Dicionário da Língua Portuguesa* .... Unidade 5   p. 138
- Verbete: Aliteração, *Dicionário Eletrônico Houaiss da Língua Portuguesa* .... Unidade 8   p. 249
- Verbete: Lazer, *Minidicionário Houaiss da Língua Portuguesa* .... Unidade 7   p. 205
- Verbete: Peteca, *Enciclopédia Mirador Internacional*... Unidade 1   p. 26
- Verbete: Peteca, *Minidicionário Houaiss da Língua Portuguesa* .... Unidade 1   p. 25
- Verbete: Preferir, *Novo Dicionário da Língua Portuguesa*.. Unidade 5   p. 138
- Verbete: Tartaruga, *Minidicionário Houaiss da Língua Portuguesa* .... Unidade 1   p. 17
- Verbete: Visão, *Minidicionário Houaiss da Língua Portuguesa*.. Unidade 8   p. 238